博士论文
出版项目

多区域新基建类技术采纳系统优化研究

以特高压为例

Research on System Optimization of
Multi-Regional Technology Adoption for New Infrastructure

Take UHV for Example

张亚茹　著

中国社会科学出版社

图书在版编目（CIP）数据

多区域新基建类技术采纳系统优化研究：以特高压为例/张亚茹著 .—北京：中国社会科学出版社，2022.3
ISBN 978-7-5203-9954-8

Ⅰ.①多… Ⅱ.①张… Ⅲ.①能源规划—研究—中国 Ⅳ.①F426.2

中国版本图书馆 CIP 数据核字（2022）第 049416 号

出 版 人	赵剑英
责任编辑	车文娇
责任校对	周晓东
责任印制	王 超
出 版	中国社会科学出版社
社 址	北京鼓楼西大街甲 158 号
邮 编	100720
网 址	http://www.csspw.cn
发 行 部	010-84083685
门 市 部	010-84029450
经 销	新华书店及其他书店
印 刷	北京君升印刷有限公司
装 订	廊坊市广阳区广增装订厂
版 次	2022 年 3 月第 1 版
印 次	2022 年 3 月第 1 次印刷
开 本	710×1000 1/16
印 张	13.5
字 数	188 千字
定 价	75.00 元

凡购买中国社会科学出版社图书，如有质量问题请与本社营销中心联系调换
电话：010-84083683
版权所有 侵权必究

出 版 说 明

为进一步加大对哲学社会科学领域青年人才扶持力度，促进优秀青年学者更快更好成长，国家社科基金2019年起设立博士论文出版项目，重点资助学术基础扎实、具有创新意识和发展潜力的青年学者。每年评选一次。2020年经组织申报、专家评审、社会公示，评选出第二批博士论文项目。按照"统一标识、统一封面、统一版式、统一标准"的总体要求，现予出版，以飨读者。

全国哲学社会科学工作办公室

2021年

前　言

随着我国经济结构转型和人们生活方式、消费需求的转变，传统基建对经济增长的边际效用逐渐衰弱，以高新技术为核心的新型基础设施正在支撑起数字经济的发展。与传统基建相比，新基建与高新技术发展紧密相连，是发展信息化、智能化、数字化的重要载体，必须着眼长远，通盘考虑。新基建类技术需要投资新区域、新领域，应避免产能过剩和基建浪费现象。新基建类技术在刚进入应用阶段时，成本通常很高，在加大投资力度的同时应科学合理分阶段有序推进。因此，从中长期系统优化的角度予以规划是十分必要的。

新基建类技术刚进入应用阶段时，成本通常很高。技术早期的投入情况会对技术未来的发展产生很大的影响。随着人们在这些新技术上使用经验的积累，新基建类技术的成本将有逐渐下降的趋势，这就是所谓的技术学习效应。技术学习效应存在很大的不确定性，高估技术学习意味着未来新基建类技术的成本将高于预期。技术扩散的溢出效应也会使技术追随者从早期采纳者对新技术使用经验的累积中免费受益，进而促使新基建类技术在不同区域间扩散。技术学习效应和扩散效应被认为是采纳当前昂贵的高新技术的内在动力。在新基建类技术刚进入应用阶段时，优化这些新基建类技术并分阶段地采纳对于节约系统成本具有重要意义。

特高压输电作为新基建的重点项目，使输电效率和经济效益得到显著提高。特高压输电技术满足了在远距离上传输更大功率电力的需要。作为新基建类技术，特高压输电技术的采纳仍然有许多的不确定性。新技术的出现并不是从天而降的，它需要长时间持续研究与开发，在发展的早期还需要建立示范工程。例如，晋东南—南阳—荆门1000千伏交流试验项目，最终还需要进行初始风险很高的商业投资。但是反过来，这些对于新基建类技术的投入会降低它们在未来发展的不确定性，并且会影响新基建类技术在效率、产量等各方面的表现和特点。这些潜在的好处都是企业与社会大力投资和发展新基建类技术的重要原因。虽然特高压作为新基建类技术通常需要较高的初始投资成本，但是其投资成本会随着使用经验的积累，在技术学习效应和技术扩散效应的影响下逐年降低。未来，特高压输电技术的大规模应用会更有效地促进区域清洁能源发电，由此进一步改变中国区域发电结构布局。

摘　　要

推动新型基础设施建设（简称"新基建"）项目对于促进我国经济未来高质量的发展具有重要意义。与传统基建相比，例如铁路、公路和电网等基础设施项目，新基建与高新技术发展紧密相连，是发展信息化、智能化、数字化的重要载体。新基建可以渗透到各行各业的生产经营当中，是创造与满足新需求的重要保障。新基建类技术刚进入应用阶段时，成本通常很高。技术学习效应和扩散效应被认为是采纳当前昂贵的高新技术的内在动力。由于技术学习效应和扩散效应，未来高新技术的成本是有可能降低的，但存在很大的不确定性。技术早期的投入情况会对技术未来的发展产生很大的影响。在新基建类技术刚进入应用阶段时，优化这些新基建类技术并分阶段地采纳对于节约系统成本具有重要意义。

特高压（Ultra-High Voltage，UHV）作为一种新型基础设施类技术，意味着巨大的阶段性投入，需要从中长期系统优化的角度予以规划。特高压输电技术刚进入应用阶段时初始成本很高，但是由于存在技术的学习和扩散效应，未来特高压的成本是有可能降低的。特高压技术的采纳会对区域发电结构和环境产生一定的影响。如何分阶段、分区域地采纳特高压输电技术才是最优的（或满意的）方案？在制定采纳方案时需要重点考虑哪些因素？对这一系列问题的研究能够为中国电力系统特高压线路规划提供政策建议。合理配置特高压输电线路对中国实现节能减排、推进煤炭去产能、加速电力系统供给侧结构性改革有重要意义。

本书首先探索了影响中国新基建类技术采纳的主要因素。从能源系统优化的角度出发，建立了一个简化的多区域新基建类技术采纳系统优化概念模型。利用该模型分析了确定技术学习下和不确定技术学习下的技术学习率及其不确定性、技术溢出率、动态需求和技术初始投资成本等因素对新基建类技术采纳的影响，并给出了不同场景下该模型的优化方案，同时校验这些方案是否形成一条技术扩散的"S形"曲线。其次，分析了中期阶段特高压输电技术采纳优化方案。从电力系统能源运输最小成本角度出发，将多条特高压线路引入多区域新基建类技术采纳系统优化模型，结合中国特高压规划数据和特高压技术参数数据，给出中国中期阶段特高压输电技术采纳的优化路径和对策建议。最后，分析了长期阶段区域能源运输和发电结构布局优化方案。结合中国区域资源禀赋和大气污染防治政策实施，从长期角度出发，基于 MESSAGE 综合能源系统优化模型框架构建了中国电力系统多区域模型，优化了包括能源运输和区域发电结构在内的系统累计成本，提出了分阶段、分区域的中国特高压技术采纳长期优化方案。

关键词：新基建；技术采纳；特高压；多区域；系统优化模型

Abstract

Promoting new infrastructure construction projects is of great significance to promote high-quality development of the economy in the future. Compared with traditional infrastructure projects, such as railways, roads and power grids, new infrastructure is closely linked to the development of high and new technologies and is an important carrier for the development of information, intelligence, and digitalization. New infrastructure can penetrate into the production and operation of all industries, and is a crucial guarantee to create and meet new demand. The initial investment cost of new infrastructure technologies is very high. The technology learning and diffusion effects can reduce the cost of new technologies, but there is a great uncertainty in the future. The investment in the early stage of technology will have a great impact on the future development. It is of great significance to optimize the phased adoption of new infrastructure technologies when they are just in the application stage to save system costs.

Ultra-High Voltage (UHV), as a new type of infrastructure technology, means a huge, phased investment, which needs to be planned from the perspective of medium-term and long-term system optimization. The initial investment cost of UHV transmission technology is very high when it just enters the application stage. However, due to the learning and diffusion effect of technology, the cost of UHV in the future is likely to be reduced. The adoption of UHV technology will have a certain impact on the regional power generation structure and environment. What is the optimal/satisfactory plan for phased and regional adoption of UHV transmission technology, and what factors should be considered in the formulation of the adoption plan? Research on this problem can provide policy suggestions for Chinese power system UHV line planning. Reasonable allocation of UHV transmission lines is of great significance for China to realize energy conservation and emission reduction, promote coal capacity reduction, and accelerate the structural reform of the supply side of the power system.

This book begins by exploring the major factors influencing the adoption of new infrastructure-type technologies in China. From the perspective of energy system optimization, a simplified conceptual model of multi-regional technology adoption system optimization for new infrastructure is established. This model is used to analyze the influence of regional distance, spillover effect, power demand, initial technology investment cost and technology learning rate on the adoption of new infrastructure technology under the conditions of certain and uncertain technology learning. The optimization schemes of the model under different scenarios are given, and the S-shaped curve of technology diffusion is verified. Secondly, the optimization scheme of UHV transmission technology adoption in the middle stage is analyzed. From the view of the minimum cost of power system energy transportation, multiple UHV lines are introduced into the optimization model of multi-region new infrastructure technology adoption system. Moreover, combined with Chinese UHV planning data and UHV technical parameter data, the optimization path and countermeasures for Chinese UHV transmission technology adoption in the middle stage are given. Finally, the long-term regional energy transportation and power generation structure layout optimization scheme is analyzed. In combination with Chinese regional resource endowment and the implementation of air pollution prevention and control policies, a multi-regional model of Chinese power system has been constructed based on MESSAGE comprehensive energy system optimization model framework from a long-term perspective. The cumulative cost of the system, including energy transportation and regional power generation structure, is optimized, and a long-term optimization plan for Chinese UHV technology adoption is proposed by stages and regions.

Keywords: New infrastructure; Technology adoption; UHV; Multi-region; System optimization model

目 录

第一章 导论 ……………………………………………………（1）
 第一节 研究背景 …………………………………………（1）
 第二节 研究目的和意义 …………………………………（3）
 第三节 研究内容 …………………………………………（5）
 第四节 研究思路与方法 …………………………………（7）
 第五节 主要创新点 ………………………………………（10）

第二章 文献综述 ………………………………………………（11）
 第一节 新基建类技术综述 ………………………………（11）
 第二节 系统优化模型综述 ………………………………（24）
 第三节 中国电力系统研究综述 …………………………（41）
 第四节 特高压输电技术研究综述 ………………………（55）
 第五节 研究评述 …………………………………………（60）
 第六节 本章小结 …………………………………………（61）

第三章 多区域新基建类技术采纳影响因素研究 ……………（63）
 第一节 模型描述与公式 …………………………………（63）
 第二节 确定技术学习情景下模拟分析 …………………（70）
 第三节 不确定技术学习情景下模拟分析 ………………（81）
 第四节 本章小结 …………………………………………（94）

第四章 中期阶段特高压输电技术采纳优化研究 …………（95）
    第一节 中国特高压技术采纳模型 ……………………（96）
    第二节 模拟分析 …………………………………………（104）
    第三节 章节讨论 …………………………………………（118）
    第四节 本章小结 …………………………………………（120）

第五章 长期阶段多区域能源运输优化研究 ……………（121）
    第一节 基于 MESSAGE 框架的中国电力系统
            多区域模型 ………………………………………（122）
    第二节 模拟分析 …………………………………………（140）
    第三节 章节讨论 …………………………………………（153）
    第四节 本章小结 …………………………………………（155）

第六章 结论与展望 …………………………………………（156）
    第一节 研究总结 …………………………………………（156）
    第二节 研究局限与展望 …………………………………（159）

附 录 …………………………………………………………（160）

参考文献 ………………………………………………………（167）

索 引 …………………………………………………………（196）

Contents

Chapter 1 Introduction (1)
    Section 1 Research Background (1)
    Section 2 Research Purpose and Significance (3)
    Section 3 Research Contents (5)
    Section 4 Research Ideas and Methods (7)
    Section 5 Major Innovations (10)

Chapter 2 Literature Review (11)
    Section 1 Overview of New Infrastructure Technology (11)
    Section 2 Overview of System Optimization Models (24)
    Section 3 Overview of Power System Research in China (41)
    Section 4 Overview of UHV Transmission Technology (55)
    Section 5 Research Comment (60)
    Section 6 Chapter Summary (61)

Chapter 3 The Key Factors of Multi-Regional Technology Adoption System for New Infrastruture (63)
    Section 1 Model Description and Formula (63)
    Section 2 Simulation Analysis under Certain Technology Learning Scenario (70)
    Section 3 Simulation Analysis under Uncertain Technology

　　　　　　　Learning Scenario ……………………………（81）
　　Section 4　Chapter Summary ……………………………（94）

Chapter 4　Research on Mid-Term UHV Transmission Technology Optimization ………………………（95）
　　Section 1　UHV Technology Adoption Model …………（96）
　　Section 2　Simulation and Analysis ……………………（104）
　　Section 3　Discussion ……………………………………（118）
　　Section 4　Chapter Summary ……………………………（120）

Chapter 5　Research on Long-Term and Multi-Regional Energy Transport Optimization ………………（121）
　　Section 1　Multi-Regional Model of Power System Based on MESSAGE Framework ……………………（122）
　　Section 2　Simulation and Analysis ……………………（140）
　　Section 3　Discussion ……………………………………（153）
　　Section 4　Chapter Summary ……………………………（155）

Chapter 6　Conclusion and Prospect ……………………（156）
　　Section 1　Summary ………………………………………（156）
　　Section 2　Research Limitations and Prospects …………（159）

Appendix ……………………………………………………（160）

References …………………………………………………（167）

Index ………………………………………………………（196）

第 一 章
导 论

第一节 研究背景

采纳新基建类技术意味着巨大的和中长期的投入，不同区域先后对技术的投资会造成技术区域异质性问题，优化这些新基建类技术并分阶段地采纳对于节约系统成本具有重要意义。现有线性和非线性技术采纳优化模型大多数是从单区域角度来研究技术采纳的变化。然而，单区域技术采纳模型较难解决含有多区域空间分布的技术采纳复杂问题。由此，如何构建多区域内生技术采纳模型来帮助决策者分析存在多区域背景下的新基建类技术采纳是亟待解决的科学问题。在多区域背景下如何分阶段采纳新基建类技术才是最优的方案？在制定采纳方案时需要考虑哪些影响新基建类技术采纳的因素？对这一系列问题的研究具有较强的理论和现实意义。

社会和经济发展离不开能源物质基础的支撑（殷建平、黄辉，2010）。能源逐步走向电气化，特别是在终端能源中，电力作为二次能源在能源消耗中的比例越来越大，而非用电形式（如直接燃煤等）则不断减少。中国有丰富的自然资源，其中煤炭资源消耗占一次能源消耗的60%左右。由于中国的资源禀赋，以煤炭作为主要资源的火力发电仍是中国电力的主要来源（庄幸、姜克隽，2009）。中国电力系统的资源供给地和需求地分布严重不平衡（Xu，Chen，2006）。接近2/3的煤炭储量分布在中国北部和西北地区（如山西、陕甘宁和内蒙古地区等），而2/3的电力负荷在东部和南部沿海地区（如江浙沪和广州等）（Huang et al.，2009）。因此，东部和南部地区的电力供应普遍紧张，用电高峰时期甚至需要通过工业停产等方式来保障居民用电（陈小毅、周德群，2010）。在中国电力系统中，能源运输问题一直是平衡中国区域电力的重要问题。传统的解决方案是将煤炭通过铁路、水路和公路等运输方式从煤炭资源地运输到电力需求地，并在需求地建立大型的煤电厂（Ma，Chi，2012）。然而，由于人口密度高，东部和南部地区的环境容量相对较小，这使东部和南部地区不再适合建设新的大型燃煤发电厂（Pan，2011）。特别是，随着中国政府颁布和实施一系列关于大气污染物控制的政策，例如《大气污染防治行动计划》（2013）和《中华人民共和国大气污染防治法》（2016），加大了对区域内能源发电结构和区域间能源运输的挑战。

特高压输电作为新基建的重点项目，是实现区域电网互联的主要模式之一。特高压输电技术的出现可以使远距离输电的损耗变得更低，减轻需求地建立电厂的压力。如果将来特高压输电技术得到大规模的应用，发电厂的选址以及整个电力系统的发电结构将有更好的选择，从而改变中国电力系统的空间布局。特高压输电作为一种新基建类技术刚进入应用阶段时，成本通常很高，随着经验积累，成本会有下降的趋势，这就是所谓的技术学习效应。优化特高压输电技术阶段性的采纳方案可以节约成本、提高能源运输效率，使发电厂搬到距离资源较近的地方，进而改变中国电力系统在空间上的布局。如何分阶段、分区域地采纳特高压输电技术才是最优的（或满意的）方案，以及在制定采纳方案时需要重点考虑哪些因素，对这一系列问题的研究可以为规划特高压输电技术的采纳提供理论和方法支持。

能源需求与经济发展有比较强的相关性，如果中国能源需求增长每年超过 1%，就将给中国能源结构调整带来挑战（林伯强，2017）。与此同时，传统化石能源的大量使用对环境造成了一定的污染，例如近年来的雾霾污染、温室效应等。中国能源结构具有富煤、贫油和少气的特征。2016 年中国煤电在能源发电结构中占比 68%，水电占比 20%，核电和风电各占比 4%，天然气占比 3%，而新能源（风电和太阳能等）发电的占比仅为 5%（NBSC，2017）。由于受到技术、经济和安全等因素影响，短时期内中国非化石能源难以大规模地取代化石能源发电。但是，能源结构的调整和优化势在必行。虽然不可能短期内完成能源结构调整，但有必要关注目前并考虑长远前景。因此，考虑到特高压输电技术的发展应用，如何调整中国区域能源发电结构、合理开发化石能源和使用清洁能源是经济增长和可持续发展的重要源泉。

第二节 研究目的和意义

一 研究目的

新基建类技术的采纳方案是系统规划研究中的一个重要问题。本书主要探索新基建类技术受哪些因素影响以及如何分阶段、分区域采纳才会使整个系统更加经济和有效。首先，本书以系统能源优化模型为基础构建存在内生技术学习和多区域的新基建类技术采纳系统优化模型，并以此为基础，从确定技术学习和不确定技术学习两方面分析技术学习率及其不确定性、动态需求、多区域间距离、投资成本等因素对新基建类技术采纳优化方案的影响。其次，本书把构建的系统优化模型应用于分析不同情境下的中国特高压输电技术采纳的优化方案。最后，多区域特高压电力输送会导致中国各个区域的能源结构变化，进而改变中国发电结构布局。本书结合特高压输电技术应用和多区域能源运输与发电结构，考虑区域内资源禀赋和环境政策实施，建立基于 MESSAGE 框架的中国多区域能源运输系统优化模型，为政府相关决策者提供中国多区域间能源运输规划方案及政策建议。

二　研究意义

（一）理论意义

目前，还很少有模型来帮助决策者分析存在内生技术学习及多区域系统空间背景下的新基建类技术采纳。本书构建的模型可以从系统优化的角度为决策者在规划新基建类技术采纳时提供理论和方法支持。同时，本书拓展已有研究关于单区域技术采纳模型为多区域技术采纳系统优化模型。在多区域背景下，本书从确定技术学习和不确定技术学习两方面深入研究技术学习及其不确定性等多因素对新基建类技术采纳的影响。这对多区域新基建类技术采纳和扩散具有重要的理论意义。

（二）现实意义

采纳新基建类技术意味着巨大的和中长期的投入。如何分阶段、分区域统筹规划新基建类技术才能有效节约系统成本是一个现实问题。本书把构建的优化模型用于分析中国电力系统中特高压输电技术的采纳。中国的煤炭资源分布与电力需求分布地域不平衡问题十分突出。区域间能源运输变得特别重要，大量运煤对交通和环境造成了很大的压力。目前，中国已经开始规划特高压输电主干网。建设特高压输电网的成本很高，在满足用电需求和环境影响的条件下如何分阶段、分区域地采纳特高压输电才能有效节约成本，本书研究内容可以为解决这一现实问题提供政策建议。同时，合理布局特高压线路对满足国内日益增长的用电需求和实现节能减排的意义重大，本书也可以指导区域内化石能源合理开采以及清洁能源的开发投入，进一步化解煤炭产能过剩，促进中国电力系统供给侧结构改革。

第三节 研究内容

本书研究内容为：（1）构建含有内生技术学习效应和技术扩散效应的多区域新基建类技术采纳系统优化模型；（2）分析不同参数对技术采纳方案的影响并对模型进行校验；（3）收集整理电力系统区域空间分布、能源供给、电力需求等数据，对不同情景下中国特高压输电技术采纳进行研究；（4）探索中期阶段特高压输电技术采纳方案；（5）探索长期阶段区域能源运输优化方案，在此基础上总结归纳政策建议。

其中，内容（1）和内容（2）属于理论研究，内容（3）、内容（4）和内容（5）为应用研究。内容（1）中构建的多区域新基建类技术采纳系统优化模型为内容（2）探索技术采纳影响因素提供了基本的技术参数要素，是内容（3）开展模型应用和分析的基础；内容（2）为内容（3）中模型的应用提供了情景模拟基础；内容（3）中情景设计是内容（4）和内容（5）提出优化方案的基础。图1-1是本书研究的五部分内容及其之间关系的结构图。

基于研究内容，本书分为六章，具体章节研究内容如下。

第一章为导论。本章主要阐述了本书研究的背景，提出主要研究问题，介绍主要研究目的和意义，提出研究思路与研究方法，明确研究内容及章节安排，最后阐明本书研究的主要创新点。

第二章为文献综述。本章主要对新基建发展现状、新基建类技术经济性、中国电力系统理论、区域发电结构、能源运输方式和国内外特高压输电技术相关研究进行了综述。本章概述了能源系统优化模型和技术采纳优化模型，提出了本书研究的技术采纳系统优化模型框架，概述了现有研究的不足，提出了本书研究的主旨，并提供了理论基础。

第三章为多区域新基建类技术采纳影响因素研究。本章主要拓

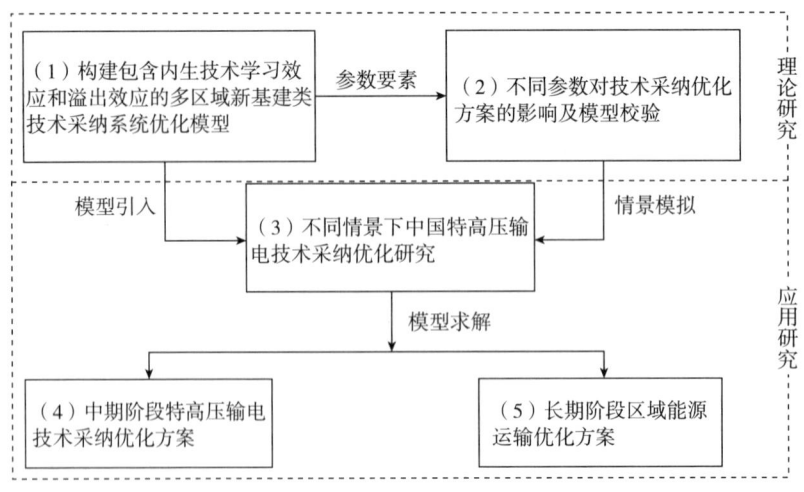

图 1-1 研究内容及其关系结构

展了已有对单个区域的技术采纳模型研究。从系统优化的角度建立了一个具有多区域的新基建类技术系统优化模型。利用该模型从确定技术学习和不确定技术学习两方面分析了距离、技术溢出效应、需求量、初始投资成本和学习率等因素对新基建类技术采纳的影响，给出不同场景下该模型的优化结果，并归纳总结存在技术学习与多区域空间下新技术采纳优化方案的特点以及主要影响因素。

第四章为中期阶段特高压输电技术采纳优化研究。本章主要引入特高压远距离输电技术，从能源运输系统的最低成本角度出发，探索中期阶段中国长距离能源运输的最优策略方案，并探讨了不同因素对中国区域特高压输电技术采纳的影响，为满足中国中期阶段区域电力需求的特高压输电线路建设提供了参考方案。

第五章为长期阶段多区域能源运输优化研究。本章主要考虑煤炭资源分布与电力需求之间的不平衡、区域资源禀赋和中国大气污染防治政策的实施对发电结构的影响，并构建了基于 MESSAGE 框架的中国电力系统多区域能源运输模型。从长期角度出发，通过考虑区域资源禀赋、大气污染控制使整个系统的累计成本最小化来优化模型，从而得出中国电力系统中最优能源运输（煤炭运输及特高压输电）政策方案。

第六章为结论与展望。本章为归纳总结，给出了本书的主要结论以及政策建议，同时也指出了本书研究的不足之处和对后续研究的展望。

第四节　研究思路与方法

一　研究思路

本书研究思路如图 1-2 所示。首先，以现有的技术采纳系统优化模型框架为基础，加入内生技术学习和多区域空间元素，构建一个多区域新基建类技术采纳系统优化模型。然后，用 MATLAB 实现这一模型，并从确定技术学习和不确定技术学习两方面模拟各种不同参数数值下新基建类技术采纳的优化方案，这些模拟同时校验了模型给出的优化采纳方案是否形成一条技术扩散的"S形"曲线。数值模拟考虑的参数主要包括资源耗损速率、需求增长率、贴现率、新技术的初始成本、学习率、新技术的效率以及技术溢出率等。在这些模拟的基础上，归纳总结存在内生技术学习与多区域背景下新基建类技术采纳优化方案的特点以及主要影响因素。构建并校验好模型后，收集应用研究所需的数据。煤炭空间分布数据主要来自煤炭资源网等数据库以及各种文献。用电需求空间分布数据主要来自统计年鉴和国家电网数据。收集整理好的煤炭资源空间分布数据和用电需求空间分布数据将被存储，并通过处理形成多个煤炭资源中心和多个用电需求中心空间布局。导入中国多区域特高压规划数据和特高压技术参数数据，并构建中期阶段多区域特高压输电技术采纳系统优化模型，从而得出中期阶段中国多区域采纳特高压技术优化方案及政策建议。最后，将中国按电网划分成多区域，根据从数值模拟中归纳的重要影响因素，结合 MESSAGE 框架来设计中国长期电力系统模型，优化求解得出中国长期多区域特高压输电技术采纳优化方案，并在此基础上提出中国长期能源运输方案政策建议。

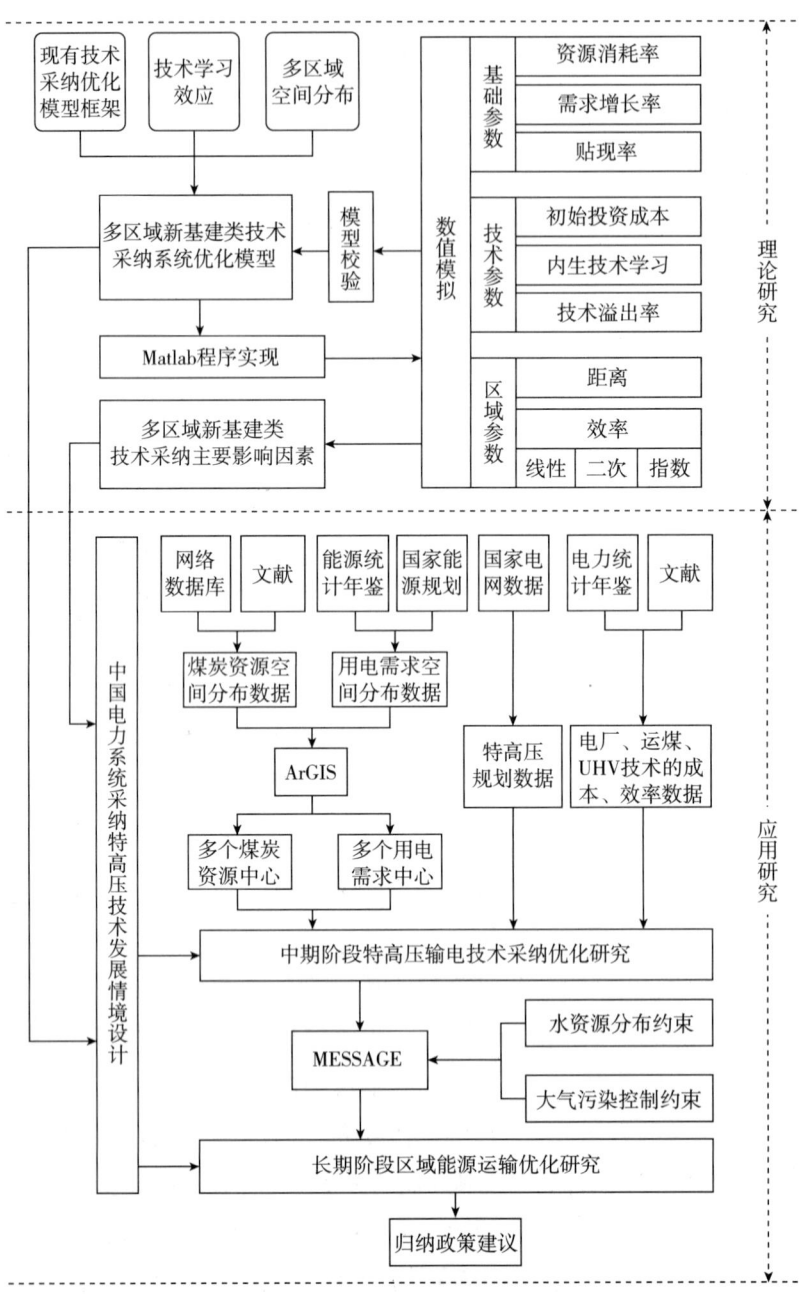

图 1-2 研究思路框架

二 研究方法

本书的研究方法可分为三个层次阐述。

(1) 在数据层次方面，本书通过查阅大量文献、统计年鉴、行业统计、研究机构报告来获得原始数据，在此基础上运用聚类分析、空间数据细化等分析方法得到模型所需要的输入数据。首先，现有的文献中有许多对发电技术和能源运输技术的分析，其中包括成本、装机容量、效率等数据。通过整理和分析这些原始资料，形成一个中国发电技术和能源运输技术的数据库。其次，现有文献、统计年鉴以及数据库中有中国区域资源和区域电力需求的原始数据，不同文献的数据精度不统一，本书在收集整理这些数据的基础上，通过细化和综合的方法，得到一个精度统一的区域分布数据。最后，能源对中国的经济运行非常重要，国家和行业统计年鉴以及研究机构报告中对能源的储量和消耗有较详细和系统的记载，本书对这些数据进行了收集、整理和细化。

(2) 在模型层次方面，构建内生技术学习的多区域新基建类技术采纳模型，将参数代入模型，归纳总结内生技术学习与多维度（多空间、多时间）背景下新技术采纳优化方案的特点以及主要影响新基建类技术采纳的因素。对中国电力系统发展进行情景设计，采用系统集成的思想和方法实现空间分布数据与 MESSAGE 综合能源系统优化模型框架整合，把整个电力系统能源供给等环节作为技术来处理。在成本最小化的目标下优化长期情景下中国特高压技术采纳方案。

(3) 在问题解决方案层次方面，本书采取优化方案与模拟场景相结合的方法来提供决策支持和政策建议。通过模拟不同参数，分析参数对新基建类技术系统采纳模型的影响。然后，用整合空间分布数据的 MESSAGE 模型计算出长期时间跨度、现有需求规划和大气政策控制下的情景优化方案，为未来中国多区域间能源运输和区域发电结构布局提供决策支持和政策建议。

第五节　主要创新点

本书的主要研究创新点如下。

（1）大多数关于技术采纳的模型研究是从心理学的角度来研究个人或组织的新技术采纳情况，很少有从系统优化的角度出发来进行研究。现有传统的技术采纳模型仅研究单区域的能源技术采纳模型，很少考虑多区域之间的复杂的技术采纳和技术扩散情况。本书从系统优化的角度出发，建立了引入内生技术学习与技术溢出效应的优化模型，即在某些区域之间先行采纳新技术所取得的学习效应会使后续采纳受益，后续采纳新型技术的成本会因为先行采纳新型技术的学习效应而下降。本书将单区域技术采纳模型扩展为多区域技术采纳模型，从确定技术学习和不确定技术学习两方面研究了距离、技术扩散、需求和投资等因素对新基建类技术采纳和扩散的影响。

（2）以往研究特高压输电等新基建类技术很少将其看作对新技术的采纳来研究。现有分析中国电力系统的模型很少把内生技术采纳模型和资源结构空间布局结合起来分析。本书构建的模型把这两个相互影响的要素结合起来，从时间维度和空间维度分析影响中国电力系统特高压输电技术采纳的主要因素。从满足区域电力需求的角度，研究了技术采纳及其扩散对中国特高压输电技术采纳的影响，并给出了中期阶段中国采纳特高压的优化方案。

（3）现有对中国电力系统的研究很少涉及特高压输电技术应用、区域资源禀赋与大气污染政策对电力系统的影响。本书整合空间分布和能源系统优化 MESSAGE 模型，从长期角度出发，通过考察区域资源禀赋、大气污染控制政策，建立基于 MESSAGE 模型框架的电力系统多区域优化模型，通过整合空间分布数据与能源系统优化模型得出分阶段、分区域的中国特高压技术采纳长期优化方案。

第 二 章

文献综述

第一节 新基建类技术综述

一 新基建概念与特征

2018年年底，中央经济工作会议上首次提出了新型基础设施建设（简称"新基建"）概念。自中央层面提出新基建概念后，学术界、媒体界、资本市场等对于新基建概念的理解呈现多元化趋势。目前，社会各界对于新基建的具体概念并没有达成完全一致的意见。吴绪亮（2020）认为，新基建虽然在某些领域也表现为一定的物质工程设施，但更多地体现为虚拟形态，具有数字化、网络化、智能化的特征，与传统基础设施的产品形态有很大差异。郭朝先等（2020）认为，新基建应具有六新特征，分别是新技术、新高度、新领域、新模式、新业态和新治理。盛磊等（2020）认为，新基建以适应新一轮科技革命与产业变革需要为导向，以数字化和智能化为支撑，具有技术更新迭代快、软硬兼备和协同融合等特征。李晓华（2020）认为，新基建具有以数字技术为核心、以新兴领域为主体、以科技创新为动力、以虚拟产品为主要形态、以平台为主要载体等特点。潘教峰和万劲波（2020）认为，新基建体系应该包括科技与数字化基础设施、基础设施升级、基础设施数字化和国家安全与治理基础设施。

国家发展和改革委员会把新型基础设施建设分为三个方面的内容：一是信息基础设施建设，主要是指基于新一代信息技术演化生成的基础设施建设，例如通信网络基础设施、新技术基础设施、运算能力基础设施等；二是融合基础设施建设，主要是指深度应用互联网、大数据、人工智能等技术，支撑传统基础设施转型升级，进而形成的基础设施建设，例如智能交通基础设施、智慧能源基础设施等；三是创新基础设施建设，主要是指支撑科学研究、技术开发、产品研制的具有公益属性的基础设施建设，例如重大科技基础设施、科教基础设施、产业技术创新基础设施等。由此，新基建类技术主要包括七大领域：5G 基建、特高压、城际高速铁路和城市轨道交通、新能源汽车充电桩、大数据中心、人工智能、工业互联网（姜卫民等，2020）。

新型基础设施并没有改变基础设施的一般特征和标准，它的"新"是相对于传统基础设施而言的。与传统基建最大的不同就是新基建类技术的先进性，新技术往往会有较高的学习效应和扩散效应，而技术早期的资本投入情况会对技术未来的发展产生很大的影响。所以在新基建类技术刚进入应用阶段时，优化这些新基建类技术并分阶段采纳对于节约系统成本具有重要意义。

二　新基建发展现状综述

本节将从 5G 基建、特高压、城际高速铁路和城市轨道交通、新能源汽车充电桩、大数据中心、人工智能、工业互联网七大领域阐述新基建的发展现状。

（一）5G 基建发展现状

第五代移动通信技术（5G）是由移动语音时代（1G）、文本时代（2G）、数据时代（3G）和融合应用时代（4G）发展而来的。5G 具有大宽带、快连接、高可靠和低时延等特点，为智能经济的发展和产业数字化转型提供了重要支撑。5G作为目前先进的通信技术，与云计算、物联网、大数据和人工智能等领域深度融合，形成新一代信息基础设施的核心能力（任泽平等，2020）。5G应用已经从单个的业务探索逐渐向体系化的应用场景转变，其实践的广度、深度和技术创新性显著增加。5G通信网络将实现万物互联变成可能，推动产业向智能化、自动化改进，进一步推动社会生产方式变革。

5G在新基建类技术中被摆在了首位，说明我国对5G建设和发展的高度重视。自2020年以来，中央20天内4次部署新基建，其中5G基建两次被提及，意味着5G在新基建七大领域的地位举足轻重。截至2020年6月，各地方政府共有210多个5G政策文件出台。其中，省级行政区出台政策累计66个，占5G地方政策总量的31%以上。根据网络供应商协会（GSA）统计，全球100多个国家的近400个运营商曾宣布正在投资建设5G项目。其中，40多个国家的70个运营商提供了符合第三代合作伙伴计划（3rd Generation Partnership Project，3GPP）标准的5G服务。截至2019年，美国计划建设约60万个5G基站；韩国计划建设约23万个5G基站；德国计划建设约4万个5G基站；日本计划在2024年建设7万个5G基站，并将通过财政预算对5G基站建设进行补贴，这将使日本的5G基站建设数量增加至8万多个（李福昌，2021）。

据市场调研机构德罗洛集团统计，未来5年中国5G网络将迎来迅速增长，预计到2024年中国5G市场规模将高达3万多亿元，用户数量超过10亿人；到2025年，5G建设投资规模将累计达1.2万亿元，带动产业链投资将超过3.5万亿元；到2030年，5G规模将超过6万亿元，用户数量将达到14亿人（任泽平等，2020）。中国信息通信研究院预测，2020—2025年，5G将直接拉动电信运营商网络投资1万多亿元，拉动上下游行业投资近0.5万亿元，将十分有利于扩大和升级信息消费。在消费方面，5G商用将带动约2万亿元的移动数据流量消费和信息服务消费以及4万多亿元的终端消费（孟月，2020）。

2020年是5G建设的关键年。我国5G发展受到新冠肺炎疫情冲击，在一定程度上影响了2020年第一季度5G建设的进度，复工复产后三大运营商加速了5G基站建设，提前完成了50万基站建设的目标。

（二）特高压发展现状

特高压是指电压等级在直流800千伏及以上和电压等级在交流1000千伏及以上的输电技术。特高压直流（UHVDC）和特高压交流（UHVAC）两种输电形式相辅相成、相互支撑。特高压交流输电可以通过提高输电电压大幅提升输电功率。电压等级越高则传输的容量越大，输送的距离越远，其经济性越高。特高压直流输电在电流相同的条件下提升电压可以有效提高输电功率。特高压直流输电技术与500千伏高压直流输电线路相比，具有输送远距离、大容量和小损耗的优点。特高压输电是解决我国能源区域不平衡、建设能源互联网、保障能源供应安全的关键一环。

中国特高压输电技术发展已经纳入多项国家重大规划，例如《国家中长期科学和技术发展规划纲要（2006—2020）年》（国务院，2006）、《国务院关于加快振兴装备制造业的若干意见》（国家发改委，2006）、《国家自主创新基础能力建设"十二五"规划》（国务院，2013）等。在2015年9月26日联合国发展峰会上，国家主席习近平同志向世界郑重推介全球能源互联网，他向世界宣布：中国倡议探讨构建全球能源互联网，推动以清洁和绿色方式满足全球电力需求。2016年3月，李克强总理在政府工作报告中指出，要推进以输电代运煤，提高清洁能源比重，发挥有效投资对稳增长调结构的关键作用，启动特高压输电等重大项目（贾可，2016）。发展和建设特高压是转变能源发展方式、优化能源配置、保障能源安全、建设生态文明的必经之路。这也是电力工业技术升级的重要机遇，可使我国电力科技水平再上一个新台阶，对于增强中国科技自主创新能力具有重大意义。

2009年1月6日，晋东南—南阳—荆门特高压交流试验示范工程投入商业运行，成为我国南北方向的一条重要能源输送通道，也是世界首个商业化运营的特高压交流工程，标志着我国具备了全面推广应用特高压输电技术的条件。到 2020 年，我国特高压建设项目投资规模约 1128 亿元，带动社会投资超过 2000 亿元，整体规模近 5000 亿元。截至 2020 年 3 月，我国共有在运营特高压线路 25 条，其中特高压交流线路 10 条，特高压直流线路 15 条；在建特高压线路 7 条，其中特高压交流线路 4 条，特高压直流线路 3 条（国家电网，2020）。具体见表 2-1。

表 2-1　　　　　　　　　中国特高压建设情况　　　　　　　　单位：条

类型	已投入运营	目前在建	待核准
直流特高压	15	3	2
交流特高压	10	4	5

资料来源：根据国家电网整理。

（三）新能源汽车充电桩发展现状

充电桩是给新能源汽车充电的电气装置。我国新能源汽车发展已经领先全球，实现"碳达峰"和"碳中和"目标将进一步带动新能源汽车产业发展。作为新能源汽车的基础设施，充电桩数量和布局是决定我国新能源汽车发展步伐的重要因素。目前，按照充电桩输出功率，有两种充电方式：一种是慢充，也就是交流充电桩输出功率小于或者等于 40 千瓦，充电速度慢；另一种是快充，也就是直流充电桩输出功率 30—200 千瓦，充电速度快。如果按充电方式分类，又可分为交流充电桩、直流充电桩和交直流一体式充电桩。

截至 2020 年，根据中国电动汽车充电基础设施促进联盟统计，公共充电桩 80 多万个，私人充电桩约 87 万个。2015—2020 年公共充电桩和私人充电桩数量如图 2-1 所示。私人充电桩建设数量远小于预期，限制私人充电桩建设的主要原因是电网负荷对小区冲击较大，所以应大力推广小区智能充电，实现高峰低谷错峰充电，降低电网负荷。2018 年，我国新增公共充电桩 14 万余个；2019 年，新增公共充电桩 12 万余个；2020 年，新增公共充电桩 16 万余个，其中公共直流桩 6 万个，公共交流桩 10 万个，此外新增私人充电桩 30 万余个。2020 年充电桩投资规模超 100 亿元。

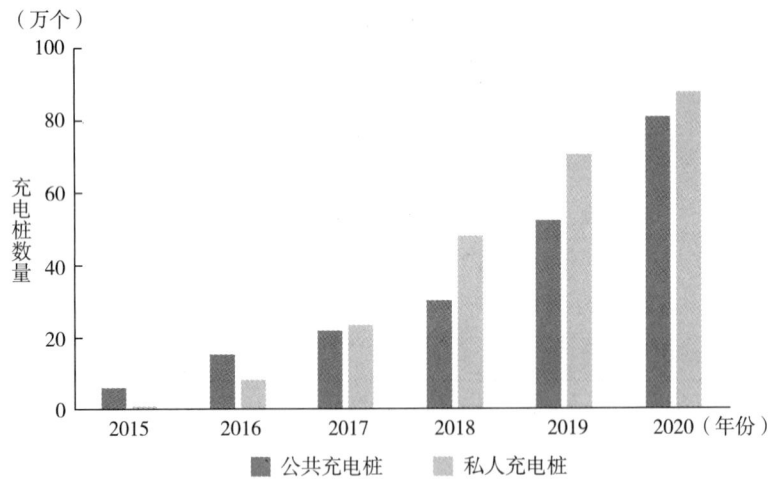

图 2-1　2015—2020 年中国充电桩数量

资料来源：笔者根据相关文献整理。

（四）城际高速铁路和城市轨道交通发展现状

城际高速铁路和城市轨道交通作为新基建的一部分，是中国城市化发展阶段的迫切需求，也是中国城市交通的大动脉。城际高速铁路和城市轨道交通融合了我国一系列先进技术，如信息技术、自动控制技术等，在推动整个交通数字化、智能化方面起到了决定性作用，为中国社会经济发展提供了重要的智能交通运输服务体系。

随着我国经济水平、铁路技术的快速发展，根据交通运输部统计，2008—2018 年，我国高铁营业里程达到 2.9 万千米，跃居世界第一位。2019 年，我国铁路多项运输经济指标稳居世界第一位（黄涛，2019）。国家统计局数据显示，2019 年新建高铁里程 5474 千米。

截至 2020 年，全国铁路运营里程达 14.6 万千米，其中高铁 3.8 万千米，进一步织密了"八纵八横"高铁网。预计到 2030 年，基本实现省会高铁互联互通、地市快速通达、县域基本覆盖。

随着我国城市人口日渐增多，在国家相关政策推动下，我国城市轨道交通发展迅速，运营线路不断增多。根据城市轨道交通协会发布的数据，2018 年，我国城市轨道交通新增长度达到 728.7 千米，运营线路长度达到 5761.4 千米。2019 年新增城市轨道交通运营线路 26 条，新增运营线路共计 968.8 千米，累计运营线路达到 211 条，总里程达 6730.2 千米，再创历史新高。

2020 年规划铁路投资规模约 8000 亿元。据招商证券初步测算，2020—2025 年，在我国新基建建设涉及的七大产业领域中，城际高铁和轨道交通领域的总投资规模最大，预计高达 34400 万亿元。

（五）大数据中心发展现状

我国已进入大数据应用时代，大数据中心是智能经济的底层基础设施。建设大数据中心是发展数字经济、智能化转型的必然要求，也是国际竞争力新内涵的集中体现。目前，我国超大型和大型数据中心占比与发达国家仍有一定差距，具有较大的发展空间。根据中国电子信息产业发展研究院统计，2016—2019 年，数据中心机架数量逐年上升，截至 2019 年，数据中心机架数量达到 315 万架，数据中心数量大约为 7.4 万个，约占全球数据中心总量的 1/4。据中商产业研究院预测，2021—2025 年，我国数据中心市场规模将持续增长，预计到 2025 年我国数据中心市场规模将超 4000 亿元。

我国数据中心主要围绕着人口密集和经济比较发达的一线城市分布，并有逐渐向中西部区域转移的趋势。我国数据中心分布具有一定的地域集中性，这与中国网络拓扑结构密切相关，也与数据中心的需求相关。截至 2020 年，我国主要省市数据中心机架数据如图 2-2 所示。排名前三的为北京及周边、上海及周边和西部地区。

2020 年年底，国家发改委等四部委印发《关于加快构建全国一体化大数据中心协同创新体系的指导意见》，规划到 2025 年，东西

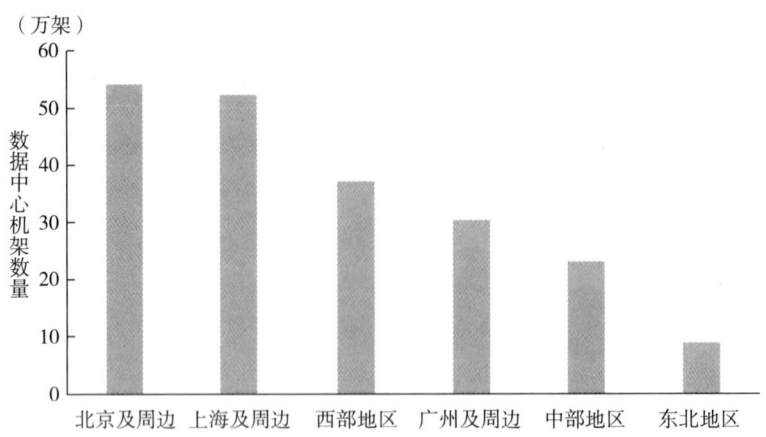

图 2-2 我国主要省市数据中心机架数量

资料来源：笔者根据相关文献整理。

部数据中心实现结构性平衡，大型、超大型数据中心运行 PUE（电源使用效率）降到 1.3 以下。根据能源结构、区域经济和气候环境等，主要在京津冀、长三角、粤港澳大湾区、成渝等重点区域布局大数据中心国家枢纽节点。同时，相关部门均出台了关于大数据发展的指导意见，推动大数据在各垂直领域特别是在医疗、交通等行业的应用发展。

（六）人工智能发展现状

人工智能（Artificial Intelligence, AI）的定义仍然相对模糊，目前普遍说法是拥有"仿人"的能力，也就是能通过计算机实现人脑思维的能力，主要包括感知、决策以及行动。人工智能技术主要包括计算机视觉、机器学习、语音识别、自然语言处理和大数据五大部分。

人工智能是引领未来的战略性技术，也成了国际竞争的焦点。中国信息通信研究院 2019 年发布的《全球人工智能产业数据报告（2019Q1）》显示，截至 2019 年 3 月，全球活跃人工智能企业达 5386 家，中美两国人工智能企业数量占据全球总量的 60%。中国有

1189家活跃的人工智能企业，占总量的22.08%，主要集中在北上广和江浙。中国是发表人工智能论文最多的国家，2009—2018年发表9万余篇，占全球人工智能论文发表总量的22.7%。

2020年，对中国人工智能行业市场现状及竞争格局的分析显示，北京成为全国发展最快的城市。2000—2019年，我国AI申请专利数累计超过44万，位居全球第一。2019年我国AI产业规模已经突破500亿元（刘艳秋等，2021）。中国信息通信研究院数据显示，2015—2018年，复合年均增长率高达54.6%，远超世界平均水平。2019年，我国人工智能独角兽企业206家，在全球人工智能独角兽企业数量中排名第四位，这使国际上更加看好未来中国人工智能产业的发展。目前，我国人工智能场景应用广泛，涉及多个领域，包括金融、交通、医疗、制造等多个产业，正在实现多方位的商业化。

据艾瑞资料库数据，2018年中国人工智能赋能实体经济的市场规模达到251亿元，赋能价值有望在2021年突破千亿元。中国人工智能学会与罗兰贝格联合发布的《中国人工智能创新应用白皮书》数据预测，至2030年，人工智能将在中国产生约10万亿元的产业带动效益。

（七）工业互联网发展现状

工业互联网是新一代信息技术与工业系统全方位深度融合形成的产业和应用生态，是工业数字化、网络化、智能化发展的关键综合信息基础设施。我国的工业互联网在整个制造业的发展过程中起到了关键的作用。2020年，工业和信息化部发布《工业互联网创新发展行动计划（2021—2023年）》，提出了5个方面、11项重点行动和10个重点工程，推动产业数字化，带动数字产业化。未来三年将是我国工业互联网的快速成长期。

工业互联网产业经济可分为核心产业经济（网络、平台、安全三大功能体系及应用解决方案等）和融合带动经济（传统产业应用工业互联网带来的效益）两部分。中国工业互联网研究院数据显示，

2019 年，中国工业互联网增加值规模为 3.41 万亿元，增速达到 22.14%（杨春立等，2019）。2020 年，预计中国工业互联网产业增加值规模将达到 3.78 万亿元，占 GDP 比重将升至 3.63%，产业增加值规模持续扩大。

在政策和市场的双重驱动下，我国工业互联网发展态势良好，正在步入快车道。2020 年，我国已经建成超过 70 个有影响力的工业互联网平台，连接工业设备 4000 余万套，开发工业应用 25 万余个。推动工业互联网加快发展，成为统筹疫情防控和推动经济高质量发展的重要力量。我国未来工业互联网发展的前景是可观的。长三角产业互联网促进中心与觅途管理咨询有限公司联合发布的《中国产业互联网白皮书》预计，2025 年我国产业互联网市场规模达到 4 万亿元，2030 年规模将达到 12.22 万亿元。

三　新基建类技术经济综述

高新技术的经济性是决定其能否被成功采纳的基础性因素（刘洪伟等，2007；Chen，Ma，2017；Xu et al.，2019）。一些学者对新基建类技术的采纳做了经济性研究。

在 5G 基建方面，杨丽和庞丽丽（2019）分析了 5G 投资及其对运营商现有成本的影响，并提出了 5G 成本的预测方法。魏鹏涛等（2019）提出了一种基于大数据的 5G 基站退服成本估算方案，并构建了 5G 基站退服成本估算模型。赵沛等（2019）分析了新建场景和存量场景等 15 种不同情况下的 5G 室内建设方式及成本，提出了面向 5G 的深度覆盖低成本方案。张维东（2020）提出在 5G 传输网络解决方案原则基础上，分阶段部署及重构 5G 传输网络，对减少投资、加快 5G 网络建设将起到重要作用。张尧（2020）分析了 5G 光缆网的组网结构现状，提出应该根据各个区域发展现状制定针对性建设策略，避免重复投资。张志荣等（2020）分析了 5G 网络共建共享技术，并提出了 5G 基础设施共建共享方案，以节省大量设备投资、实现降本增效。李东鸿等（2020）从 5G 主设备选择、天面归并与改造、室分建设等方面分析了 5G 建设总成本的最优化策略。

在特高压技术方面，丁伟和胡兆光（2006）比较了运煤及输气与特高压输电的经济性，提出特高压输电线路在很大范围内具有一定的经济性。赵彪等（2009）对特高压交流输电的经济性进行了初步的实证分析，并从财务角度对特高压试验示范工程的商业运营价值进行了展望。娄欣（2010）针对特高压和超高压输电方式，从稳定性、输送能力、环境影响、经济性和资源利用五个方面的指标进行了深入分析，分别通过相应的评价方法和评价模型，开展技术经济分析对比。彭吕斌等（2017）建立了特高压交流和直流系统多状态可靠性评估模型，量化对比分析了特高压交流和直流输电系统的可靠性与经济性。黄东启等（2018）采用理论分析和仿真计算相结合的技术手段，研究了特高压与超高压交流输电在输电能力和经济性方面的优劣，提出了相同距离下特高压交流的最大输电能力是超高压交流输电的 2.4 倍。张戈力（2020）利用费用效益法评价了特高压工程的国民经济效益，提出目前特高压工程建设具有一定的经济效益，能够有效回收投资。李莉等（2020）对特高压受端电网进行了优化，提出备用辅助服务参与下的机组组合成本将有效降低。

在城际高速铁路和城市轨道交通方面，刘明君（2012）分析了城际高速铁路的建设时机与社会经济效益之间的关系。马赏（2013）基于京津城际高铁的基本财务数据，从收入和成本费用的角度分析高铁线路目前的经济效益，并分析了导致我国高速铁路内部经济效益不佳的因素。汪润泽（2017）研究了城市轨道交通交流供电系统的经济性。刘建红（2019）分析了城市快速轨道交通设施方式的经济性与适应性。唐文彬和肖秋菱（2019）从内部效益和外部效益角度分析了项目投资效益的形成机理和提升路径，并提出相应的实施策略。徐逸飞等（2019）从经济效益和社会效益视角分别构建模型，对城际铁路的建设时机进行了研究。胡军红（2019）以沪宁城际为例，采用有无对比的方法分析了沪宁城际对沿线城市各经济指标的贡献率。

在新能源汽车充电桩方面，王井（2016）分析了 H 市电动汽车充电站项目建设成本与资金需求。郭晓丽等（2017）利用蒙特卡罗模拟法计算了电动汽车无序接入微网的充电负荷，认为将电动汽车以 V2G 模式接入微网更具经济性。黄雪琪等（2018）基于全生命周期理论建立新能源汽车充电桩经济性评估模型，分析新能源汽车充电桩的成本收益结构，并提出相应的评价指标。刘洋（2019）构建了充电站投资效益的风险型决策模型，并以 W 市某充电站投资为例，分别从不考虑风险和充分考虑风险的角度计算了充电站项目预期投资效益。冯培磊（2019）通过引入排队论数学模型，构建了电动汽车用户与各个充电站的信息交互平台，为电动汽车用户选择充电站提供了一种经济选择方法。蒲军军（2019）基于上海公交充电站及公用充电桩的建设和运营基本情况，对公交充电站和服务于社会车辆的公用充电桩单桩的运行成本进行分类核算，提出公用充电设施财务效益尚不理想。

在大数据中心方面，陈磊和印霖（2016）比较了几种自然冷却方式在数据中心空调设计中的应用，并分析了免费供冷系统和常规空调系统在数据中心中应用的经济性。韩高岩等（2018）以某数据中心能源站为例，分析了数据中心不同冷负荷下能源站的经济效益。刘巍和袁韩生（2019）分析了数据中心天然气分布式能源冷电联供技术方案及其经济性，提出在天然气价、冷价、电价搭配合理的情况下，数据中心具有一定的经济性。王世朋等（2019）认为制约燃气分布式能源为数据中心供能的主要因素是供能经济性，并分析了杭州数据中心燃气分布式能源典型方案及其经济性。杨亚南等（2019）基于线性定价和阶梯定价两种模型研究了跨地域分布数据中心云计算的成本最小化问题。杨辉青等（2020）分析了某数据中心蓄冷方式的经济性，提出一种具有更高能源效率的蓄冷策略，并利用经济性模型评价了蓄冷冷源的选择方案。赵磊和肖武（2020）分析了间接蒸发冷却技术在项目中的应用，并比较其起始投资和运行费用，指出间接蒸发冷却技术在数据中心领域的应用前景。

在人工智能方面，金振东（2019）阐述了人工智能的基本内涵，分析了其技术特征，并提出了人工智能对新经济时代的影响。马晔风等（2019）分析了人工智能对中国经济社会发展的影响，提出了人工智能将成为中国经济数字化转型的重要驱动力。董怡漩和张向前（2020）研究了人工智能技术与经济之间正作用和负作用的关系。林晨等（2020）构建了含有人工智能和异质性资本的动态一般均衡模型，并分析了人工智能对中国资本结构的影响。陈利锋和钟玉婷（2020）构建了含有人工智能的动态随机一般均衡模型，并提出人工智能投资效率的提高和使用范围的扩大将引起资本投资的增加。禹春霞等（2020）采用熵权法确定了人工智能行业上市公司评价指标体系的权重，通过实证分析提出了人工智能行业上市公司的投资价值动态评价方法。

在工业互联网方面，谭华等（2018）提出了工业互联网的创新应用总是围绕高质量、低成本、高效率、新体验的产品而进行创新。李燕（2019）分析了工业互联网平台发展的制约因素，并提出与消费互联网平台相比，工业互联网平台在吸引金融资本投资方面较为困难。郭朝晖（2019）提出在推进工业互联网的过程中，应选择合适的场景，工业互联网的推进不宜过快，不能拔苗助长。卢福财和徐远彬（2019）以我国2005—2013年城市面板数据为研究样本，实证分析了互联网对制造业劳动生产率的影响，提出互联网可以通过降低生产成本和提高创新能力促进劳动生产率水平提高。罗军舟等（2020）分析了工业互联网的关键技术，并提出未来的工业互联网将有效解决当前工业生产中产销脱节、成本过高、浪费严重等突出问题。陈磊和张陆洋（2020）基于复杂网络关系方法研究了工业互联网平台企业的投资风险控制。

第二节 系统优化模型综述

一 能源系统优化模型综述

能源系统的建模始于19世纪70年代（魏一鸣等，2005）。能源系统优化模型一般可以分为两类：自上而下模型（Top-down Models）和自下而上模型（Bottom-up Models）（Griggs, Noguer, 2002）。术语中，"上"和"下"分别是聚合和分解模型的简写。自上而下模型是从总体经济变量来评估系统，包含基于能源价格和弹性的经济指标模型。这类模型主要强调的是能源生产与能源消耗间的关系，主要用于分析宏观经济和规划能源政策。自上而下模型的典型代表是可计算一般均衡（CGE）模型。自下而上模型是基于工程技术的模型，侧重于考虑技术选择或特定的政策，综合了能源消耗和生产技术的详细描述。这些模型主要用于预测能源供应/消耗，以及分析能源消耗和生产趋势对环境的影响。自下而上的模式主要在两个方向上发展：一个方向是分析更有效的技术。主要以国际能源署（IEA）开发的MARKAL模型和国际应用系统分析研究所（IIASA）开发的MESSAGE为主要代表。另一个方向是关注能源供应和转换的组合。这类模型通常被描述为"最终使用模型"。在这些类型的模型中，主要以法国能源政策经济研究所（IEPE）开发的能源需求模型（MEDEE）和斯德哥尔摩环境研究所的部门能源模型（LEAP）为主要代表。

"自上而下"和"自下而上"之间的区别可以表示为聚集模型和分解模型之间的区别，或者作为具有最大或最小程度内生化行为的模型之间的区别（Van, 2000）。表2-2总结了这两种模型的不同方面。模型结果之间的差异主要根源于目的、模型结构和输入假设之间的复杂相互作用。

表2-2 自上而下模型和自下而上模型的区别

自上而下模型	自下而上模型
一种使用经济的方法	一种使用工程技术的方法
不能明确表示技术	允许对技术进行详细描述，可以反映技术的潜力
反映市场采纳的现有技术	最有效的技术可能超出了市场行为设定
最有效的技术是由市场行为设定的	使用分类数据进行探索
根据观察到的市场行为，使用汇总数据进行预测	与观察到的市场行为无关
忽视最有效的技术	忽视市场门槛（隐藏成本和其他限制）
低估提高效率的潜力	高估了提高效率的潜力，可详细说明供应技术
通过总体经济指数确定能源需求	通过分类数据表示详细技术
解决能源供应内生化行为关系	直接评估技术的成本
假设历史趋势不中断	假设能源部门与其他部门间相互作用被忽略

本书研究侧重于对能源系统模型中技术采纳的研究，属于自下而上模型。接下来的分析中，主要阐述目前最为常用和具有代表性的三种"自下而上"的能源系统优化模型。

（一）MARKAL 模型

MARKAL 模型主要用于对国家不同的能源关系进行经济分析，以表示其在 40—50 年的变化。MARKAL 模型可以输入诸如能源成本、工厂成本、工厂性能、建筑性能等各种参数，并且通过优化选择满足系统最小成本的最佳技术组合。

已有一些国外研究学者对 MARKAL 模型的应用进行了研究。Eric 等（2003）构建了中国能源系统 MARKAL 模型，并分析了不同情景下能源技术的选择策略。Rafaj Peter 和 Kypreos（2007）建立了带有内生技术学习的全球能源系统的多区域"自下而上"局部均衡模型 GMM（Global MARKAL Model），并研究了电力生产外部成本内生化的影响。该模型表明，电力生产系统（新技术渗透和燃料转换）会发生重大变化，这是由外部成本的内生化以及使用洗涤器造成效率损失引起的。在整个模拟时间内，电力生产系统对当地污染和二氧化碳减排有明显的影响。他们还对带有外部成本内生化的不同技术的总发电成本进行了详细分析，评估了当前和未来能源系统的竞争力。Gül 等（2009）讨论了替代燃料在全球个人交通中的长期前景，评估了主要驱动因素和主要瓶颈，特别侧重于生物燃料和氢气在实现气候政策目标方面的作用，并采用了全球多区域 MARKAL 模型进行了分析。结果表明，生物质燃料对于实现温和的气候政策目标是十分重要的，但是会受到区域低成本生物质供应的限制。如果决策者打算采取更为严格的气候政策，那么氢气就成了一种选择。他们还分析发现，氢气在个人交通中的使用仅限于非常严格的气候政策，因为只有严格的政策可以提供足够的激励来建立所需的基础设施。Sarica 和 Tyner（2013）修改了标准的 MARKAL 模型，包括土地资源基础、玉米秸秆和芒草原料，以及生化和热化学转化技术的成本信息；然后，使用这个修正后的 MARKAL 模型来估计四种不同的政策和技术选择情景的影响。Victor 等（2014）利用 MARKAL 系统模型讨论了发展页岩气对环境和能源安全的影响，考察了页岩气供应对美国能源安全在短期和长期的影响，并将通过确定气候政策在多大程度上加强能源安全目标来帮助指导政策制定。Sulukan 等（2017）应用 MARKAL 模型分析了土耳其能源系统中带有热电联产的需求侧的管理方案。

我国也有一些研究学者对 MARKAL 模型的应用进行了研究。陈文颖等（2004）构建了基于能源、经济和环境的 MARKAL-MACRO 优化模型，并研究了我国能源发展、碳排放方案和碳减排对能源系统的影响。余岳峰等（2008）建立了上海能源系统 MARKAL 优化模型，并利用该模型分析了多种模拟情景，为上海能源系统研究提供了具体的优化方法。王宗舞和魏家红（2013）构建了具有区域特点的煤炭资源 MARKAL 优化模型，基于弱偏好序关系和弱最优解方法求解了参数在三元区间线性规划优化模型中的不确定性问题。Tsai 和 Chang（2015）利用 MARKAL 模型从技术角度分析中国台湾长期（2050 年）碳减排路径，研究的主要经济部门包括电力、工业、家庭和服务以及运输部门，研究结果为决策者制定中国台湾长期低碳发展途径提供了重要依据。Ma 等（2015）以 MARKAL 优化模型为基础，定量分析了未来上海能源需求和环境质量，为政府在能源政策、能源技术、能源供应结构调整等方面的决策提供了理论支持。石晶金等（2017）运用 MARKAL 优化模型模拟 2001—2007 年各政策场景下细颗粒物 PM10 的排放情况。吴亚骏（2019）构建了基于 MARKAL 等效模型和搜索半径优化的差分进化算法求解，提出了我国电力系统规划措施。王宏伟等（2020）建立了基于辽宁省可再生能源的 MARKAL 模型，设计了四种不同的能源耦合方案，提出采用太阳能与化石能源相耦合的方案能够最大限度降低碳排放量。

（二）LEAP 模型

LEAP 模型是分析能源政策和评估减缓气候变化的主要工具。LEAP 模型诞生于斯德哥尔摩环境研究所。LEAP 模型可以用来检测国家或地区的能源系统，通常用于 20—50 年的预测研究，其大部分计算是每年进行一次。LEAP 模型允许政策分析人员构建和评估相关方案，然后对比方案的能源需求、社会成本、系统收益以及环境的影响，详细评估每种情景的经济效益。该模型也被称为终端能源消费模型。

在国外已有一些研究学者对 LEAP 模型进行了研究。Shin 等（2005）分析了垃圾发电装机增长对能源市场和电力成本以及温室气体排放的影响。Shabbir 和 Ahmad（2010）使用 LEAP 方法估算了 Rawalpindi 和 Islamabad 两地的能源需求总量和车辆排放量，探索了大气污染物排放情况，并对 2030 年能源需求进行了预测。Mcpherson 和 Karney（2014）利用 LEAP 模型定量分析了巴拿马目前的发电状况，探讨了各种潜在的情景及其对系统边际成本、全球变暖潜势与资源多样性指数的影响。Ataei 等（2015）根据伊朗经济发展、能源效率和能源结构，利用 LEAP 模型对 2030 年的伊朗一次能源和最终能源需求进行了模拟，并预测了之后 15 年的伊朗能源需求。Azam 等（2016）用 LEAP 模型研究了 2012—2040 年马来西亚公路运输部门的二氧化碳（CO_2）、一氧化碳（CO）、氮氧化物（NO_x）以及非甲烷挥发性有机化合物（NMVOC）能源消耗与排放，评估分析了未来能源消耗和碳排放量。Emodi等（2017）采用情景分析方法，利用LEAP模型探索了尼日利亚2010—2040年的能源需求、供应和相关的碳排放。Mina等（2020）使用LEAP模型评估了三个情景下2013—2035年伊朗发电厂的能源消耗率和节能情况，提出了减少二氧化碳排放的关键策略之一是提高伊朗热电厂的效率。

在国内也有一些研究学者对LEAP模型进行了研究。王克等（2006）构建了2000—2030年LEAP-China系统优化模型，评估了我国钢铁行业CO_2减排潜力。Wang等（2010）利用LEAP模型预测山东省2010年、2015年和2020年的能源需求。结果表明，能源消耗与能源利用强度的增长速度非常快，未来经济发展仍主要依赖能源消耗的增加。Zhao等（2011）考虑GDP、能源消耗、能源结构和二氧化碳排放四个关键因素，基于LEAP模型制定了2050年中国低碳经济发展的基本情景和低碳情景，为中国政府将来推进低碳经济提供了重要参考。Pan等（2013）结合北京市能源消费结构和需求与长远发展规划的关系，运用LEAP模型预测了2010—2020年两种情景下的主要大气污染物减排以及温室气体的减排效果。邱硕等（2016）建立了陕西省LEAP系统优化模型，预测了多个政策情景下的能源需求和温室气体排放情况，完成了相关政策的定量评价和节能减排潜力评估。Jin等（2017）建立了LEAP-Hubei模型，并预测了湖北省2016—2025年的温室气体排放和能源消耗水平。吴唯等（2019）基于LEAP模型研究了不同情景下2020—2050年浙江省的能源需求和碳排放，提出大力发展非化石能源是浙江省降低碳排放的最佳选择。洪竞科等（2021）构建了RICE-LEAP模型，研究了2020—2050年的中国碳达峰路径及全球气候变化趋势，提出我国将于2029年最早碳达峰。

（三）MESSAGE模型

MESSAGE模型（能源供应战略选择模型及其一般环境影响）全称Model for Energy Supply Strategy Alternatives and their General Environmental Impact，是为优化能源系统（能源供应和利用）而设计的模型，是一类涵盖全球的线性规划（LP）综合能源系统工程模型，主要被应用于优化中长期能源供需策略和分析能源政策。该模型提供了一个多功能、动态系统优化建模框架，用于表示能源系统的所有相互依赖关系，从资源开采、进出口、转换、运输和分配到提供能源最终用途服务。MESSAGE 最初由国际应用系统分析研究所（IIASA）开发和维护。国际原子能机构获得了该模型的版本——MESSAGE V，并对其进行了一些改进，最重要的是添加了用户界面以促进其应用。MESSAGE 模型的基本原理是在一组约束下对目标函数进行优化，这些约束定义了包含问题所有可能解的可行区域。MESSAGE 模型描述了能源资源从开采或者进口—运输—转化—分配到最终服务整个能源链间的关系。在给定的终端需求、资源状况、技术限制等条件下，MESSAGE 模型能够给出时间窗内累计总成本最小的技术策略和能源系统配置。MESSAGE 可以将一些变量定义为整数，因此可以用于计算混合整数规划，并调取标准求解器（例如，GLPK、OSLV2、OSLV3、CPLEX、MOSEK）来解决 MESSAGE 模型。MESSAGE 旨在制定和评估与用户定义的约束条件相一致的替代能源供应策略，例如新投资限制、燃料供应和贸易、环境法规和新技术的市场渗透率。环境因素可以通过核算，并在必要时限制各种技术在不同能源供应阶段排放的污染物的总量。这有助于评估能源系统发展在多大程度上受环境的影响。MESSAGE 模型也可以把研究的国家/区域划分为多个模块，模块之间用不同的技术和各种能源输入输出流连接（Messner，Strubegger，1995）。

自 20 世纪 70 年代 IIASA 开始开发 MESSAGE 模型以来，MES-SAGE 已经得到了广泛的运用，成为国际上用来进行能源技术选择策略和环境影响分析以及能源供需预测与政策分析等的成熟模型之一。国外已有一些研究学者对 MESSAGE 模型进行了研究，例如，Messner 和 Schrattenholzer（2000）开发了将宏观经济模型与详细的能源供应模型联系起来的 MESSAGE-MACRO 模型，探讨了能源供应模型计算的能源供应成本对宏观经济模型所包含的生产要素组合的影响。Keppo（2009）基于 MESSAGE 线性优化模型构建了有限远见能源系统模型，该模型可以适应灵活的动态约束，并更好地描述决策者所做出的决策顺序。Hainoun 等（2010）利用 MESSAGE 模型研究了叙利亚 2003—2030 年最佳的长期能源供应战略。Sullivan 等（2013）介绍了一种将电力部门可靠性指标纳入全球综合评估模型的方法。他们在 MESSAGE 模型中加入了一组缩减形式的约束，用于指导电厂之间的投资和使用，分析了这种可靠性度量如何影响模拟的系统建立，包括温室气体（GHG）限制情景。Gambhir 等（2013）结合中国能源系统的 MESSAGE 模型提出了中国能源系统未来发展的混合建模方法，估算了 2050 年中国二氧化碳排放情景，并探索了中国经济主要行业的技术解决方案。Tsolmonbaatar 和 Roh（2014）利用 MESSAGE 模型建立了 2040 年蒙古国长期能源发展的两种情景，结果表明，未来几十年蒙古国工业和矿业项目部门仍将是主要的能源消费主体；2040 年的能源需求将是当时能源需求的三倍；大型采矿项目的发展和蒙古国汽车数量的增加是导致需求增长的主要因素。Butnar 等（2020）选取 IMAGE、MESSAGE/GLOBIOM、GCAM、RE-MIND/MAgPIE 和 TIAM-UCL 五个 IAM 模型作为研究对象，关注了有关生物质能碳捕获与封存（BECCS）的五个方面的假设，即生物质的可用性、BECCS 技术、CO_2 运输和存储、BECCS 成本以及更广泛的系统条件（潜在制约因素和驱动因素），提出所有考察的 IAM 都可以透明地传达广泛的系统假设和主要成本假设。

　　IIASA 与中国国家发展和改革委员会能源研究所合作构建了中国能源系统的 MESSAGE 模型。国内一些研究者也对 MESSAGE 模型进行了研究，例如，黄东风（2006）利用 MESSAGE 模型分析浙江省电力系统，给出了三种不同发展策略下的浙江省发电结构发展趋势以及电力供应策略，并且评估了二氧化硫排放总量控制。柴麒敏等（2008）通过将生物质纳入交通能源和整体能源体系进行综合评价，建立了基于 MEAD-MESSAGE 模型的 Tsinghua ALTRANS 系统优化模型，并通过对定量分析生物质燃料，给出了未来发展生物质所需要解决的关键点。陈荣等（2008）基于 MESSAGE 和 MAED 模型提出一个可再生能源综合优化实用工具，以确保可再生能源战略实施，并将四川省作为研究案例，提供了一种分析省级可再生能源的通用工具。Zhang 等（2017）基于 MESSAGE 模型研究了开放式核燃料循环方案，对核循环和其反应堆运行的前端与后端步骤进行了描述，并提出了各种反应堆技术和燃料循环方案的最佳时间。Tan 等（2019）通过核方法（IKM）预测了建筑行业能源需求量，并将其预测结果作为 MESSAGEix 模型的输入，分析了建筑行业的全球最终能源情况。Zhang 等（2019）采用 MESSAGEix 模型分析了中国钢铁行业的资源、能源和环境关系，并预测了中国钢铁行业长期能源消耗和排放。Zhang 等（2020）构建了基于 MESSAGE 和扩展 Kaya 方程的工业减排框架，定量分析了工业化、能源系统和碳排放之间的关系。Jie 等（2020）构建了基于 MESSAGEix 的中国多区域煤炭供给模型，深入分析了 2015—2050 年中国煤炭供应系统。Ghadaksaz 和 Saboohi 等（2020）采用 ARDL（自回归分布滞后模型）与 MESSAGEix 模型结合的方法，研究了 2016—2030 年伊朗能源供应部门提高能源效率和减少温室气体排放的最优经济方案。Zhao 等（2021）采用 MESSAGEix 石油精炼模型分析了在石油精炼过程中的能耗和排放。

（四）模型对比研究

魏一鸣等（2005）从复杂系统分析与建模的角度出发，结合各模型的建模方法、功能、结构及其典型应用，全面综述了具有代表性的能源—经济模型。李继峰和张阿玲（2007）详细介绍了 MARKAL-MACRO、使用互补模式表示的 CGE 模型、MESSAGE-MERGE 三种混合系统模型，提出第一种模型更适合重点分析能源系统，第二种模型更适合重点分析整体经济系统，第三种模型是最好的，且功能最强大。段宏波等（2014）从长期性、全球性、环境损害性、技术依赖性和不确定性五个全球气候变化问题的基本特征角度，分析了能源—环境—经济综合模型的发展和应用。Debnath 和

Mourshed（2018）发表在 *Nature Energy* 的一篇论文回顾了34种目前广泛应用的能源规划模型（EPM），并研究了目前主要的能源供需模型（见表2-3）在发展中国家的适用性。段宏波等（2021）选用CE3METL、IMAGE、REMIND、DNE21+、IPAC、AIM/CGE、WITCH、POLES八个代表性的综合评估模型构建多模型比较框架，对中国未来的能源消费总量及天然气消费量进行跨模型比较分析，提出的多模型比较结果能够较为全面地呈现中国2020—2060年一次能源消费总量、天然气消费量及其在一次能源中占比的不同发展路径，为气候变化挑战下天然气产业的中长期政策和战略制定提供支撑。

表2-3　　现有能源供需模型的特点

模型	输入变量			方法						输出变量		
	财政	聚合	分类	回归	优化	计量经济学宏观经济学	模拟	平衡	会计框架	能源—需求/供应	排放	成本
ENPEP	√	√	√			√		√		√	√	√
LEAP	√	√	√			√	√		√	√	√	√
POLES	√	√				√		√		√		
MESSAGE-Ⅲ	√		√		√					√		√
WASP	√			√	√					√		
MARKAL	√				√					√		
TIMES	√				√					√		
MEDEE	√		√	√					√	√		
MAED	√									√		
NEMS	√			√						√	√	√
ENERPLAN						√	√					
MESAP	√	√	√			√		√	√			

二　技术采纳优化模型综述

（一）技术采纳模型分类

从20世纪50年代开始，人们就开始关注技术采纳的研究，到目前为止已经提出了各种不同的模型来分析技术采纳。这些模型可以分为两类。一类侧重于分析个人或组织对新技术心理上的接受。代表模型包括技术采纳生命周期模型（Technology Adoption Life Cycle Model）、巴斯扩散模型（Bass Diffusion Model）以及技术接受模型（Technology Acceptance Model，TAM）。技术采纳生命周期模型是美国爱荷华州立大学于1957年为了分析玉米种子采购行为而提出的概念（Stanton，1963）。Everett Rogers于1962年出版《创新的扩散》后，技术采纳生命周期模型获得了广泛的认同。根据Roger的研究，技术采纳生命周期是钟形曲线，消费者采纳新技术的过程可以被分为创新者、早期采用者、早期大众、晚期大众与落后者5个阶段。它们也表示了一项技术的应用从产生到退出市场所经历的过程。巴斯扩散模型（Bass，1969）由Frank Bass开发。1969年，Frank Bass发表了有关耐用消费品新产品增长模型的文章，描述了新产品是如何在人群中被采用的过程。该模型提出当前采纳客户与新产品的潜在采纳客户相互作用的基本原理。该模式的基本前提是采纳客户可以被划分为创新者或者模仿者，采纳的速度和时间取决于创新者的程度和采纳者之间的模仿程度。巴斯扩散模型已被广泛用于预测，特别是预测新产品的销售和技术方面。技术接受模型由Davis在1989年提出。技术接受模型提出两个主要决定因素：感知的易用性和感知的实用性（Arthur，1989；Bagozzi et al.，1992）。技术接受模型是一种用来模拟用户如何接受并使用某种技术的信息系统理论，它利用理性行为来模拟用户的行为。该模型显示：当用户使用新技术时，有很多因素将会影响他们如何以及何时采纳新技术。

以第一类模型为基础，国外学者Lin（2003）基于通信技术采用模型提出了一个综合研究模型。这个模型分析了各种通信技术采用决策因素以及技术采纳对社会系统和使用模式的影响。Calantone等（2006）探索了适合于我国背景的技术采纳模型。他们以506名中国商业人士为样本，在中国商业文化中开发和测试一个经过修改的技术采纳模型并讨论了模型对国际营销学者和从业者的影响。Vannoy

和 Palvia（2010）开发了一个跨学科的技术采纳模型，提出社会计算行为、社会计算共识、社会计算合作和社会计算权威是社会影响的前奏，并且增加了实用性和易用性。社会影响会导致技术的采纳，技术采纳包含两个基本要素，即个人对技术的接受和对社会的嵌入。Ratcliff 和 Doshi（2013）将贝斯模型作为分析金字塔底层（BoP）市场新产品和服务创新扩散的实证工具，并使用贝斯模型模拟了三个 BoP 成功增长的案例。Wallace 和 Sheetz（2014）基于技术采纳模型和实现感知有用性构造提出并测试了一个解释和预测软件度量使用的模型，为软件工程师在面临选择不同软件时提供选择指导。国内学者李国鑫和王雅林（2004）利用任务技术匹配理论，结合用户、采纳过程和组织分析了技术采纳绩效。李霆等（2005）分析了如何提高人们对信息技术的接受程度。鲁耀斌和徐红梅（2006）对比分析了理性行为理论、计划行为理论与技术接受模型，同时对相应的变量和测量参数进行了解释。张伟和陈绍刚等（2007）使用风险图法分析了采纳者在技术采纳生命周期中的风险偏好，并利用风险度量原理证明了在生命周期内采纳者使用新技术时风险与时间之间的关系。杨国忠等（2012）探索了在技术创新扩散中企业对新技术采纳选择反向的原因。刘文俊和丁琳（2015）引入首因效应和竞争环境，以技术采纳模型为基础探讨了已有使用习惯对用户初始采纳意愿的影响。陈湘青（2016）引入多个结构变量，如感知易用性、风险和实用性等，构建了基于创新扩散理论和技术采纳模型的 O2O 电子商务消费者采纳行为模型。王艳玲等（2020）基于引入易接触性和经验变量的技术接受模型，以 266 位农户为研究样本研究了电商平台采纳行为意向影响因素作用机理与路径关系。

第二类模型不是从个人或组织心理角度出发，而是从系统优化的角度来规划技术采纳。这类模型在能源系统规划中有很多应用，例如，MARKAL（Seebregts et al.，2002）、LEAP（Aminata，2005）、MESSAGE（Messner，Strubegger，1995）、EFOM（Grohnheit，1991）、MEDEE（Lapillonne，1980）和 AIM（Matsuoka et al.，1995）模型等。

这类模型的研究综述如上节所述，这里就不再赘述。本书研究以第二类技术采纳模型为基础，从系统优化的角度来构建技术采纳的能源系统优化模型。技术采纳系统优化模型框架如图 2-3 所示。图 2-3 的右侧是各种需求点，例如人们对供热、交通、电力等的需求，左侧是资源点，例如煤炭、原油、水资源等。最终需求点和资源点中间由许多不同的技术连接成能源链。如果资源 1 是煤炭，技术 3 是煤的开采，技术 1 是直接用煤来发电，接下来的技术可以是电网，然后再用终端技术比如电灯、电暖器等来满足终端需求。技术 4 可以是煤气化技术，煤炭经过气化后再用来发电。技术采纳系统优化模型的主要目的是求解在各种限制条件下（如水资源的限制、环境污染限制等），既能使需求得到满足，又能使整个系统总成本达到最小的技术采纳方案。

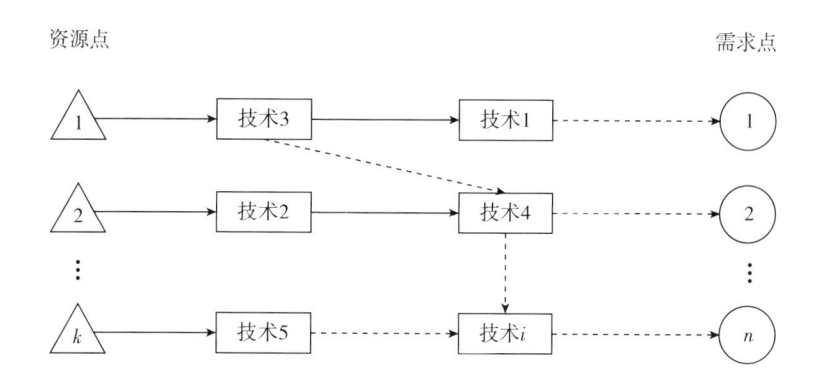

图 2-3 技术采纳系统优化模型框架

（二）内生技术变化模型

传统技术采纳系统优化模型主要是线性优化模型。这些模型把技术变化当作外生的，通常假设一种技术的成本随着时间的变化有一个固定的下降率，或者假设技术的生产率以某一个固定的增长率提高。自 20 世纪 90 年代开始，人们开始认识到把技术变化当作外生存在很多缺点：这种假设意味着技术变化是免费的，或者说是

"天上掉的馅饼"，只要等，新技术的成本就会下降，而现实是如果人们对一种新技术不进行投资，新技术的成本就不会下降。学者开始构建内生技术变化模型。内生技术变化模型也被称为"诱导型""干中学"模型和技术变化模型。学者开始把 Arrow 提出的技术学习引入技术采纳的优化模型（Arrow，1962）。技术学习是指一种新技术的成本将会随着人们累积采用这种技术的经验而下降。对一种新技术经验的积累在系统优化模型中通常用对这种技术的累计投资来表示（Ma，2010）。

Messner（1997）将技术内生到自下而上的能源系统模型中，也就是将能源技术的具体投资和技术使用总体经验的非凸性关系纳入模型。这种方法取得的初步成果显示了对新技术开发的早期投资的重要性。Grubler 和 Gritsevskii（1998）将技术变革的两个最重要的来源——不确定性和技术学习融入长期优化模型框架。该模型从三种相互竞争的技术中进行选择，这些技术的不同之处在于其当前成本和通过学习降低未来成本的不确定性。由此产生的模型完全内生化技术变革的过程。Kypreos 等（2000）描述了在 EU-TEEM（能源技术动力学和先进能源系统建模）项目中开发的能源研究和投资战略模型，介绍了研究能源优化模型中技术变革内生化的不同建模方法和几个变形方法，讨论了模型的一些结果并概述了其未来发展的一些观点。Gritsevskyi 和 Nakićenovi（2000）提出了一种新的方法用于解决建模引起的能源系统技术学习和不确定性。同时，引入了三个相关特征：（1）新技术成本的规模报酬递增；（2）除技术关系以外，依赖于技术"邻近性"而引发学习的关联技术集群；（3）所有技术和能源成本的不确定性。Mcdonlad 和 Schrattenholzer（2001）为能源模型中能源转换技术的学习率（或学习率分布）选择提供了更多的经验。他们汇集了许多能源技术的经验积累和成本降低的数据，估算了所得到的 26 个数据集的学习率，分析了它们的可变性，并评估了它们在长期能源模型中的应用。Manne 和 Barreto（2004）探讨了二氧化碳减排 LBD（Learn-by-Doing）建模的一些算法问题，提出当使用非线性规划标准算法时，不能保证局部 LBD 最优就是全局的最优；在小型模型的情况下，可以通过 BARON 识别保证全局最优；并将算法扩展到大规模气候变化的 LBD 模型。Kemfert 等（2005）阐述了多区域、多部门综合评估模型 WIAGEM 中诱导技术变革的表现，提出通过纳入内生技术性诱导技术变革，可以在减少生产缺陷的情况下实现减排。技术溢出效应也会改善贸易条件。Rao 等（2006）考虑了各种技术的内生学习效应，应用能源系统优化模型 MESSAGE 研究了全球能源系统长期情景下、气候政策背景下技术变革和溢出效应的作用，认为技术学习和溢出效应有利于技术的发展和全球能源转型。Klaassen 和 Riahi（2007）使用综合能源系统和宏观经济 MESSAGE-MACRO 模型分析了发电外部成本因素（与大气污染相关）内生化对全球政策的影响。Ma 和 Nakamori（2009）引入三种程式化能源系统模型，即传统的优化模型、内生技术变化的优化模型和基于 Agent 的模型，比较了技术变革在不同的能源系统建模实践中的作用和优缺点。段宏波等（2015）利用自主构建的中国单区域能源、环境和经济内生技术模型研究了气候政策背景下 CCS 技术的成本演化。Zhang 等（2016）建立了具有多个资源点和多个需求点的能源系统技术体系优化模型，分析技术溢出效应、需求、初始投资成本和学习率如何影响新能源技术的扩散。Xu 等（2020）开发了一种系统优化模型，分析在内生技术学习、低能耗、环境政策的不同情景下中国烯烃行业的最佳产能配置。

（三）不确定技术学习

从早期的全球环境建模开始，人们就已经认识到并开始探索技术不确定的重要性（Nordhaus et al., 1973; Starr, Rudman, 1973）。已有研究采用不同的方法来分析技术不确定性的影响，包括制定替代情景、模型敏感性分析、基于专家调查法的敏感性分析。在每种类型的分析中，所研究的技术不确定性相对比较主观，要么是由建模者自己在敏感性分析中得出，要么是由接受调查的专家得出。虽然情景或敏感性分析可以深入了解输入假设变化导致的模型结果的变化，但技术不确定性并未内生到模型采用的决策中。尽管可以根据不确定性的时间、方式和方向预测不同的未来结果，但在很大程度上，仍然无法得到不确定性的最佳策略。

实证研究证明，技术学习效应存在不确定性（McDonald，Schrattenholzer，2001）。如果决策者基于确定的技术学习率而对技术采纳做出决策，那么新技术未来的成本可能会高于预期。在内生技术变革模型中，不确定性会转化为经济风险和机会（收益），两者都直接内生到模型的决策中。于是，学者提出了两种处理技术学习不确定性的方法。一种是风险因子法，也就是将决策者的风险态度作为权重，把由于高估技术学习率带来的预期风险成本加入优化模型的目标函数（Grubler，Gritsevskii，1997；Manne，Barreto，2004）；另一种是风险控制法，也就是给预期风险成本设定一个上限（Ma，2010）。风险控制法又可以分为两种：一种是把期望风险成本控制在一个确定可接受的水平之下；另一种是将期望风险成本看作总成本的一部分，也就是与确定成本那部分具有同样重要的地位，再将期望风险成本控制在可接受的水平之下（陈华忆，2016）。

Schimmelpfennig（1996）分析了文献中用于表现不确定性的方法，并讨论了每种方法的局限性。其提出蒙特卡洛类型的模拟作用，并讨论了改进不确定性表现的一些好处。曾磊等（2007）认为人的有限理性与认知风险是产生新技术不确定性的根本原因，新技术的不确定性是不可避免的，但是可以应用多种途径降低这种不确定性。Bosetti等（2007）利用"自上而下"的能源—经济—环境综合模型，分析了研发投资不确定的情况下内生技术发展状况及其对气候变化控制成本的影响。曹国华等（2009）认为技术不确定性是技术创新投资的主要特点，并分析了技术不确定性对投资时点的影响。Baker（2009）研究了气候变化问题中存在不确定性下的最优碳税和技术投资路径，提出低碳技术的研发与减排在某种意义上是对立的。Ma（2010）总结了两种常用的应对技术学习的不确定性的方法，即风险因子法与风险控制法。风险因子法是在目标函数中添加包含主观风险因子的期望风险成本，这个随机优化问题的解是一个与风险相对的对冲策略。徐舒等（2011）在动态随机一般均衡模型的理论框架下建立了一个内生研发投入与技术转化模型，研究了技术扩散对中国经济波动的影响。Baker 和 Solak（2011）构建了一个结合经济学和决策分析的框架，研究了不确定性在气候变化背景下对能源技术发展的影响，提出技术变革的整体最佳投资以非单调的方式依赖于气候损害风险。Babonneau（2012）利用改进的 TIMES 综合评估模型和带有不确定参数值的蒙特卡罗模拟 GEMINI-E3 模型探索了几种不确定性来源对能源和气候政策评估的影响。张新华等（2012）构建了碳价和碳捕获技术双重不确定条件下的碳捕获技术投资模型，提出碳价的波动性将延迟碳捕获技术投资，政策性补贴将抵消碳捕获技术的投资延迟。段宏波等（2015）利用自主构建的中国单个区域能源、环境和经济内生技术模型，研究了气候政策背景下 CCS 技术的成本演化。Ma 和 Chen（2015）从单个区域角度开发了基础设施系统优化采纳模型，该模型考虑了技术的不确定性和系统空间的重构因素。李文亮和赵息（2016）发现技术学习对突破性创新具有显著影响，并正向调节技术学习。Chen 和 Ma（2017）构建了一个简化的包含异构 Agent 和不确定技术学习的能源系统技术体系优化模型。Chen 和 Zhou（2019）探究了有限理性假设下，代表主体与异质主体对于新技术采用的区别。Anastasis 等（2021）研究了技术成本和二氧化碳去除可用性的不确定性对气候减缓途径的影响。

（四）技术扩散效应

技术扩散是指技术在区域空间上的一种传播。不同区域之间存在一定的技术水平差距，区域技术的异质性是技术得以扩散的基本前提。技术扩散的关键原因是技术发达区域的技术溢出和技术落后区域技术需求双方共同作用。技术扩散主要包括技术转移与技术溢出两种方式，技术转移是有意识的主观经济行为，参与技术转移的双方都持有明确的目的，技术溢出是技术知识的外部性引起的无意识技术传播（姜海宁，2012）。

技术发达区域会率先对新型技术进行大量投入。技术在创新过程中存在很大的风险，也就是存在技术的不确定性，使技术投入与成果之间呈现了一种复杂的风险性非线性关系。在减少风险度和增加成功率方面，技术发达区域的创新工作成本非常高。对于通过搞投资而得到的新技术，发达地区总是会通过一定的方式试图保密和垄断，并因此而拥有垄断性的利润。但是，由于区域之间存在一定的技术竞争性，发达区域必须考虑在一定时间内及时地对技术进行转移才可以使技术开发成本得到满意的补偿。

技术溢出导致发达地区要把握最佳时间将技术进行转移。这时，所谓技术溢出效应是指，技术一旦被生产出来，就可能被该技术最初生产者之外的其他人（或厂商）以低成本使用，而且，使用该技术的人越多，范围越广，溢出效应越大。对于落后地区来说，总是可以得到这样的溢出好处。比如，落后地区对与发达地区的技术模仿创新就是溢出效应产生的重要途径。即使有知识产权等保护，落后地区有时候甚至不需要该技术的详细信息，只凭借产品本身的外观、功能包含的信息就可以对该技术进行模仿。通过模仿，落后地区可以生产出和发达地区相同或类似的产品。相对来说，发达地区对于该技术的全部价值并没有获取，某部分被落后地区吸收了，落后地区以相对低的成本获得了该技术并使自己从中获益。

在技术的早期采纳过程中，技术的学习效应是非常重要的。它能够判定哪些技术在经过一段时间的投资后具有强大的竞争优势。但是，当技术逐渐进入大规模扩散阶段后，技术学习的作用就渐渐减弱了。随着技术的经验累积越来越多，技术的成本越来越低，技术就进入了大规模扩散阶段。技术扩散的溢出效应可能使技术追随者从早期采纳者对新技术使用经验的累积中免费受益，进而促使技术在不同区域间扩散。Ma 和 Nakamori（2009）详细地论述了技术扩散溢出效应的两种存在形式以及相对应的建模方法。一种是技术的"搭便车"形式，即先进技术的后期采纳者可从早期采纳者对先进技术使用经验的累积中免费受益，只是在时间上存在一定的延迟；另一种是技术交易的形式,即先进技术的后期采用者可付出一定的成本向早期采纳者购买先进技术的累积经验。张伟和刘德志(2009)认为新技术扩散过程中存在很多随机性,并在假设新技术扩散发展状态服从几何布朗运动的基础上,构建了新技术扩散过程中学习方技术发展状态模型。徐舒等(2011)在动态随机一般均衡模型的理论框架下建立了一个内生研发投入与技术转化模型,研究了技术扩散对我国经济波动的影响。Pan 等(2020)提出中国 OFDI(对外直接投资)的逆向技术溢出可以显著促进 TFCP(全要素碳生产率)的增长,OFDI 的逆向技术溢出通过提升区域技术能力对 TFCP 的提升产生积极影响。Byun 等(2020)发现技术溢出通过促进基于利用现有知识的创新,抑制探索新领域和开辟新领域的创新,进而改变企业研发的构成。Chen 和 Ma(2021)研究了异构代理之间的动态交易如何影响新技术的采用以及整个系统的相应总成本和碳排放。他们使用该模型分析不同地区之间的动态交易如何影响全球技术采用、系统总成本和排放量。

第三节　中国电力系统研究综述

一　电力系统理论研究

(一)电力系统概念

电力系统是电能生产与消费的整体系统,由发电、输电、变电、配电和用电组成,是现代社会中最重要、最复杂的工程系统之一(李杰,2011)。电力系统的主要结构有电源、电网及用户中心。电源是指各类发电技术将一次能源转换成电力。电网由输电、变电和配电组成,主要是将电力从电源区域经过变电升压后传输到用户中心,再经过变电降压和配电后与用户连接起来(杨以涵,1986)。输电网和配电网共同组成了中国主要电网。输电网是具有最高电压等级的电网,是中国主要电力运输网络,在电力系统中担当骨架作用。

配电网是将传输的电力从变电站再次分配到区域内用户的网络。中国的配电网是按照地区划分的，只承担本地区的供电任务，不与邻近的地区配电网直接连接，若要连接则需要通过输电网进行连接（杨淑英，2007）。

在目前的电力系统中，电力是无法进行大量存储的，这就意味着发电、传输和用电基本上是同时运行的。因此，在任何时刻，电力的生产、输送、分配和用电都必须保持平衡。每个子系统相互连接，形成一个不可分割的整体，具有显著的系统特征（娄素华，2005）。区域电网互联是中国电力系统未来发展的趋势。电网互联不仅可以带来巨大的经济效益和实现较大范围的资源优化配置，也可以促进可再生能源的开发和利用，有利于实现能源可持续发展战略。

（二）电力系统优化研究范畴

电力系统的优化是学者研究的重点之一。电力系统优化所研究的问题主要是在满足电力负荷需求的前提下，合理配置系统资源从而使系统所需的总成本或所消耗的总能源最小。电力系统规划中的重点之一就是在发展规划时间内〔一般分为短期规划（5年以下）、中期规划（5—15年）和长期规划（15年以上）〕系统的经济性，它包含燃料的输送和供应、电力的生产和输送、电力系统中设施设备的一次投资和折旧、能源输送过程中的损耗以及其他运行费用等（沈根才，1993）。本章主要从区域发电结构和能源运输两方面来综述中国电力系统优化问题。

二 区域能源结构综述

能源对于经济发展和社会进步是至关重要的（Bilgen，2014）。自2000年以来，由于中国经济持续增长，中国能源消耗也逐渐增长。预计未来一段时间内中国能源消费仍将保持上升趋势。目前，中国的能源供应面临着许多问题，例如能源结构不合理、供需分布不均衡等，这些问题已成为约束整个社会发展的因素。中国目前电力生产方式主要包括火电、水电、风电、核电以及光伏发电等。

2016年，中国煤电占全国总发电量的65.21%，燃气发电、核能发电、水力发电和太阳能发电占比分别为3.14%、3.56%、19.71%和1.11%（NBSC，2017）。

中国的化石能源结构可以归结为"富煤、贫油、少气"（Li, Leung，2012）。因此，煤炭是中国最为主要的一次能源，并在国家经济发展中发挥十分重要的作用。中国煤炭在地域的分布上有很大的差异性，大部分煤炭分布在陕西、内蒙古、山西、新疆、贵州和河南等地区，其中内蒙古、山西和陕西三个地区的煤炭资源存量就占中国煤炭总存量的40%；而大部分燃煤电厂则集中分布于经济比较发达的东部电力消费负荷中心区域，这些区域煤炭存量却相对比较少。例如，华东地区煤炭资源储存量仅为4.5%，进而燃煤发电装机容量大约占全国的34%（王顺昊，2012）。这与中国区域经济发展有密切关系，区域的经济发展不平衡导致用电需求的不平衡。东部、北部和中部地区是中国工业经济发展的重心，居民生活大部分集中在这些区域，进而导致用电量比例较大，大量燃煤电厂在这些区域就近投建。中国主要有14个大型煤炭基地：神东、蒙东、宁东、晋北、晋中、晋东、陕北、黄陇、新疆、河南、两淮、鲁西、冀中和云贵。这些大型煤炭基地供应着中国90%以上的煤炭消费量（Shang et al.，2017）。大部分煤炭主要用于电力生产。2015年中国电煤消耗占总煤炭消耗的52.3%左右。因此，未来一段时间内，调整和优化中国以煤电为主的电力生产结构是关键。

在水资源方面，2015年中国全年平均降水量为644毫米，水资源总量为28300亿立方米，用水总量为6180亿立方米，较上年同期用水需求增长1.4%（NBSC，2016）。中国区域水资源分布的特点是：西部较少、东部较多，北部较少、南部较多。中国区域水资源的分布差异与中国区域年降水量的分布差异有密切的关系。中国西部区域深居内陆，距离海洋遥远，年降水量少，河流径流量少，水资源贫乏。而东部区域靠近海洋，年降水量比较大，河流径流量大，水资源非常充沛。北部区域受夏季风控制时间短，雨季短，雨量小，水资源比较少。而南部区域受夏季风控制时间长，雨季长，雨量大，水资源相对比较丰富。中国地势分布为阶梯状，西部较高、东部较低，在流经阶梯交界处，河流落差较大，非常适合水力发电。中国水能资源蕴藏量居世界第一位，达 6.8 亿千瓦，其中黄河中上游、长江水系、珠江和雅鲁藏布江水系的水能更为丰富，目前已开发了大量的水力发电站。这些区域地形决定了水流落差较大，能产生大量的水利势能，进而有利于水力发电。中国水电装机相对集中的地区为华中地区和南方地区。从水电的装机类型上看，蓄能式水电站在中部地区分布较为广泛，湖北、河南、湖南、江西四省都有较大规模的蓄能式水电站；南方的蓄能式水电站主要分布在广东。从水电设备的年平均利用时间来看，华中地区是中国水电设备利用率最高的地区。中国最重要的水电基地之一是西北地区，但是西北地区的装机容量相对较低。华北和华东地区的水电装机容量整体并不高，但蓄能式水电站的比重在加大。和其他地区相比，东北地区水电装机容量较低（张娜等，2010）。抽水蓄能需要进行截流蓄水，会对下游河流及气候环境产生一定的影响，因此中国现阶段的水利建设速度有所放缓。

　　在风力资源方面，中国海岸线较长，幅员辽阔，所以中国风力发电较为丰富。但由于地势和地形的原因，中国风力发电分布并不均匀。中国最大风能资源区分布在东南沿海及其周围岛屿；次大风能资源区分布在西北部区域；东北地区风能也较大；最小风能区主要分布在云贵川、河南、湖南西部、甘肃、陕西南部、广东、福建和广西以及塔里木盆地区域。陆地风电主要集中在华北、东北以及西北这些区域。海域风电主要分布在山东、辽宁、江苏、河北、福建、上海、广东、浙江、广西和海南等。北部区域地势平坦、交通便利，因此只有北部区域有利于建设大规模的风电场，例如内蒙古的辉腾锡勒风电场等（吴昱、边永民，2013）。

　　核电站需要大量水来冷却系统，因此核电的建设要靠近海边，这一地理位置要求将核电站的建设局限在东南沿海区域。其中，浙江、广东、江苏、福建和辽宁等核电项目已经投入运行,广东和浙江目前也已形成核电产业基地。山东、海南和广西也正在建设核电项目（范玉波,2011）。至 2015 年年底,中国投入运行的核电机组数量为 30 台,核电总装机容量为 2642 万千瓦,占总发电装机容量的 1.75%。随着近年来核电项目的重新启动,核电站在内陆建设成为一种新的发展趋势。目前,国内已有 10 多个省份开始计划部署内陆核电,例如四川、吉林、重庆、贵州、河南及安徽等,而湖南、湖北和江西三省也正在开展核电项目的初期工作（于雪峰、林浩淼,2016）。

根据国家气象局风能太阳能评估中心的划分,中国太阳能资源区域可以划分为 4 类（于华深等,2008）：第一类区域是中国太阳能资源非常丰富的区域。主要包括宁夏北部、青藏高原、甘肃北部、内蒙古南部、新疆南部、河北西北部、宁夏南部、山西北部、甘肃中部、西藏东南部和青海东部。第二类区域为太阳能较丰富的区域。主要包括山东、山西南部、河南、河北东南部、新疆北部、甘肃东南部、吉林、辽宁、陕北、广东南部、云南、福建南部、苏中、苏北以及皖北。第三类区域为太阳能资源一般的区域。主要包括长江中下游、浙江、福建和部分广东地区。第四类区域是中国太阳能资源最少的区域。主要包括四川和贵州。第一类和第三类区域占比最大,合计占我国土面积的近 80%。

目前,已有一些学者对中国的区域能源发电结构进行了研究。Zhu 等（2010）用投资组合理论评估了中国 2020 年中期能源发电结构,在不同情景下,讨论中国未来发展高效（帕累托最优）能源发电组合,提出由于发电成本较高,可再生能源发电有必要加大政策支持力度,以促进其加速发展。Yang 等（2010）通过分析电力供需关系、装机容量增长和电力资源结构的变化,回顾了 20 世纪 80 年代以来中国发电量的增长情况；引入煤粉发电技术来解决经济可靠性和污染物排放等各种问题；从减排效率和可靠性方面考虑,预测了中国电力系统的发电前景。张运洲等（2010）介绍了中国风电发展的初步规划和分布特点，提出了风电可持续发展的一些思路和分析方法；研究了风电大规模发展的电源结构和布局、发展规模与消费市场等几个重要问题；分析了风电等清洁能源大规模发展对优化中国能源消费结构和减少温室气体排放的重要意义。Zhao 等（2011）客观分析了中国可再生能源政策及其对中国发电结构的影响，提出了可再生能源发展模式要与政府颁布的相关政策密切相关。Zhang 等（2012）提出，中国电力行业面临的巨大挑战是在满足不断增长的电力需求的同时减少二氧化碳的排放，此外还给出了2010—2050 年中国电力行业的最佳区域发电组合，提供了中国电力行业逐年发展的区域规划案例研究。解玉磊等（2013）以区域发电总成本最小化为目标，构建了基于碳捕集技术分析的中国区域电力结构优化模型，分析了不同二氧化碳减排水平情景下区域发电结构方式。Shen 等（2014）从发电企业角度出发，分析了"十一五"时期中国五大发电集团节能减排任务和"十二五"时期低碳战略的节能减排任务，预测了中国各区域低碳电力的未来发展。Bi 等（2014）提出了一种基于松弛的测量方法来研究化石燃料消耗与中国火力发电的环境调节之间的关系，发现能源效率和环境效益都具有明显的地域特征，并根据调查结果给出了一些政策建议。Liu 等（2014）基于行政区划和经济带的火电发电区域预测结果分别表明，到2020 年年底，华东和东部经济带燃煤火电发电量分别占30.3%和45.65%。上海、江苏、浙江、山东和福建是火电发电集中地区，到2020 年碳减排任务艰巨。张宇超等（2015）以低碳排放为目标，用具体数学模型分析了中国区域电力的能源，为中国区域电力发展提出合理的建议和措施。Ding 等（2015）提出，中国电力消费结构发生很大的变化，使电网峰谷差异增大，调峰能力与峰值调度需求矛盾更加突出。随着电站建设、国家对宏观经济的调控和对高耗能企业的限制，电力消费在低负荷时段下降，导致火电机组闲置等问题出现，可采用抽水蓄能电站解决此问题。Gu 等（2016）对中国燃煤电厂的高峰调节进行了全面的回顾，并详细介绍了装机容量、调峰运行模式和扶持政策，提出火电机组在低负荷运行时存在高能耗、环境污染物和安全屏障问题，给出的一些政策建议在一定程度上解决了区域用电调峰问题，保证了电力能源系统的可持续发展。Ming 等（2016）根据 2014 年和 2015 年上半年的行业数据对中国火电发展情况进行全面回顾，发现若上网电价平均下降 0.02 元/度，火力发电企业将面临亏损；对这种情况下区域火电机组的运行情况进行分析，可以得出单位效益变化为 0.03—0.08 元/千瓦时；最后，对政府和火电企业提出一些政策建议。Guo 等（2016）解决了地区资源分配和电力需求差异问题；在最佳满足电力需求的基础上提出一个反映实际电网基础设施的多区域模型，模型目标函数是使区域发电企业在 2013—2050 年获得的累计利润总额最大化。吕连宏等（2016）应用空气质量模式系统 RAMS-CMAQ 模拟和评估中国煤电对区域大气环境的影响，预测未来煤电发展的规模，并给出中国区域煤电布局方案。

三 区域能源运输综述

中国的工业化和城镇化改革导致电力消费快速增长，2016 年达到 59198 亿太瓦时，约为 2006 年的 20 倍（NBSC，2007）。然而，随着中国一次能源分布与二次电力需求分布不平衡的矛盾加剧，一些区域电网原有的平衡模式被打破，优化区域内资源配置以及平衡区域间供需变得尤为重要。目前，80%以上的区域间能源运输采用原煤运输，其余 20%采用二次能源输电（Chen et al.，2014）。

（一）区域煤炭运输

中国资源禀赋的特点决定了近中期中国对煤炭发电的依存度依然较大，由于与区域经济发达程度呈逆向分布，电力供需分布不均的问题非常突出。

相对于中国来说，其他国家发电对煤炭的依赖程度较低，电力供需分布不均的问题并不突出，因而国外对电力系统煤炭供需问题的相关研究较少，目前可看到的这方面的研究如下。Manners

（1962）通过输煤输电的成本比较给出了英国火电站的布局规则。LeBlanc 等（1978）将美国划分为煤炭输出端和接收端，分析了未来美国煤炭流动问题。Chang 等（1981）基于区域铁路网络来评估系统对增加煤炭运输的响应，并构建区域多式联运煤炭运输模型以最大限度地降低总成本和有效利用现有的网络。该模型具有足够的通用性，可以根据具体的需求、假设和数据进行修改，可用于政府机构和行业在资源分配决策和运输政策的分析。Ash 和 Waters（1991）给出了从加拿大西部输煤到 3000 千米外东部的各种策略。Mathur 等（2003）评估了印度当时煤炭运输模式的最优性，并考察了选煤输煤的经济性；基于运输问题的框架，开发了一个基于技术经济的线性优化模型；强调通过改变目前的煤炭运输模式使经济获得整体收益的可能性。Yucekaya 和 Has（2013）提出燃料煤供应链是一个复杂的网络，其中存在多个供应商、煤炭产品、多种运输方式的交接方式；通过建立线性模型，寻找成本最小化的煤炭产品和运输路线，并将模型应用在美国中西部的案例研究中。结果表明：电力公司可以利用该模型找到理想的煤炭供应方案。Mishra 和 Chaturvedi（2016）提出通过配煤和专用运输网络的方式来满足能源的需要，从而减少运输网络的时间、提高能源的有效利用；根据电厂规模及其效率来进行配煤管理，有效利用煤炭专用网络进行煤炭运输。Mizrak 等（2017）考虑了煤炭从矿口运输到热电厂进行发电过程中的成本和技术参数，提出了输煤方式受到运输距离、运输道路、运输储量、投资成本和单位生产成本的影响，并运用模糊层次分析法对皮带、卡车、管道和铁路等输煤方式的优缺点进行了分析。Arigoni 等（2017）优化了全球的煤炭流动，以需求、供应限制和港口吞吐能力为约束，建立了一个运输成本最小化的混合整数优化模型，为煤炭生产者和消费者提供了相关国际煤炭市场运输方案的情景分析。例如，如果取消中国为满足自身需求而制定的任务，将北方到南方的煤炭流量减少 56%，这将对欧美市场具有溢出效应；而巴拿马运河的扩建仅仅会导致通过运河的运输量有小幅增长，约为 6.7%。

中国电煤供需不平衡问题较为突出,因此我国学者对我国煤电供需问题的研究较多。赵刚和祁斌(2004)采用线性规划法规划了上海电煤长江运输系统航线,给出了运输的调运最优航线方案,并在此基础上获得了航线配船方案。赵媛和于鹏(2007)基于地理信息系统将我国 30 个煤炭资源流动区域划分为三大系统,提出在完善煤炭铁路和公路运输通道的同时,需要加强水路运输煤炭的能力以及长远的管道运输能力。白建华等(2007)从全局的角度优化了 7 个煤炭资源地到 13 个电力需求地的电力输送,指出中国区域煤电布局要与环境承受力相匹配,新建火电厂应该向西北地区这些环境空间较大且富有煤炭的区域转移。杨琴(2009)概述了电煤物流系统,从系统的角度指出了中国电煤运输物流不良的主要问题,并分析了中长期电煤系统中的运输通道、能源储运方式、物流结点和物流组织四个方面的问题。陈小毅和周德群(2010)分析了利用资源存量优势转变煤炭富集地能源输出结构的可行性。张春雨(2013)对电煤运输布局优化方法及其影响因素进行了分析,从建设者的角度出发对内蒙古至江苏、浙江和上海的电煤运输通道进行了优化,并规划了电煤调运的重点线路和运输通道。杨革(2014)从电煤物流系统分析出发,综合考虑电煤运输和电力生产两个层面,分析了电煤资源的供需状况及其未来发展的趋势,并提出我国电煤调运方案。Wang 和 Ducruet(2014)从产业关联和区域影响、煤炭贸易政策和市场定价、港口体系演进、交通网络规划等方面探讨了煤炭配送的空间演变,并对现行政策进行回顾,在此基础上,探讨了煤炭运输的改善方案。Qiao 等(2014)基于煤炭运输网络特征,建立了具有结构、时间和运输能力不确定性的煤炭运输网络状态方程和鲁棒控制模型,分析了煤炭运输网络的不确定性,实现了煤炭运输网络中煤炭流量的平衡和稳定。张政等(2017)通过考虑煤炭的定价机制,从管理者和消费者角度出发,构建了煤炭运输系统优化模型和煤炭资源布局模型;采用遗传算法和 Floyd 算法优化了我国煤炭分配;分析了影响煤炭分配的几个因素：价格机制、煤炭可利用率与煤耗比。柳君波等（2019）对我国30个省份2015—2030年的煤炭运输路径进行了优化，认为在现有资源和政策的约束下，中国煤炭开发将不断集中，且新疆、西南和东北等地区存在铁路煤炭运输能力不足的现象。

目前，中国的煤炭运输主要以铁路为主，辅以水路和公路，同时也采用多种方式联合运输。中国铁路建设较为发达，运输能力显著，是运煤的主力。沿海和内河水路运输也是重要的煤炭运输方式。公路运输作为辅助的煤炭运输方式，是省际煤炭调运的重要补充。但是随着电力需求区域人口密度增加，人们开始逐渐关注燃煤电厂带来的环境问题。燃煤发电过程中，各种排放物，例如，尘粒、灰渣、烟气、废液，以及电厂运行过程中产生的噪声等都会给区域环境造成一定影响，进而对区域人体健康带来威胁。近年来，我国北部区域受重雾霾天气影响，雾霾天气的肆虐不仅影响人们正常生活，更严重危害了人体的健康，引起一系列肺系疾患。所以，继续在这些人口密度高的区域建立大型燃煤电厂并不是最优的选择策略。

除此之外，中国清洁能源，像风电、水电、核电和光电等发展快速。2015年，中国风电、水电、核电和太阳能发电分别达到了2410亿千瓦时、11807亿千瓦时、2132千瓦时和662万千瓦时。从区域分布来看，中国未来新增风电至少85%分布在东北、华北和西北地区，80%的水电分布在西南地区，核电分布在沿海区域，光伏发电分布在西北和内蒙古等区域。这些清洁能源丰富的地区，电力需求规模往往较小，从而容易造成弃水弃风的现象。因此，需要加强跨区域电力流通能力。

（二）区域电力输送

传统模式下中国区域间电力的输送主要依赖一次能源煤炭的运输来实现。近年来，中国远距离输电技术的发展有所突破，从某种程度上减轻了区域煤炭运输压力。中国正在计划建设一个跨区域的智能电力传输网络。通过跨区域电力传输，可以优化清洁能源发电布局，减小电力需求地区因发电而产生环境污染的压力。提高电力跨区流动对于满足电力市场需求、降低电力成本、调整电力结构、改善东中部地区环境质量都将发挥巨大的作用。

中国学者对区域间输电规划已经做了一定的研究。何肇（2004）提出，随着东部电网规模的逐渐扩大，东部电网将面临电力输送瓶颈和超限短路瓶颈两大难题；分析华东各省份之间的关系，建议重构一条主要的东部输电通道，形成一个完善的功能强大的新型东部电网。张运洲（2004）分析了中国六大电网中长期电力平衡趋势和电力交换的关系，预测了未来跨区电力交换规模。Zhang等（2010）提出电网未来的发展趋势是具有安全可靠、灵活、高效、经济、互联、清洁和一体化等特点的智能电网。他们提出了以信息、通信和计算机技术为基础的中国特色的智能电网发展规划，并给出了我国电网发展规划和电网运行的一些措施和建议。黄志军（2012）研究了在区域输电过程中建设和开发煤电基地对当地经济与环境的影响，从煤电基地循环发展、能源价格、生态补偿机制以及国家政策方面提出了建议。何琼等（2013）分析了国内区域间输电发展存在的主要问题，从改善电网成本、协调电源与电网、健全跨区电力交易市场、加强区域电网建设等方面提出了具体的对策建议。宋艺航等（2014）以系统动力学模型为基础，结合碳排放、能源输送成本与能源价格等因素，对区域间电力供需平衡进行模拟仿真。Wang等（2014）以中国电力部门为案例研究的对象，考察了如果2020年之后的碳减排目标在2020年之前得不到考虑将会产生多少额外的成本，并针对中国电力行业开发了一个多时段的多区域优化模型。张立辉等（2015）结合区域经济效率、输电约束和碳排放等问题，分别构建了以区域碳排放最优、以区域发电成本最优、以综合效益最优为目标的跨区域发电计划系统优化模型。Cheng等（2015）通过考虑不同区域的动态和特点，提出了一个多区域优化模型，模型以2011—2050年的时间范围内总成本最小为目标，通过考虑资源可用性和区域间输电线路容量的区域变化，对长期中国电力行业发展规划提供了见解。白宏坤等（2017）建立了考虑六个区域输电的多区域综合资源战略规划模型，优化了河南各地的资源结构配置，分析了河南电力布局优化的多种策略。Hui 等（2017）采用定量方法计算了最有效的区域补贴和区域间输电能力水平，从而克服渗透壁垒，充分利用了我国清洁能源资源。模拟结果表明，2050 年最有效的区域间输电能力是目前输电能力计划的 13 倍。在最有效的地区性补贴和区域间输电能力下，中国电力行业清洁能源发电比例可达 59.6%。陆裕华等（2019）通过对可再生能源和特高压接入对规划带来影响的分析，提出多利益主体的输电网规划方案评估指标和方法。周二彪等（2020）构建了含有新能源消纳能力和投资收益的电网互联通道双层规划模型，并验证了模型的有效性。

（三）区域输煤与输电比较

煤炭作为一次资源在中国相当长一段时间内都是电力生产的重要来源，中国输煤的局面将长期存在。随着发达地区的环境容量紧张和大量水电、风电等清洁能源的利用，中国势必要拓展电网，加大远距离输电能力。所以，输煤输电哪个更经济，哪个在现阶段及长期阶段的中国发展中是最优的，何时输煤、何时输电、输多少的问题就成了关键问题。

中国已有一些学者对区域输煤和输电进行了比较并提出了不同角度的观点。王耀华等（2007）分析了中国从主要煤炭产地到主要能源需求地的输电与输煤的经济性，他们认为随着输电技术的不断发展，输电方式要比输煤方式更有优势。季玉华（2011）以中国南方电网为研究对象，比较了区域内输煤与输电的经济性，为输煤和输电优化布局提供参考依据，其提出输电在短距离范围内比输煤更加经济，而随着能源输送距离增加，输煤要比输电更加经济。白宏坤等（2012）认为河南需要大量外来煤炭，其通过研究对比输煤和输电到河南的经济性，提出输电比输煤经济。神瑞宝等（2013）通过比较输煤、输电两种能源运输方式在需求中心获得单位电力的总成本，给出输煤、输电经济性分析模型，提出一些主要影响输煤、输电的经济性因素，例如，电线利用时间、运输价格、煤炭热值和煤炭价格等因素，认为需要整体考虑每个因素的影响以决策是输煤还是输电。张磊等（2014）构建了以全社会用电成本最小为优化目标，以电力供需平衡、环境和替代能源为约束的系统优化模型。他们以2011年为基础年进行分析，结果表明提高输电比重可以降低全社会用电成本，未来输电来源将进一步西移，提高电网运力没有明显影响输煤和输电的布局。陆小倩（2014）建立了基于电力市场的煤炭需求系统规划模型，给出了中国各省份的煤炭供需量和输煤输电最优规划，并进一步做了相关参数的情景分析，提供了电力市场煤炭供需和发电结构布局的政策依据。曾沅和王浩（2015）提出包括投资、环境、燃料和可靠性在内的社会总成本综合评估框架，并采用评估方法对特高压输电和煤炭运输进行比较。结果表明，可靠性和环境因素在输煤与输电的经济比较中非常重要。李立涅等（2015）从经济性、清洁与高效性以及安全性等方面综合比较分析了输煤与输电，提出大于1800千米输煤更有优势，1800千米以下则输电比输煤更有优势，并给出了我国未来煤炭运输与电力输送的发展趋势。江智军等（2016）研究了输煤和输电过程中环境污染的问题，建立了环境效益模型，并对某条特高压输电项目进行了环境效益评估，提供了输煤、输电环境效益的理论参考。

输煤与输电的问题应综合研究，输煤与输电的关系不是替代的而是相互辅助的，中国以输煤为主的现状将长期存在，需要发展远距离、高容量的输电方式以协助缓解用电压力。科学筹划、协调发展、兼顾各方，输煤方式与输电方式共同发展，可以使能源运输问题达到最优，促进能源与经济、环境和社会的可持续发展。

四 区域空间划分综述

现有对中国电力系统区域空间的划分通常依据研究对象。例如，白建华等（2007）构建了系统优化模型，对七个煤炭产区到13个省份的电力输送进行了全局优化。李斌和丁艺（2007）将中国电力需求划分为东部、中部、西部三个区域，并得出中国电力生产长期规划和电力资源合理配置的政策建议。严刚等（2008）按照东部、中部、西南和西北四个区域分析了未来中国煤电发展的环境空间，并提出了相应的布局建议。林伯强和姚昕（2009）把中国划分为东北、华北、华中、华东、华南五个区域来研究中国的电力布局优化和能源运输体系。Chen等（2013）将中国电力系统划分为七个区域，基于生命周期评估建立了改进的碳排放模型，研究了电力供应系统中煤炭运输和电力传输两种载体的碳排放。Chen等（2014）将中国电力系统划分为七个区域，利用细粒度电力调度模型对电力系统运行进行仿真和优化，基于真实规划数据定量评估了电力系统碳减排潜力。Cheng等（2015）将中国电力系统划分为十个区域，考虑资源可用性和区域间输电线路容量的区域差异，构建了一个多区域总成本最小化的优化模型。他们通过比较单区域和多区域优化之间的结果，得出多区域优化可以更好地反映现实世界的条件和面临的挑战。Li等（2016）将中国电力系统划分为六个区域，从能源组合、经济效率和环境角度研究了区域间输电网容量对中国电力系统减排的影响。Zeng等（2016）将中国电力系统划分为六个区域，分析了中国区域电网供应和需求现状与区域间电力运输发展现存的问题。Guo等（2016）将中国电力系统划分为17个区域，提出了一个总利润最大的多区域模型，该模型反映了具有实际功能的实际电网基础设施，分析了区域间电力传输对不同政策情景下的区域技术部署的影响。He等（2018）将中国电力系统划分为六个区域，建立了63种协作减排方案，并估算每种协作减排方案可节省的成本。这些区域划分方式对研究中国电力系统供需失衡及对策有很大帮助。

第四节　特高压输电技术研究综述

中国特高压输电技术发展已经纳入多项国家重大规划，例如《国家中长期科学和技术发展规划纲要（2006—2020）年》（国务院，2006）、《国务院关于加快振兴装备制造业的若干意见》（国家发展和改革委员会，2006）、《国家自主创新基础能力建设"十二五"规划》（国务院，2013）等。在2015年9月26日联合国发展峰会上，习近平同志向世界郑重推介全球能源互联网，向世界宣布："中国倡议探讨构建全球能源互联网，推动以清洁和绿色方式满足全球电力需求。"2016年3月，李克强同志在政府工作报告中指出，要推进以电代煤，提高清洁能源比重，发挥有效投资对稳增长调结构的关键作用，启动特高压输电等一批"十三五"规划重大项目。发展建设特高压线路是转变能源发展方式、保障能源安全、优化能源配置、建设生态文明的必经之路。这也是电力工业技术升级的重要机遇，可使我国电力科技水平再上一个新台阶，对于增强中国科技自主创新能力具有重大意义。

一　国外特高压输电技术研究综述

人们从20世纪中期开始研究特高压输电技术。当时西方国家正处于电力工业快速发展时期，一些国家，例如苏联、美国、意大利和日本，根据其国内经济发展和电力需求增长情况提出了相应的特高压发展规划。这些国家均建设了特高压试验工程，并在特高压输电技术和相关设备方面投入了大量的研究。

20世纪70年代末，苏联开始建设1150千伏特高压试验项目。1985年建立了全长900千米的特高压试验线路并按1150千伏电压投入运行，至1994年已建成特高压线路全长2634千米（关志成等，2006）。苏联突破了防雷、带电作业和电磁环境方面的关键技术问题,对特高压变压器、电抗器和断路器等设备进行了大量测试,为特高压输电技术制定了相关手册。自特高压输电试验线路投运后一直运行正常。但之后由于苏联政治和经济原因,电力需求降低导致特高压线路减压到500千伏。苏联是世界上最早开始特高压输电技术研究的国家,也是世界上具有特高压输电技术运行经验的国家。

美国也对特高压研究进行了很大的投入。1967年,通用电气公司(GE)和电力研究协会(EPRI)启动实施特高压输电技术研究,建立了特高压试验中心。1975年发布了345—15000千伏的各种单相测试结果。美国邦维尔电力局(BPA)建立了里昂1200千伏2200米三相电气和俄勒冈州莫洛2000米机械性能两个特高压试验线段,对杆塔结构荷载、导线运动和线路金具等问题进行了研究。但后来因为经历了几次大规模的停电,美国把重点放在了电网结构的安全性上。电网同步交流范围越广,输电线路越长,电压也就越不稳定,从而容易造成大规模电网停电。后来,美国能源部对电网规划采用直流隔离,将区域细分缩小每区的范围,而且美国能源供求的不平衡性不是很突出,人们认为现有特高压已满足发展需要,对特高压远距离、大容量的传输需求随着经济增长放缓和产业结构调整变得不再迫切,从而搁置了之前所规划的特高压电网建设,并放缓了特高压技术的应用(赵忆宁,2018)。

日本对特高压输电技术设备研制开展了基础性和创新性的试验研究,并取得许多重要成果,为特高压输电技术的应用夯实了基础。自1988年开始,日本东京电力公司投建1000千伏特高压输变电项目,第一条1000千伏特高压输电线路是从日本北部到东京南部,被称为南北线,全程190千米。1992年建成西群马开关站到东山梨变电站138千米的特高压输电线路;1993年建成柏崎刈羽核电站到西群马开关站的南新泻干线中49千米的特高压线路。第二条1000千伏特高压输电线路是连接太平洋沿岸各发电厂的,于1999年完工,被称为东西线,全程240千米(易辉、熊幼京,2006)。但日本特高压建成后并未按照原先预定的1000千伏运行,而是降压到500千伏运行。其主要原因是经济危机导致国内经济增长和电力负荷增长缓慢，原来所规划的大规模核电项目未付诸实施。因此，日本也将大电网分散为若干独立的小电网，在特高压建设投入方面也有所缓慢。

欧洲各国在研究特高压技术方面也有所投入。原西德对三种电压420千伏、800千伏和1200千伏的输电项目进行了对比研究，发现输电线路电压越高，输电走廊所占用的面积将会越少；随着输电距离增加，电压越高，电力传输的优越性越突出。20世纪70年代，意大利和法国受西欧国际电力联合会委托进行意大利1050千伏测试项目。意大利于1990年建成了1050千伏的试验工程，随后基于试验工程对特高压交流输电技术进行了基础性研究，并取得了一定的运行经验，但最终由于经济方面原因停止了对特高压输电工程的建设（吴敬儒、徐永禧，2005）。

多年来，各国对特高压输电技术和其设备制造进行了大量的研究与开发，为发展特高压输电技术和应用提供了坚实的基础。目前，特高压输电发展已经不再受技术问题的限制。远距离大容量电力传输需求是特高压输电技术应用的主要动力，但也取决于各国本身的具体情况，例如苏联、美国和日本等国，不是经济方面原因，就是电力需求增长缓慢，或是对远距离大容量输电的需求减弱，导致特高压输电项目建设暂停、推迟和降压运行。

二　中国特高压输电技术研究综述

目前，中国主要采用500千伏高压交流线路来连接各大区域电网。然而，500千伏高压交流线路的经济输电的距离为500—800千米，并且其输送能力也是有限的。对于长距离，例如，如果把电力从西部资源基地输送到东部电力负荷中心，不仅距离过长导致经济性差，而且需要建设较多的输电线路，将会导致其他输电线路的建设受限。所以，500千伏的高压电网承受力无法满足长距离和大容量的电力输送，由此我国电力系统需要建设更高电压等级全国骨干网架。目前，特高压（UHV）技术正在成为中国的一项新技术，与

500千伏高压输电线路相比，特高压输电线路具有输送距离远、容量大和损耗小的优点。1000千伏特高压交流线路输电能力为500千伏高压输电线路的4—5倍；±800千伏特高压直流线路输电能力是±500千伏高压输电线路的2倍；在输送电量相同的情况下，高压线路的输送距离仅是特高压交流线路输送距离的1/3。特高压也可以节省60%的土地资源，损耗却只有高压线路的25%—40%（李豪、耿军伟，2016）。同时，特高压输电网还能够大大提高中国电网的灵活性、安全性、可靠性和经济性。

中国从1986年开始对特高压输电技术进行研究。1994年，中国第一条200米兆瓦级特高压输电试验项目在武汉高压研究所建成。自2005年开始，对交流1000千伏、直流±800千伏特高压输电线路进行研究实验。在借鉴大量别国研究成果的基础上，我国陆续对采纳特高压输电技术的可行性、对环境的影响、杆塔的工频、操作冲击放电特性、电压的限制、无功补偿与平衡、设备制造等关键技术问题进行了研究。中国电力公司也在积极研究和探索特高压设备的国产化问题，特别是不断提高特高压电网技术装备的技术水平。目前，中国具备了输变电设备制造的自主研发能力与创新能力，为特高压输电技术的应用提供了一定的基础。与其他国家相比，中国能源与电力需求的地理位置不平衡和电力需求不断增长的国情促进了中国对特高压技术的采纳，通过加大特高压输电网的建设，推进各区域间的电网互联，进而使全国电力交流更加顺畅。特高压输电网将西部水电基地与东部电力需求地直接连接起来，实现发电资源地与电力需求地的连接，打破了传统区域内电力供需平衡。提高区域间的能源流动，为区域发电结构优化的实现提供了坚实可靠的物质基础和载体。推动西北地区煤电和清洁能源发电基地的规模开发，进一步促进了区域间资源合理流动和区域内资源优化配置。

中国已有一些学者对我国特高压技术的应用进行了研究。曾南超（2004）阐述了中国电力系统发展的现状，讨论了高压直流输电技术的特点，并介绍了一系列高压直流输电工程以及其在电力系统发展中的作用。周浩和余宇红（2005）根据我国电网的发展趋势，指出我国特高压交流输电的发展不仅是满足电力日益增长的需求的有效途径，也是改善电网结构和促进中国发展电网互联的重要举措。他们还详细讨论了中国特高压交流输电存在的一些有争议的问题，例如绝缘性、电压等级、环境影响、经济性以及特高压交流与直流的关系等，并提出在特高压交流输电的建设中，应该结合苏联、日本和美国的研究成果，考虑中国特高压交流输电项目的实际情况以发展中国特高压输电技术。吴敬儒和徐永禧（2005）研究了特高压交流输电在国外的发展情况和应用，提出为适应我国电力工业快速发展的要求，应该建设特高压交流输电，将大型水电站和火电厂所产生的电能从西部向华东地区转移，将中部和华东地区建成的大型火电厂和核电厂所产生的电能传输到负载中心地区。他们建议加强特高压交流输电的研发和相关设备的试制，尽快建成实验特高压输电线路，并制定中国1000千伏电网发展规划。杨靖波等（2008）提出随着特高压电网的建设和创新输电技术的应用，输电塔结构已变得尤为重要。他们还研究了输电塔结构设计理论、试验、材料和塔形等问题。Zhou等（2010）全面介绍了输电系统、电网现状和未来发展情况，包括超高压直流和超高压交流输电电网与电网互联，探讨了如输电网的输电能力和稳定性等问题，同时阐述了部分试点工程和特高压交直流输电系统未来的发展规划。施通勤（2012）对湖北省的能源结构以及供应能力做了详细的讨论，对优化湖北省电力布局提出若干建议，指出应建设特高压跨区电力联络通道。刘瑞国（2014）分析了中国特高压输电技术的现状，提出通过矿口建设发电站，利用高压电网进行远距离输电，采纳特高压输电线路代替运输煤炭的思想，为缓解煤炭运输和环境污染问题提供了一种新方法。冯任卿和张智远（2014）分析和研究了河北南网在不同受电比率情况下所需要建设特高压的数量和布局方案。金维刚等（2016）对不确定环境下特高压远距离风电专用通道落点方案进行了灵敏度分析。高澈等（2017）对比分析了不同特高压直流调整运行方式，并模拟了情景，为新能源区域互联电网综合评价提供了有效的方法。舒展等（2019）以雅中—江西±800千伏特高压直流输电工程为例，分析对比了直流阀直接闭锁和连续换相失败后闭锁两类故障对江西电网运行造成的影响，并提出有效指导电网运行与控制的应对措施，提高了电力系统应对紧急故障的能力。陆裕华等（2019）考虑电网企业、政府和终端用户三个主体，构建了包含架线条数、风电场容量可信度、污染物排放等六种指标的输电网规划方案评估指标体系。谷琛等（2020）建立了包括五大类100余项特高压直流系列标准，以规范和指导特高压直流工程建设和运维，提高了特高压直流输电的可靠性和经济性。

第五节　研究评述

从新基建的发展现状综述可以看出，我国在新基建领域发展迅速，并且投资巨大，将成为推动中国经济全面战略转型的新引擎。而有"电力高速公路"之称的特高压输电技术作为新基建"七大领域"之一，已然成为瞩目的焦点。尽管已有文献对高新技术的采纳系统优化模型、特高压技术应用、区域能源运输优化布局有了一定研究成果，但还仍存在以下几点问题需要进一步的探索和研究。

（1）现有研究技术学习与扩散效应的技术采纳模型大多数只考虑单个区域，但现实中涉及大量多个区域技术采纳的问题。因此，从多区域的角度来研究含有内生技术学习与扩散效应的技术采纳模型还需要深入研究。技术在发展过程中，其学习能力存在一定的不确定性，高估技术学习可能导致使用新技术的成本高于预期。目前，从确定技术学习和不确定技术学习两方面探索影响新基建类技术采纳和扩散因素的研究还有待扩展。

（2）很少有研究将特高压输电等新基建类技术看作对新技术的采纳来进行研究。现有研究大多集中于特高压技术的提升和简单地阐述其重要性，很少有研究学者从应用方面来研究我国电力系统的特高压输电采纳的优化方案，特别是从中长期角度研究特高压技术发展及其学习效应对电力系统布局优化的影响。

（3）虽然现存的关于我国区域能源运输的研究已有很多，但很少有研究考虑我国特高压输电技术应用和区域资源禀赋对电力系统的影响。现有的优化模型通常是假设中国能源的平均成本，较少考虑每个区域都具有其本身的资源特征和经济成本，也就是区域存在异质性问题。并且，也较少有研究给出具体的电力系统运输平衡的解决方案。如果考虑实际的区域资源特征，则得出的特高压技术战略和资源配置方案将会是更优的。

（4）现有研究很少将区域分布数据与大型能源系统优化模型MESSAGE框架整合，从长期角度出发，通过考虑我国区域资源禀赋、大气污染控制政策，得出分阶段、分区域的特高压输电技术采纳方案和发电结构优化方案。

因此，将现有单区域技术学习与扩散效应的技术采纳模型扩展为多区域内生技术系统采纳模型，并将此模型与我国电力系统特高压输电新基建类技术以及区域能源结构特征结合起来，从中长期考虑中国电力系统中的特高压采纳和规划以及中国区域能源运输布局优化是一个非常值得研究的课题。本书在之后的章节中将进行详细的阐述。

第六节　本章小结

本章主要是对本书研究涉及的相关理论和研究现状进行了综述。第一节对新基建的概念与特征、新基建发展现状和新基建类技术经济性研究进行了文献梳理。第二节对本书研究所用到的系统优化模型进行了阐述和详细说明，主要包括能源系统优化模型和技术采纳优化模型，同时提出了本书研究的技术采纳系统优化模型框架。第三节对中国电力系统进行了相关文献的梳理，主要包括电力系统的概念及研究范畴、区域能源结构研究现状、区域能源运输研究现状、区域空间分布研究现状。第四节综述了国内外特高压技术发展与应用现状。第五节提出目前现有研究的不足以及需要深入探索和研究的问题。这些相关理论和文献综述为接下来章节的研究奠定了理论基础。

第 三 章

多区域新基建类技术采纳影响因素研究

　　新型基础设施建设通常需要巨大的初始投入，由于存在技术的学习效应和扩散效应，未来新基建类技术的成本是有可能降低的，这主要取决于技术在其早期发展阶段中的投入程度，然而作为一种新型技术，未来发展也存在一定的不确定性。因此，本章首先从系统优化的角度建立一个简化的多区域新基建类技术采纳系统优化模型，分别从确定技术学习和不确定技术学习两种场景模拟各种不同参数数值下新基建类技术采纳的优化方案，同时校验这些方案是否形成一条技术扩散的"S形"曲线。在模拟的基础上，归纳总结存在内生技术学习和多区域背景下新基建类技术采纳优化方案的特点以及主要的影响因素。这为接下来的第四章和第五章分析不同情境下中国特高压输电技术采纳提供了模型框架和理论基础。

第一节　模型描述与公式

一　模型描述

　　首先，建立一个含有多区域的简化新基建类技术经济系统模型。简化模型过程中遵循了先前关于技术变化模型的研究（例如，Grubler, Gritsevskii, 1997; Manne, Barreto, 2004; Ma, Nakamori,

2009；Ma，Chi，2012）。图 3-1 给出了本章研究模型的基础框架。在这个模型中包含多个资源点与多个需求点。每个资源点的资源成本均有差异，而且每个需求点的需求量也是存在差异的。每个资源点的资源成本将随着总资源的产量减小而增长，并且每个需求点的需求量会随时间推移发生变化。在这个模型中，经济系统需要一种同质的产品或服务，例如电力。

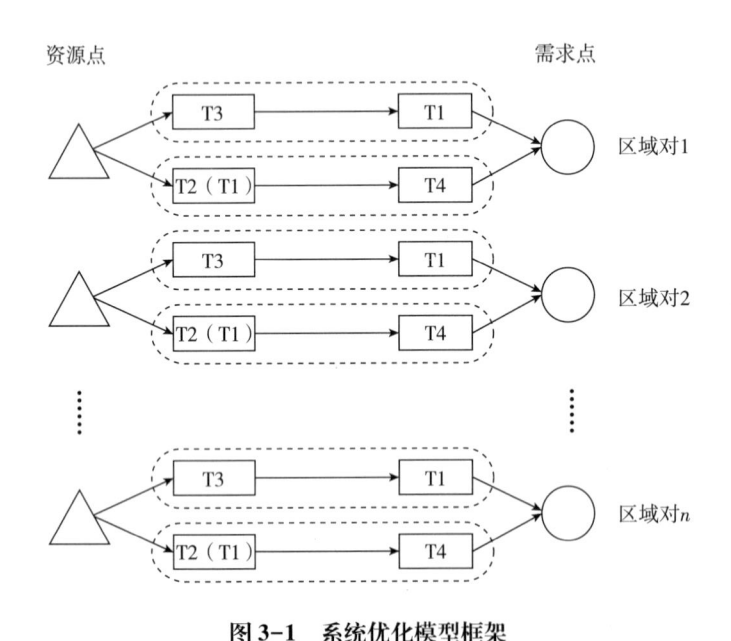

图 3-1　系统优化模型框架

注：T2/T1 表示生产技术；T3 表示现有基础设施技术；T4 表示新基建类技术。

图 3-1 的左侧列出了资源点，右侧列出了需求点。T1 和 T2 是相同的生产技术，但是分布在不同的地方，都是将资源转化为需求产品，例如，可以把 T1 和 T2 这种技术看作发电厂技术，发电厂既可以在资源地发电又可以在需求地发电。同时，有两种类型的基础设施技术：一类是 T3，代表现有基础设施技术；另一类是 T4，代表新基建类技术。对于现有的基础设施（例如运输煤炭的铁路），资源需要运送到需求地，然后作为生产技术 T1 的输入。随着新基建类技术（例如特高压输电技术）的应用，生产技术 T1 可以从需求地移动

到资源地，从而变成图中的T2，T2产生的产品或服务将被运输（或传输）到需求地用于满足人们需求。每一种技术设施（例如发电厂）都有一定的使用生命周期。

在模型中现有基础设施技术T3是成熟的，没有学习效应；而新基建类技术T4是具有学习潜力的，这意味着其未来成本会随着其积累使用而下降。不同的区域对之间的距离是不同的，因此使用新基建类技术的效率和成本是不同的。在进行系统优化时，不同的区域对将在不同的时间以不同的速度采纳新基建类技术。采纳新基建类技术的区域对所学习到的技术可能会扩散到其他区域对中。例如，区域对1中的新基建类技术T4可以向区域对2扩散。技术扩散溢出效应可以使技术追随者从早期采纳者对先进技术使用经验的累积中免费受益，进而促使采纳技术成本有所降低。也就是说，后采纳新基建类技术T4的区域对的新建基础设施的成本将低于最开始采纳新基建类技术T4的区域对的成本。

该模型假定不同资源点和需求点之间的最佳匹配是已知的，也就是说，一个资源点将为一个需求点提供资源供应，一个需求点将由一个资源点服务。这个假设是为了简化模型公式并寻找最优解。在后面的章节研究中将放宽这个假设。这里，用 q_k（$k=1,\cdots,n$）来代表第 k 个区域对中的资源点与需求点之间的距离。为了不失一般性，假设 $q_1 \leqslant q_2 \leqslant \cdots \leqslant q_n$。新型技术，尤其是新型基础设施类技术的扩散通常需要较长的时间（Grübler，2003）。为了验证模型，本章从长远的角度出发，假设整个决策时间窗由10个决策间隔组成，每个决策间隔是采纳新技术装机容量的基本时间单位。假定有10年的决策时间间隔，因此整个决策时间窗的范围是100年。

二 模型公式

以系统能源优化模型为基础构建存在内生技术学习和多区域的技术采纳系统优化模型。该系统优化模型的目标是从长期角度在满足动态需求的同时最小化系统累计总成本。式（3-1）是模型的目标函数。该优化系统模型的总成本包括三个方面。第一个成本是建设新型基础设施的投资成本；第二个成本是技术的运营和维护成本；第三个成本是资源开采成本。

$$\min \sum_{k=1}^{n}\sum_{t=1}^{T}\sum_{i=1}^{4}\left(\frac{1}{1+\delta}\right)^{t}(c_{Fik}^{t}y_{ik}^{t}+c_{OMi}x_{ik}^{t})+\sum_{k=1}^{n}\sum_{t=1}^{T}\left(\frac{1}{1+\delta}\right)^{t}c_{Ek}^{t}r_{k}^{t}$$
(3-1)

这里，用 n 表示区域对（不同资源点和需求点之间为最佳匹配），k 则表示第 k 个区域对，T 表示模型的时间窗（$T=100$ 年，决策区间是 10 年），t 表示决策区间时间，i 表示第 i 种技术，δ 表示贴现率，c_{Fik}^{t} 表示在第 k 个区域对中的技术 i 在时间 t 的单位投资成本，c_{OMi} 表示技术 i 的运营和维护成本，c_{Ek}^{t} 表示第 k 个区域对在时间 t 的单位开采成本，r_{k}^{t} 表示第 k 个区域对在时间 t 的资源累计开采量。目标函数中变量包含 x_{ik}^{t} 和 y_{ik}^{t}；x_{ik}^{t} 表示在第 k 个区域对中技术 i 在时间 t 的输出量，y_{ik}^{t} 表示在第 k 个区域对中技术 i 在时间 t 的新增装机容量。

通过技术学习，式（3-1）中新基建类技术的单位投资成本 c_{F4k}^{t} 将作为累计装机容量的函数下降，如式（3-2）所示：

$$c_{F4k}^{t}=c_{F4k}^{0}\times(\overline{C}_{4k}^{t})^{-b_{4}}$$
(3-2)

这里，c_{Fik}^{t} 为第 k 个区域对中技术 i 在时间 t 的单位投资成本，b_{4} 为新基建类技术单位投资成本关于累计装机容量的系数，$1-2^{-b_{4}}$ 为技术学习率，通过设定学习率的取值可以观察技术学习效应对系统技术采纳的影响。

由于存在技术溢出效应，早些时候采用的新基建类技术的区域对所获得的技术学习会扩散到后来采纳新基建类技术的区域对上。式（3-2）中 $\overline{C}_{4k}^{t}$ 是在第 k 个区域对中获得的累积经验（用累计装机容量来量化）和其他区域对溢出的经验的总和，如式（3-3）所示：

$$\overline{C}_{4k}^{t}=\sum_{j=1}^{t}C_{4k}^{j}+\theta\widehat{C}^{t}$$
(3-3)

这里，θ 表示技术溢出率，可以通过设定 θ 的取值范围，从 0 到 1 的阈值（值 0 表示不扩散，1 表示完全扩散），观察技术扩散效应对系统技术采纳的影响。$\hat{C}^t$ 表示从其他区域对中溢出的技术经验。式（3-3）中 C_{4k}^j 是与采纳新基建类技术决策变量相关的函数，用式（3-4）来表示：

$$C_{4k}^j = \sum_{h=j-\tau_i}^{j} y_{4k}^h \tag{3-4}$$

这里，τ_i 表示技术的生命周期，T1/T2 和 T3 是成熟的技术，所以没有学习效应，在式（3-1）中投资成本 c_{Fik}^t（$i=1,2,3$）是常数。

资源单位开采成本 c_{Ek}^t 将会随着资源消耗的累积 $\overline{r_k^t}$ 逐渐发生变化，如式（3-5）所示：

$$c_{Ek}^t = c_{Ek}^0 + \beta \overline{r_k^t} \tag{3-5}$$

这里，β 是一个常数系数，并且有：

$$\overline{r_k^t} = \sum_{j=1}^{t} r_k^j \tag{3-6}$$

$$r_k^j = \frac{x_{1k}^j}{\eta_{1k} \times \eta_{3k}} + \frac{x_{2k}^j}{\eta_{2k}} \tag{3-7}$$

这里，r_k^j 为第 k 个区域对在时间 j 的资源消耗总量，η_{ik} 为第 k 个区域对中技术 i（$i=1,2,3,4$）的效率。$\eta_{1k} = \eta_{2k}$，因为 T1 和 T2 是位于不同地理位置的相同技术。

目标函数受限于几方面的约束。第一个约束是需求约束，式（3-8）表示每个区域对的需求必须在每个决策时间内被满足。

$$x_{1k}^t + \eta_{4k} x_{2k}^t \geq d_k^t \tag{3-8}$$

第二个约束是输入和输出要平衡。式（3-9）表示 T1 的最大输入要小于或等于 T3 的输出。式（3-10）表示 T4 的最大输入要小于或等于 T2 的输出。

$$x_{3k}^t \eta_{1k} \geq x_{1k}^t \tag{3-9}$$

$$x_{2k}^t \eta_{4k} \geq x_{4k}^t \tag{3-10}$$

第三个约束是装机容量限制。式（3-11）表示每种技术的生产量在每个决策间隔内不能超过其总装机容量。

$$C_{ik}^t \geq x_{ik}^t \quad (3-11)$$

最后，所有决策变量应该为非负，如式（3-12）和式（3-13）所示：

$$x_{ik}^t \geq 0 \quad (3-12)$$

$$y_{ik}^t \geq 0 \quad (3-13)$$

新基建类技术的效率会随着距离的增加而下降。本章通过假设三种类型的动态效率 η_{4k} 来分析新基建类技术的采纳，效率 η_{4k} 是一个与资源点和需求点之间的距离相关的函数，如图 3-2 所示。

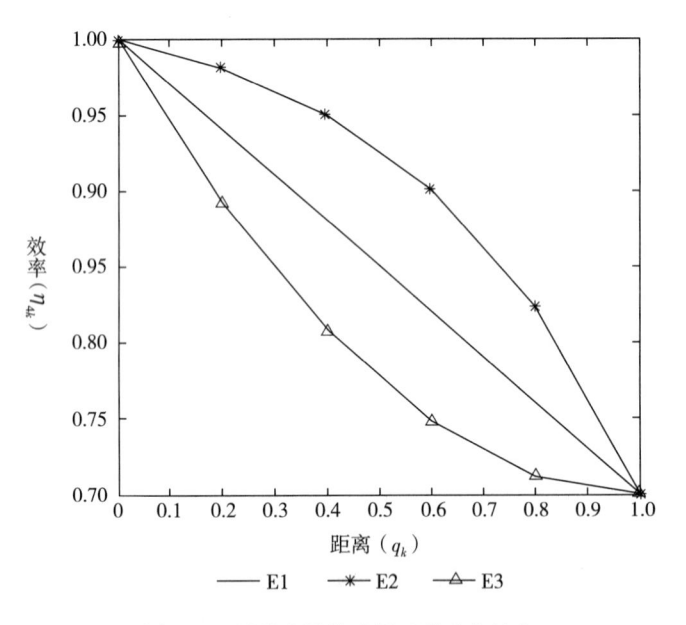

图 3-2 新基建类技术的三种动态效率

在所有这三种类型的效率动力学中，新基建类技术的效率值是从 0.7 到 1。这三种类型的动态效率分别是 E1、E2 和 E3，它们分别用式（3-14）、式（3-15）和式（3-16）来表示。E1 表示 T4 效率将随着线性函数下降，E2 表示 T4 的效率将以指数函数下降，E3 表示 T4 的效率将随着二次函数降低。可以看出，E2 的效率始终高于 E1 和 E3。

E1：$\eta_{4k}=1-0.3\times q_k$ (3-14)

E2：$\eta_{4k}=-0.0333\times 10^{q_k}+1.0333$ (3-15)

E3：$\eta_{4k}=0.3\times q_k^2-0.6\times q_k+1$ (3-16)

本章模型中的需求是外生的，并且将随着时间的推移而变化。本章将分析三种需求动态情景下的新基建类技术的采纳情况，即 D1、D2 和 D3，分别用式（3-17）、式（3-18）和式（3-19）来表示：

D1：$d_k^t=d_k^0\times(1+0.05)^t$ (3-17)

D2：$d_k^t=\dfrac{106\times d_k^0}{1+106\times e^{-0.08\times t}}$ (3-18)

D3：$d_k^t=d_k^0-1060\times t^2+142000\times t$ (3-19)

如图 3-3 所示，在 D1 的情况下，需求开始增长非常缓慢，然后增长变快；在 D2 的情况下，需求开始增长缓慢，然后增长速度加快，最后又缓慢增长；在 D3 的情况下，需求开始增长很快，然后增长率开始下降，最终需求开始下降。

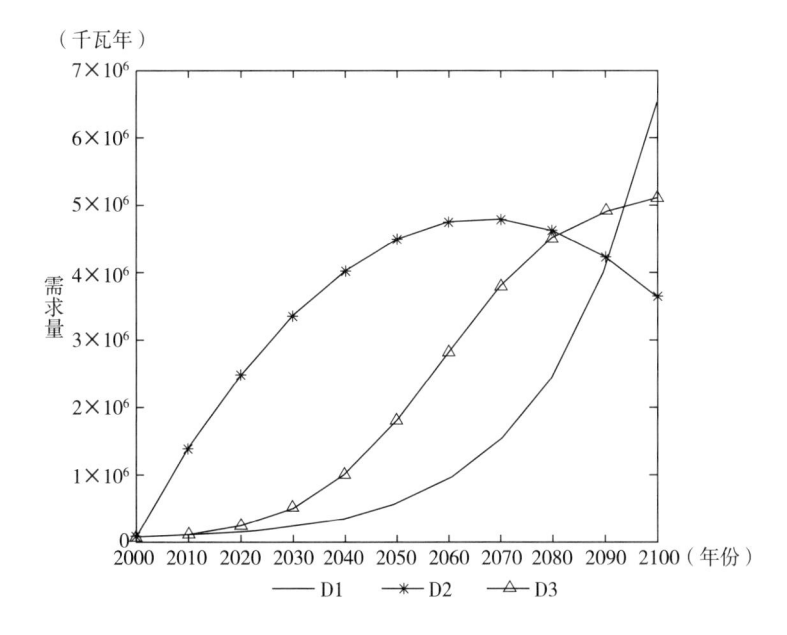

图 3-3　新基建类技术的三种动态需求

下文将模拟确定技术学习和不确定技术学习两种不同场景下模型优化的结果，并探讨资源点和需求点之间的距离、技术溢出率、需求量、初始投资成本和学习率等因素是如何影响新基建类技术的采纳。

第二节　确定技术学习情景下模拟分析

一　基准情景下新基建类技术采纳分析

本章构建的系统优化模型带有内生学习技术，因此，该模型为非凸、非线性的，存在 NP 难问题，MATLAB 在计算时需要大量的时间，对计算机的配置要求较高。为了节省计算时间，假设有 5 个资源点和 5 个需求点，但并不失一般性。一个资源点对应一个需求点，这意味着在整个系统中有 5 个区域对。区域对之间的距离值分别设为 $q_1=0.2$，$q_2=0.4$，$q_3=0.6$，$q_4=0.8$，$q_5=1$。为了探索新基建类技术的采纳如何受到不同因素的影响，首先对模型进行基准仿真，然后对不同参数值进行模拟分析。表 3-1 和表 3-2 列出了模拟确定技术学习情景下基准情景所需的参数值。

表 3-1　　确定技术学习情景下基准模拟中的技术参数

参数	生产技术 T1	生产技术 T2	现有基础设施技术 T3	新基建类技术 T4
初始投资成本 c_{Fik}^0（美元/千瓦）	500	500	100	30000
效率 η_{ik}（%）	0.4	0.4	0.85	E1：式（3-14）
技术生命周期 τ_i（年）	30	30	30	30
初始总装机容量 C_{ik}^0（千瓦）	50000	0	125000	0
单位运营和维护成本 c_{OMi}（美元/千瓦年）	200	200	80	100
学习率 $(1-2^{-b_i})$（%）	0	0	0	20

表 3-2　　　　确定技术学习情景下基准模拟中的相关参数

参数	数值
初始需求 d_k^0（千瓦年）	50000
初始单位开采成本 c_{Ek}^0（美元/千瓦）	15
开采系数 β（%）	10^{-10}
贴现率 δ（%）	5
技术学习的溢出率 θ（%）	1
终端需求（千瓦年）	D1：式（3-17）

在本节研究中，求解采用的方法是，调用 MATLAB 优化工具箱中可解决有约束非线性优化问题的 finincon 函数，并选取 100 个不同的起始点，从不同起始点出发寻求最优解。然后，再从这 100 个（局部）最优解中选择总成本最小的解作为模型的最终解。这种求解方法已在众多的研究中被证明是切实有效的。

图 3-4 显示了采纳新基建类技术 T4 的五个区域对以及整个系统模型的基准模拟，从中可以观察到区域对中资源点和需求点的距离越远，采纳新基建类技术的时间就越晚。第 1 个区域对的新基建类技术在 2010 年开始出现，并在 2050 年主导区域系统，第 2 个区域对在 2030 年开始出现，并在 2060 年主导区域系统，第 3 个和第 4 个区域对分别在 2030 年和 2040 年开始出现，并在 2070 年主导区域系统，距离最远的第 5 个区域对并没有出现在系统中。整个系统新基建类技术在 2070 年开始占据整个系统的 82% 左右。这说明，资源点和需求点之间的距离越远，新基建类技术的效率就越低，随着距离的增加，采纳新基建类技术变得越来越不经济。资源点距离需求点最短的区域对会首先采纳新基建类技术，通过技术学习，采纳新基建类技术的成本开始逐渐降低，经过技术扩散效应将变得逐渐经济，资源点距离需求点较远的区域开始采纳新基建类技术。

二　不同技术溢出率下新基建类技术采纳分析

在基准情景模拟中，假设技术溢出率（θ）为 1，这意味着在一

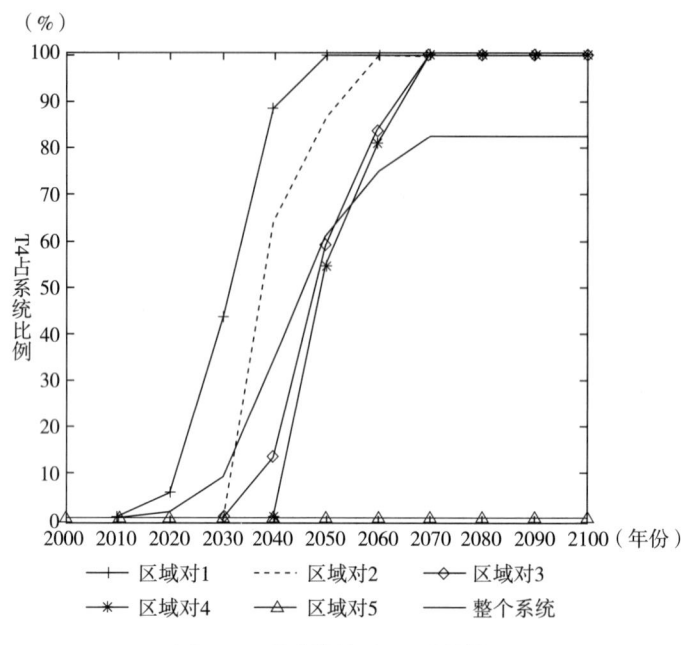

(%)
100
90
80
70
60
50
40
30
20
10
0
2000 2010 2020 2030 2040 2050 2060 2070 2080 2090 2100（年份）

——+—— 区域对1　　----- 区域对2　　——◇—— 区域对3
——*—— 区域对4　　——△—— 区域对5　　—— 整个系统

T4占系统比例

图 3-4　基准情景下 T4 采纳情况

个区域对中新基建类技术 T4 获得的经验可以完全溢出到另外一个区域对中。为了探讨不同的溢出效应是如何影响新基建类技术采纳的，分别对 $\theta=0.8$ 和 $\theta=0.5$ 两种情况下的技术溢出率进行模拟。模拟结果如图 3-5 所示。

图 3-5（a）显示了当 $\theta=0.8$ 时五个区域对中新基建类技术的采纳情况，图 3-5（b）显示了当 $\theta=0.5$ 时五个区域对中新基建类技术的采纳情况。从图 3-5 中可以看出：技术溢出率越低，新基建类技术的采纳时间也就越晚。与此同时，当 $\theta=0.8$ 时，前三个区域对中的新基建类技术的采纳与基准情景中的采纳类似，只有第 4 个区域对比基准情景晚了 10 年；当 $\theta=0.5$ 时，前四个区域对中采纳新基建类技术的时间要比基准情景晚 20—30 年，第 5 个区域对的新基建类技术仍然没有出现在系统中。对比整个系统的新基建类技术采纳情况，可以看到当 $\theta=0.8$ 时，整个系统新基建类技术在 2080 年开始占据整个系统的 80%左右。而当 $\theta=0.5$ 时，整个系统新基建类技术

要在2100年才会开始占据整个系统的80%左右。这说明，随着新基建类技术溢出率的降低，系统对新基建类技术的采纳也在逐渐地推迟。

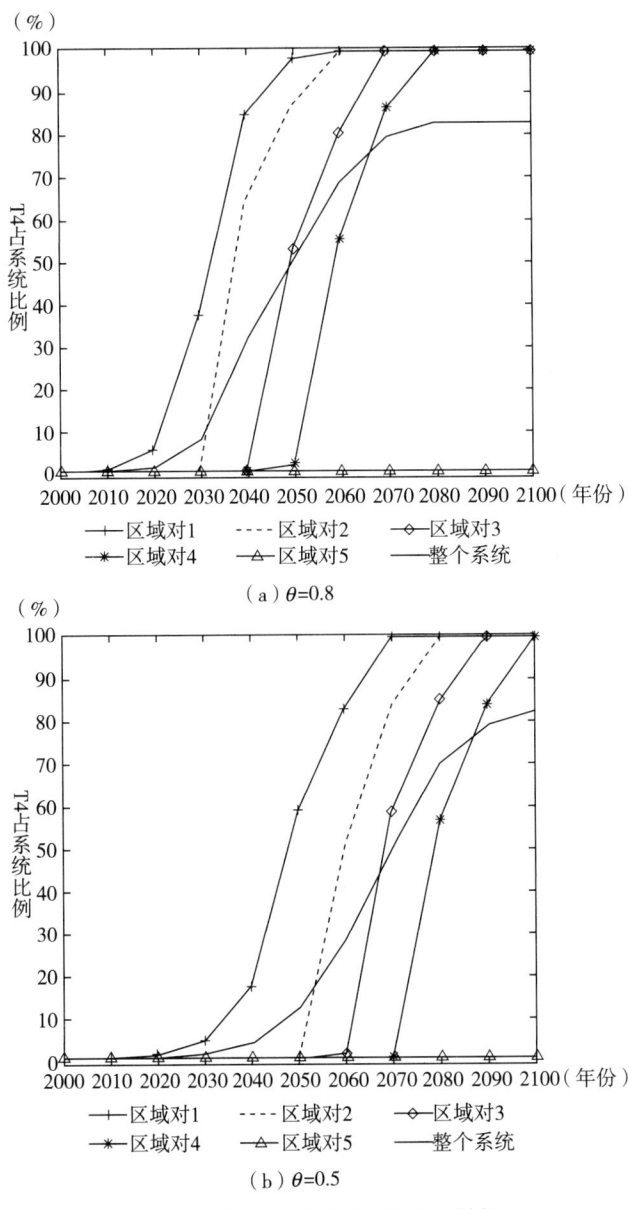

图 3-5 不同技术溢出率下 T4 采纳情况

三 不同技术效率下新基建类技术采纳分析

在基准情景模拟中，新基建类技术 T4 的效率随着 E1 逐渐变低，E1 是资源点与需求点之间距离的线性函数，如式（3-14）所示。为了探索不同的技术效率如何影响新基建类技术的采纳，本部分将采用动态效率 E2 和 E3 对系统进行模拟，E2 表示资源与需求之间距离的指数函数，E3 表示资源与需求之间距离的二次函数。E2 和 E3 分别用式（3-15）和式（3-16）来表示。

模拟结果如图 3-6 所示。图 3-6（a）显示在 E2 情景下五个区域对中新基建类技术的采纳情况，图 3-6（b）显示在 E3 情景下五个区域对中新基建类技术的采纳情况。正如我们所看到的，对于 E2 来说，新基建类技术将不会出现在第 5 个区域对中；第 1 个区域对的模拟结果与 E1 情景相同；在第 2 个区域对中采纳新基建类技术的时间要比基准情景提前了 10 年左右；第 3、第 4 个区域对的新基建类技术在 2030 年被采纳，并提前了 10 年，在 2060 年主导区域系统。与 E3 情景相比，新基建类技术将不会出现在第 3、第 4、第 5 个区域对中，在第 1、第 2 个区域对中新基建类技术的采纳时间要比 E1 情景晚 10—40 年，分别在 2020 年和 2070 年被采纳；整个系统新基建类技术在 2100 年占整个系统的比例约为 44%。综上所述，对于新基建类技术的采纳时间来讲，E2 情景下采纳的时间要早于 E1 情景，而 E1 情景要早于 E3 情景，这是因为对于任何给定的距离，E2 情景的效率始终要高于 E1 情景和 E3 情景，而 E1 情景的效率要比 E3 情景高，如图 3-2 所示。对于任何动态技术效率，拟采纳新基建类技术的首先是短距离的区域对，然后是距离较远的区域对。这是因为对于任何一种动态技术效率，距离越长，新基建类技术的效率就越低，由此而变得越不经济。

第三章　多区域新基建类技术采纳影响因素研究　75

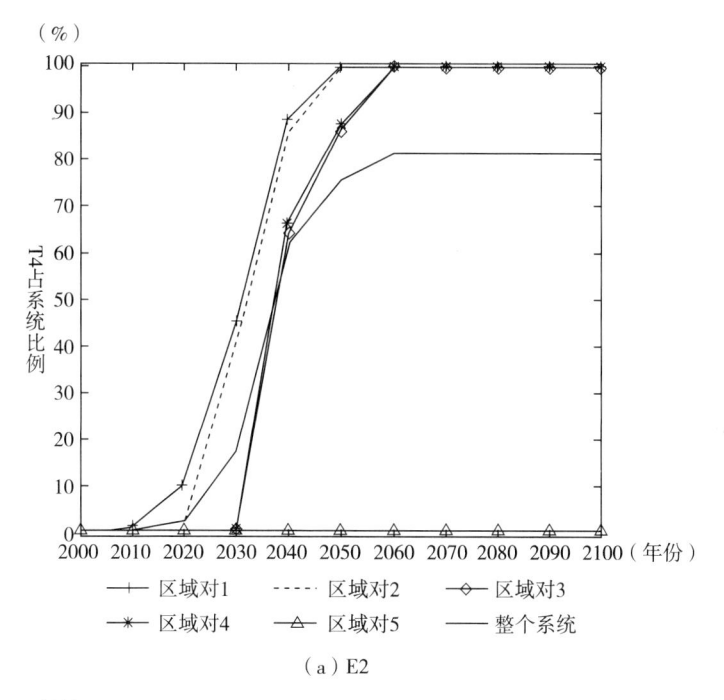

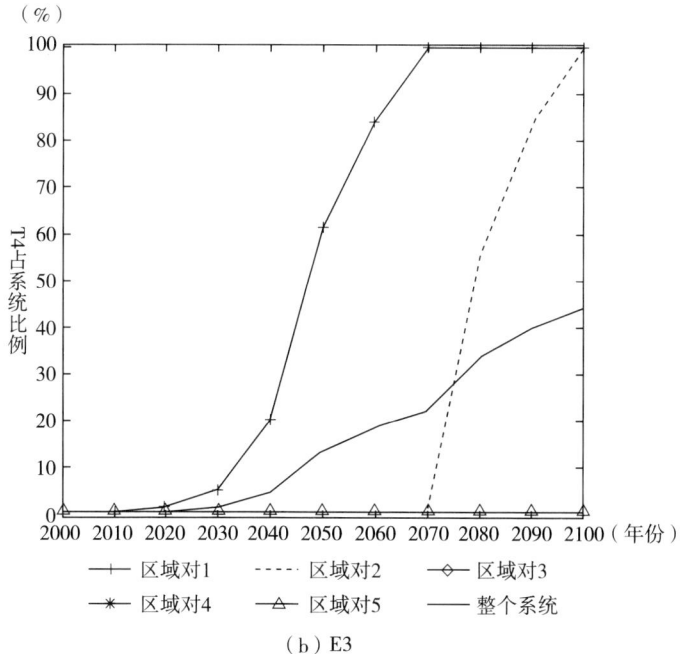

（a）E2

（b）E3

图 3-6　不同技术效率下 T4 采纳情况

四　不同需求下新基建类技术采纳分析

在基准情景模拟中，每个区域对的需求以每年不变的增长率（5%）增加，如式（3-16）所示。为了探索动态需求如何影响新基建类技术的采纳，本节对不同的需求增长进行了模拟分析。D2情景中需求量与时间成指数函数关系，D3情景中需求量与时间成二次函数关系。D2和D3分别用式（3-17）和式（3-18）表示。

图3-7（a）展示了在动态需求D2情景下的五个区域对中新基建类技术的采纳，图3-7（b）展示了在动态需求D3情景下的五个区域对中新基建类技术的采纳。在需求D2情景下新基建类技术并没有被采纳；在需求D3情景下，新基建类技术的采纳与基准情景中的技术采纳情况类似。从图3-7可以看出，在2070年以前的任何时间，区域中的需求量D3>D2>D1，在其他参数值相同的情况下，更高的需求并没有拉动新基建类技术被更早采纳。虽然D2情景下的需求在2070年之前高于D1情景下的需求，但D2情景下并没有采纳新基建类技术。尽管在2090年以后D1情景下的需求量比D3情景下的需求量要高得多，但也并没有导致更早地采纳新基建类技术。在这三种动态需求的情况下，很难断定什么样的需求会导致新基建类技术最先被采纳。可以得出结论，至少在一段时间内，在确定技术学习情景下，较高的需求并不需要提前采纳新基建类技术。在下一节中，我们将进一步探讨在不确定技术学习情景下不同的需求对新基建类技术采纳时间的影响。

五　不同投资成本下新基建类技术采纳分析

在基准情景模拟中，建设新型基础设施的投资成本与实施距离无关。在本部分的研究中假设新基建类技术的投资成本是与距离相关的线性函数，以此研究投资成本对新基建类技术采纳的影响，如式（3-20）所示：

（a）D2

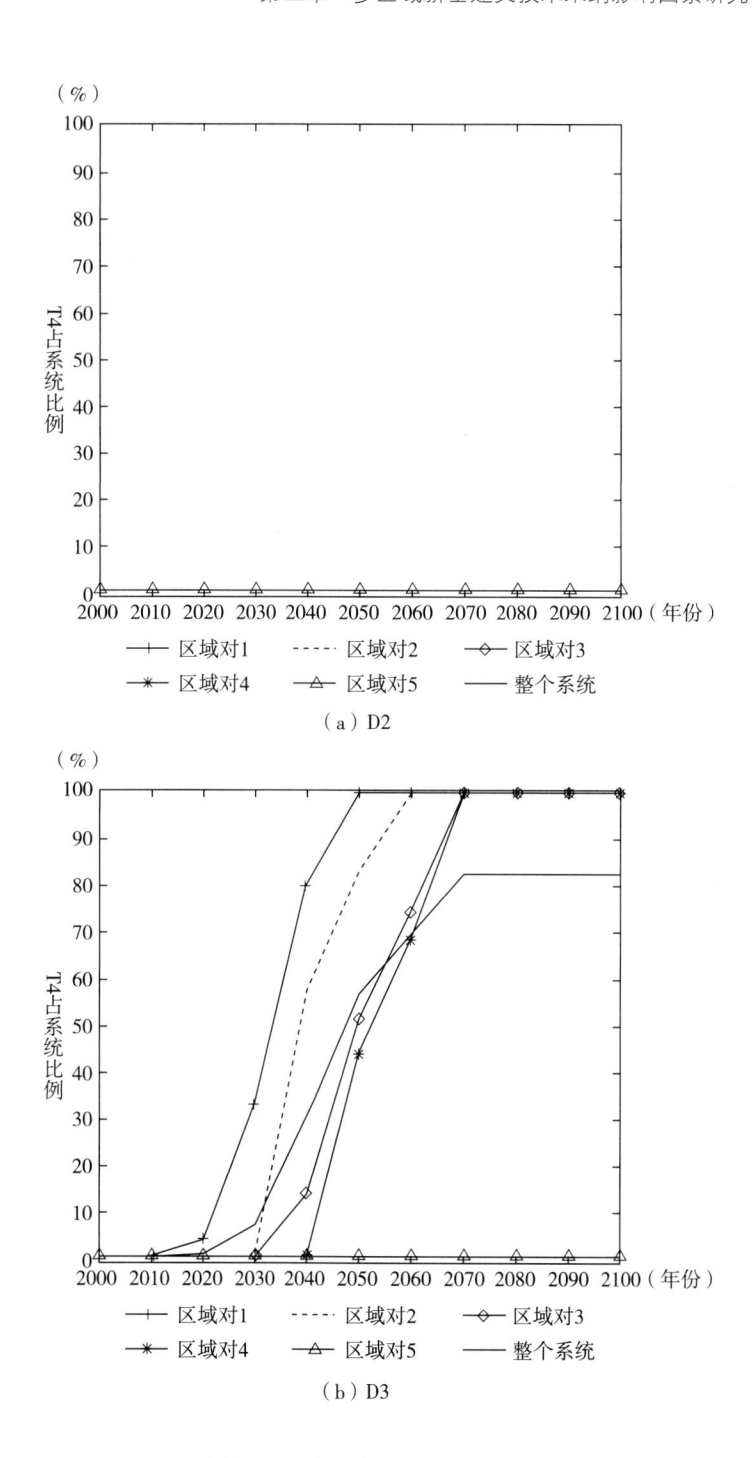

（b）D3

图 3-7　不同需求下 T4 采纳情况

$$c_{Fik}^t = c_{Fi1}^t \frac{q_k}{q_1} \qquad (3-20)$$

在式（3-20）的情况下，区域对中资源点与需求点的距离越远，投资成本越高。在基准情景模拟中，新基建类技术的效率会随着距离的增加而下降。为了探索动态投资成本作为距离的一个函数如何影响新基建类技术的采纳，本部分运行一个模拟将新基建类技术的效率作为一个常数值（0.9）。图3-8（a）展示了在这个模拟中五个区域对中新基建类技术T4的采纳情况。其中，第1、第2个区域对中的新基建类技术开始采纳的时间没有变化，但主导区域系统的时间被分别推迟了10年；第3、第4个区域对中的新基建类技术开始采纳的时间被推迟了30年，而主导区域系统的时间也分别被推迟了。正如所看到的，在这个模拟中，区域对中资源点与需求点距离越远，新基建类技术的采纳时间也就越晚。这是因为距离越远，提早采纳新基建类技术就变得越不经济。在短距离的区域对中采纳新基建类技术，由于技术学习效应的影响，其积累的学习经验使成本降低，从而经技术扩散后使在距离较长的区域对中采纳新基建类技术变得经济。

本部分还模拟了一个情景，既包含新基建类技术的投资成本，也包含效率作为其实施距离的函数，即式（3-20）和式（3-14）。图3-8（b）模拟了五个区域对中新基建类技术T4的采纳情况，从中可以看出，在动态效率情景下第1个区域对中的新基建类技术采纳与常数效率情景下采纳情况相似，但在第2、第3个区域对中的新基建类技术的采纳被推迟了很多。其中，在第2个区域对中被推迟到2050年才开始采纳新基建类技术，而在第3个区域对中被推迟到2080年。第4、第5个区域对并没有出现新基建类技术。整个系统新基建类技术在2100年占整个系统的比例约为60%。这个模拟说明投资成本和技术效率的双重作用会加强区域对中距离对建设新型基础设施的影响。

(a）常数效率情景

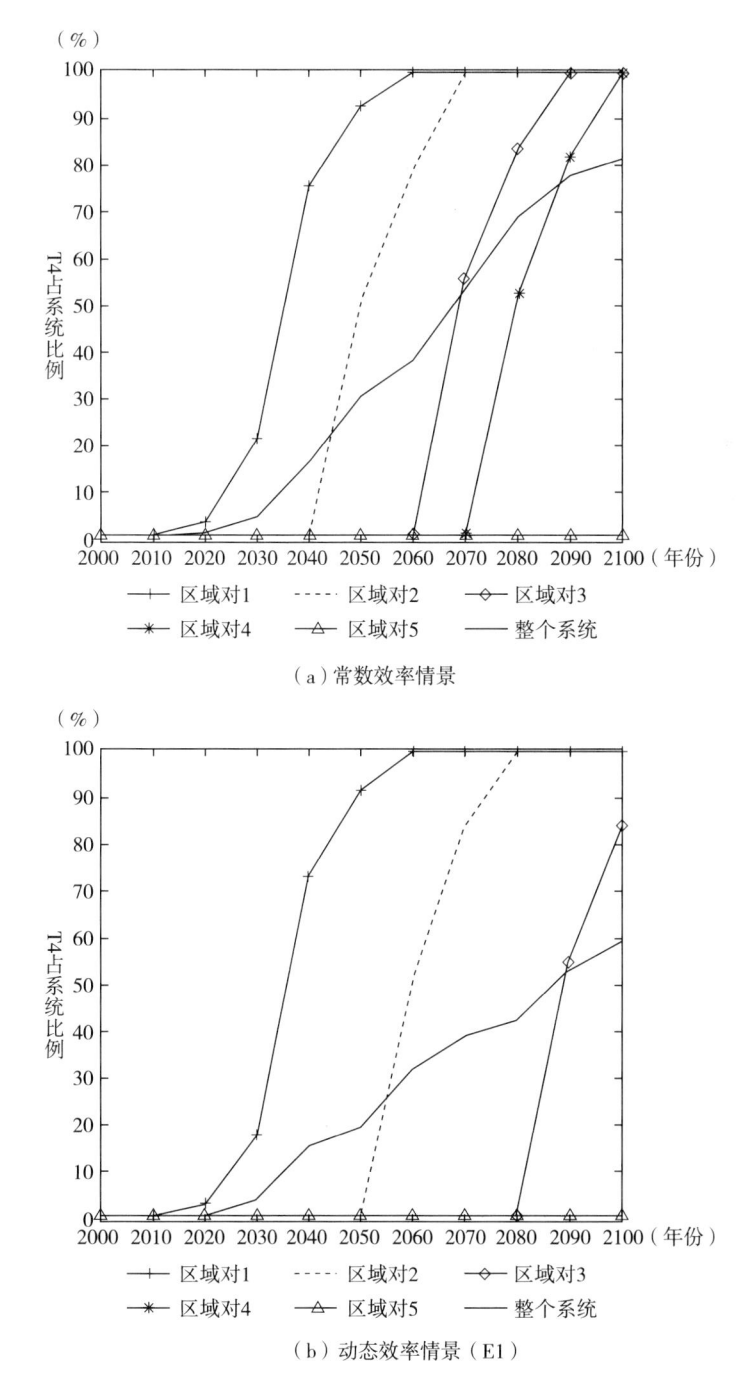

(b）动态效率情景（E1）

图 3-8　不同投资成本下 T4 采纳情况

六 不同技术学习率下新基建类技术采纳分析

技术学习效应被认为是目前采纳不经济新技术的内生动力。本部分模拟新基建类技术 T4 的不同技术学习率，以分析其如何影响新基建类技术的采纳。在基准情景中，新基建类技术的学习率被设定为 20%。本节对新基建类技术 T4 学习率分别为 18% 和 22% 的两种情况进行了模拟分析，模拟结果如图 3-9 所示。

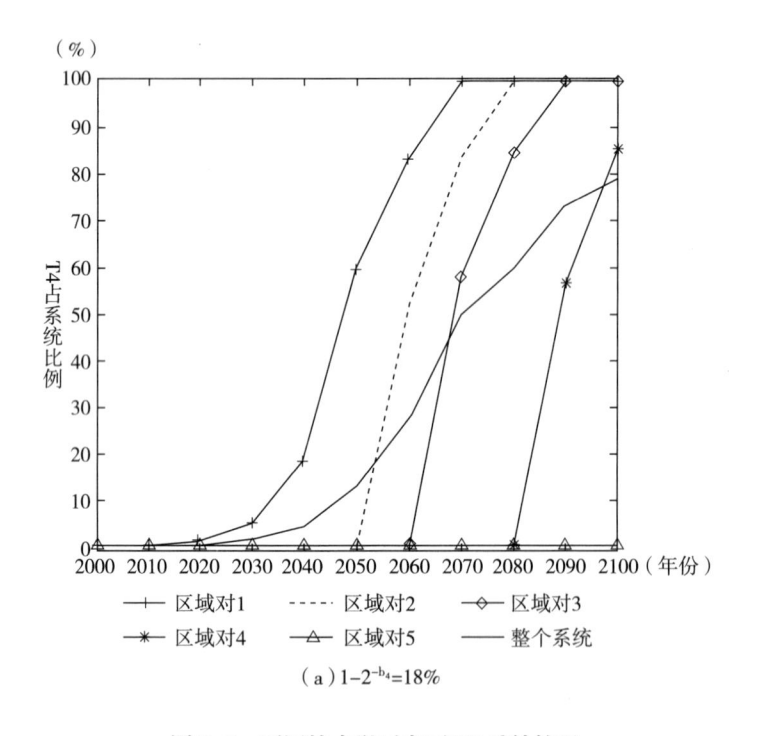

(a) $1-2^{-b_4}=18\%$

图 3-9 不同技术学习率下 T4 采纳情况

图 3-9（a）显示了当其他参数值与基准情景模拟相同但技术学习率降为 18% 的情况下五个区域对中新基建类技术采纳的情景。从中可以看出，在第 1 个区域对中新基建类技术被推迟了 10 年，在 2020 年才开始采纳，并在 2070 年才开始主导区域系统。而其他区域对中的新基建类技术也分别被推迟了采纳和主导区域系统的时间。

(b) $1-2^{-b_4}=22\%$

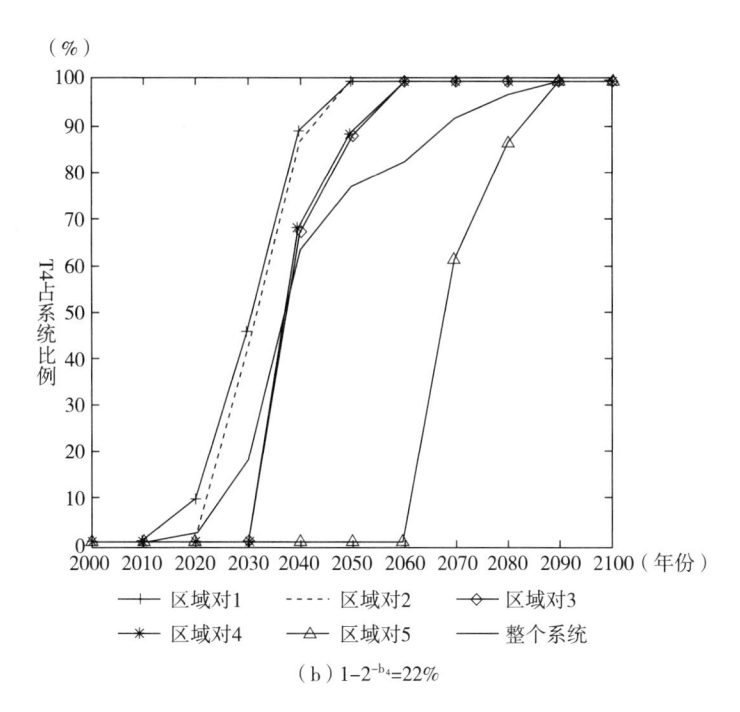

图 3-9　不同技术学习率下 T4 采纳情况（续）

与基准情景模拟相似，新基建类技术不会出现在第 5 个区域对中。图 3-9（b）显示了技术学习率升为 22% 时的新基建类技术采纳情景。从中可以看出，第 2、第 3、第 4 个区域对中的新基建类技术的采纳时间提前了 10—20 年，第 5 个区域对也采纳了以前情景中没有被采纳的新基建类技术。整个系统新基建类技术在 2090 年主导整个系统，也就是在 2090 年所有区域对将全部采纳新基建类技术。从模拟结果可以总结出，该模型对新基建类技术的学习率非常敏感。随着技术学习率的提高，系统采纳新基建类技术的时间将被提前。

第三节　不确定技术学习情景下模拟分析

实证研究证明了技术学习效应存在一定的不确定性（Mcdonald Alan，Schrattenholzer Leo，2001）。如果决策者基于确定的技术学习率而对技术采纳做出决策，那么新技术未来的成本可能会高于预期。于是，学者提出两种处理技术学习不确定性的方法。一种是将决策者的风险态度作为权重，把由于高估技术学习率带来的预期风险成本加入优化模型的目标函数（Grubler, Gritsevskii, 1997; Manne, Barreto, 2004），另一种是给预期风险成本设定一个上限（Ma, 2010）。本节构建的含有不确定技术学习的多区域新基建类内生技术采纳系统优化模型将采用第二种方法处理技术学习的不确定性。

在式（3-1）基础上，把由于高估技术学习率引起的预期风险成本也就是不确定技术学习引起的风险成本加入优化模型的目标函数［式（3-21）］。模型约束条件为式（3-8）至式（3-13）。

$$\min \sum_{k=1}^{n} \sum_{t=1}^{T} \sum_{i=1}^{4} \left(\frac{1}{1+\delta}\right)^t (c_{Fik}^t y_{ik}^t + c_{OMi} x_{ik}^t) + \sum_{k=1}^{n} \sum_{t=1}^{T} \left(\frac{1}{1+\delta}\right)^t c_{Ek}^t r_k^t$$
$$+\rho \left\{ E\left\{ \sum_{t=1}^{T} \max\{0, [c_{Fik}^t(\psi) - c_{Fik}^t] y_{ik}^t \} \right\} \right\} \quad (3-21)$$

这里，风险成本中 ρ 表示决策者风险态度，ρ 值越大则表示决策者越谨慎，对于风险越厌恶。$c_{Fik}^t(\psi)$ 是关于 ψ 的一个随机变量，其中 ψ 表示概率空间中的元素，服从对数正态分布，c_{Fik}^t 表示均值。E 表示期望。

一 不确定技术学习下新基建类技术采纳分析

加入不确定技术学习后，模型为非凸、非线性的，存在NP难问题，MATLAB在计算时需要大量的时间，对计算机的配置要求较高。为了节省计算时间，模型进一步简化为含有三个区域对，三个区域对分别为第二节五个区域对中的前三个，即区域对之间的距离值分别为 $q_1=0.2$、$q_1=0.4$ 和 $q_1=0.6$，假设并不失一般性。图3-10显示了不确定技术学习下采纳新基建类技术 T4 的情况，从中可以观察到：与基准情景图3-4中的显示相一致，距离越远，新基建类技术的采纳时间就越晚。

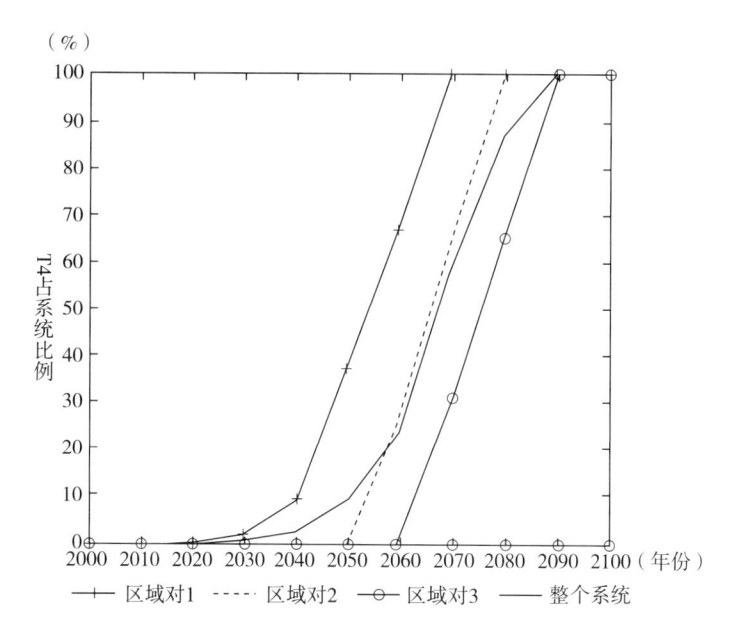

第三章　多区域新基建类技术采纳影响因素研究　83

图 3-10　不确定技术学习下 T4 采纳情况

通过对比图 3-4 确定技术学习下新基建类技术在前三个区域对的采纳情况和图 3-10 不确定技术学习下新基建类技术在前三个区域对的采纳情况可以看出，加入不确定技术学习后，新基建类技术将被延迟采纳。第 1 个区域对的新基建类技术在 2020 年出现，比基准情景延迟了 10 年，并在 2070 年主导区域系统，比基准情景延迟了 20 年；第 2 个区域对的新基建类技术将延迟到 2050 年出现，并在 2080 年开始主导区域系统，比基准情景延迟了 20 年；第 3 个区域对的新基建类技术将在 2060 年出现，比基准情景延迟了 30 年，并在 2090 年开始主导区域系统，比基准情景延迟了 20 年。对于整个系统而言，新基建类技术将延迟 20 年主导整个系统。由此可以得出，在加入不确定技术学习率后，技术学习的不确定性会延迟对技术的采纳。

二　不同技术溢出率下新基建类技术采纳分析

为了探讨不确定技术学习下不同的溢出效应是如何影响新基建

类技术 T4 采纳的，本部分分别对 $\theta=0.8$ 和 $\theta=0.5$ 两种情况下的技术溢出率进行模拟。模拟结果如图 3-11 所示。从图 3-11 中可以看出：当 $\theta=0.8$ 时，第 1 个区域对的新基建类技术被推迟到 2080 年才主导整个区域，第 2 个区域对的新基建类技术被推迟到 2100 年才主导整个区域，第 3 个区域对的新基建类技术没有出现。当 $\theta=0.5$ 时，第 1 个区域对的新基建类技术被推迟到 2090 年才主导整个区域，第 2 个区域对的新基建类技术被推迟到 2100 年，第 3 个区域对的新基建类技术没有出现。无论 $\theta=0.8$ 还是 $\theta=0.5$，整个系统新基建类技术采纳都要在 2100 年才会开始占据整个系统的 45% 左右。这说明，与确定技术学习下的结果相一致，在不确定技术学习下，技术溢出率越低，新基建类技术被采纳的时间也就越晚。

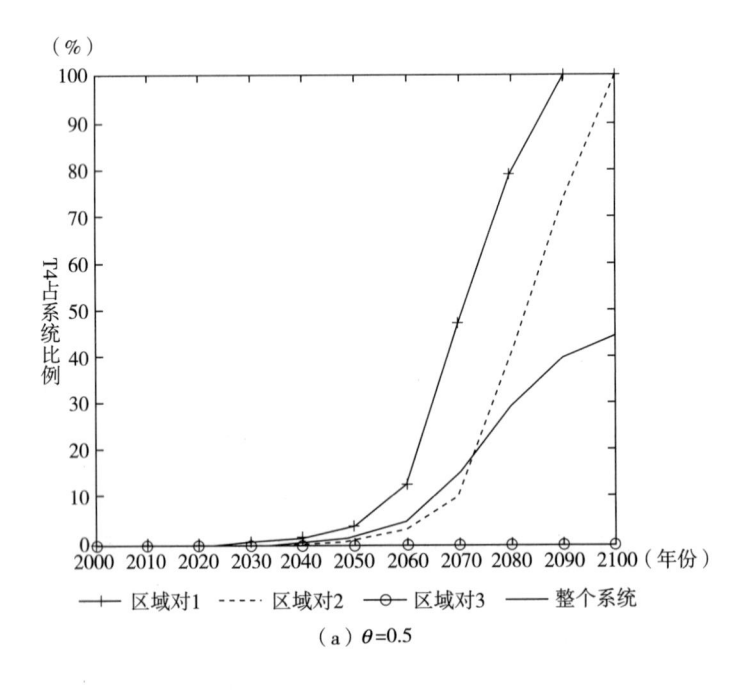

(a) $\theta=0.5$

图 3-11 不同技术溢出率下 T4 采纳情况

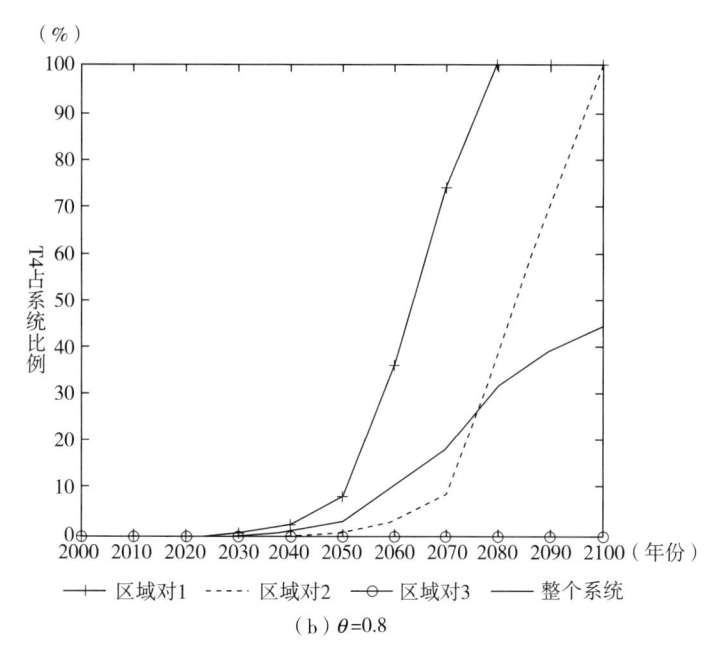

(%)
100
90
80
70
60
50
40
30
20
10
0
2000 2010 2020 2030 2040 2050 2060 2070 2080 2090 2100（年份）

T4占系统比例

—+— 区域对1   ----- 区域对2   —○— 区域对3   —— 整个系统

（b）$\theta=0.8$

图 3-11　不同技术溢出率下 T4 采纳情况（续）

三　不同技术效率下新基建类技术采纳分析

为了探索不确定技术学习下，技术效率对新基建类技术 T4 采纳的影响，本部分将使用动态效率 E2 和 E3 对不确定技术学习下的系统进行模拟。E2 表示区域对中资源点与需求点之间距离的指数函数［见式（3-15）］，E3 表示区域对中资源点与需求点之间距离的二次函数［见式（3-16）］。模拟结果如图 3-12 所示。

图 3-12（a）显示了 E2 情景下三个区域对中新基建类技术的采纳情况，图 3-12（b）显示了 E3 情景下三个区域对中新基建类技术的采纳情况。在 E2 情景下，三个区域对的新基建类技术的出现时间在 2030 年前后，其中，第 1 个区域对的新基建类技术出现时间和基准情景 E1 下的出现时间几乎一致，第 2、第 3 个区域对的新基建类技术的出现时间分别早了 20 年和 30 年；同时也可以观察到，三个区域对的新基建类技术主导区域系统的时间被延迟。在 E3 情景下，三个区域对的新基建类技术的出现时间均被延迟，其中第 1 个区域

(a) E2

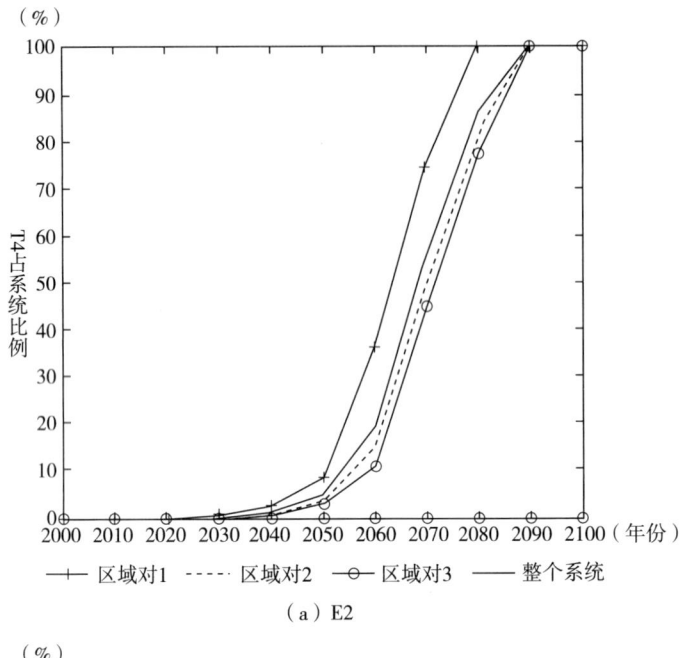

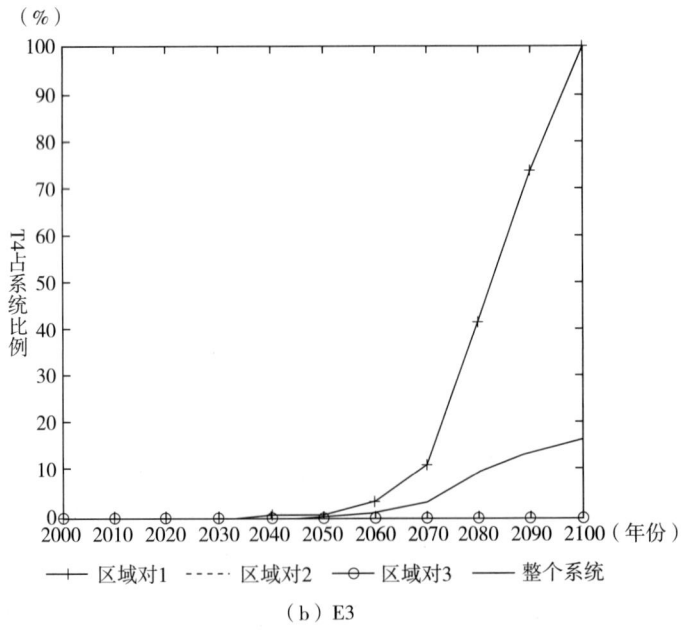

(b) E3

图 3-12　不同技术效率下 T4 采纳情况

对延迟了20年，而第2、第3个区域对没有出现新基建类技术，说明这两个区域对并没有采纳。在2100年，新基建类技术将占整个系统的16%左右，远低于E1情景和E2情景中的100%占比。由此可以看出，在不确定技术学习下，新基建类技术对技术效率也很敏感。与确定技术学习下情景相一致，拟采纳新基建类技术的都是短距离的区域对，然后是距离较远的区域对。随着新基建类技术的效率提高，新基建类技术被采纳的时间会提前。

四 不同需求下新基建类技术采纳分析

本部分将对不确定技术学习下的动态需求进行模拟分析。与本章第二节相似，假设需求D2情景是时间的指数函数［见式（3-17）］，D3情景是时间的二次函数［见式（3-18）］。在图3-3中，2080年以前需求量D3>D2>D1，通过观察图3-13可以看出，在其他参数值相同的情况下，更高的需求量拉动了对新基建类技术T4的采用。对比图3-10和图3-13，在D2情景下，第1、第2个区域对新基建类技术的采纳时间被提前至2020年，并在2060年主导区域系统；第3个区域对新基建类技术主导区域系统的时间提前至2070年；整个系统采纳新基建类技术提早了10年，主导系统则提早了20年。在D3情景下，三个区域对均在2020年开始采纳新基建类技术，其中第1个区域对在2050年开始主导区域系统，比图3-10提前了20年，而第2、第3个区域对则在2060年开始主导区域系统，比图3-10分别提前了20年和30年；整个系统中新基建类技术在2020年开始采纳，并在2060年主导整个系统。由此可以看出，与确定技术学习下的新基建类技术采纳情况不同，在不确定技术学习下，系统需求量的大小影响对新基建类技术的采纳，系统需求量越大，越容易促进新基建类技术的采纳。

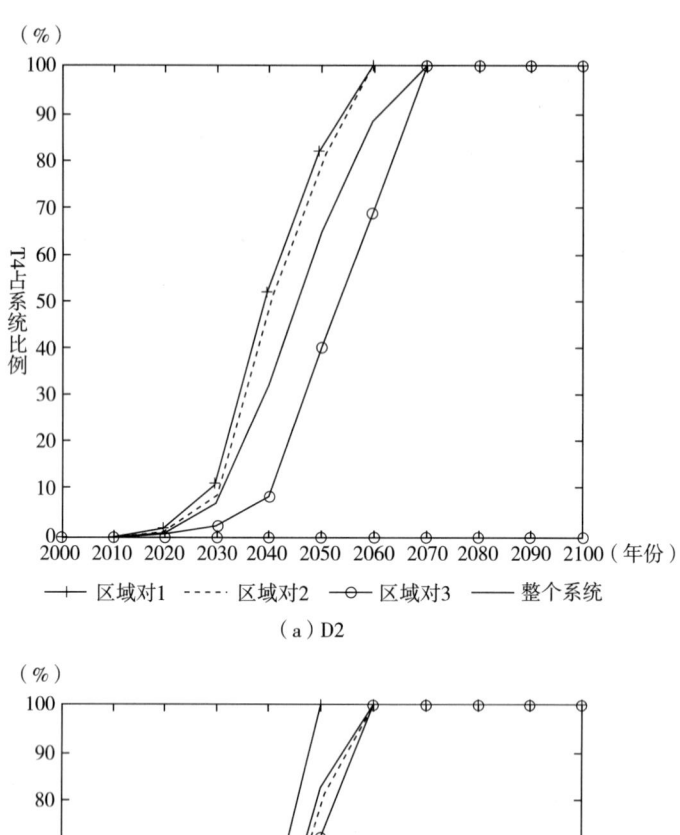

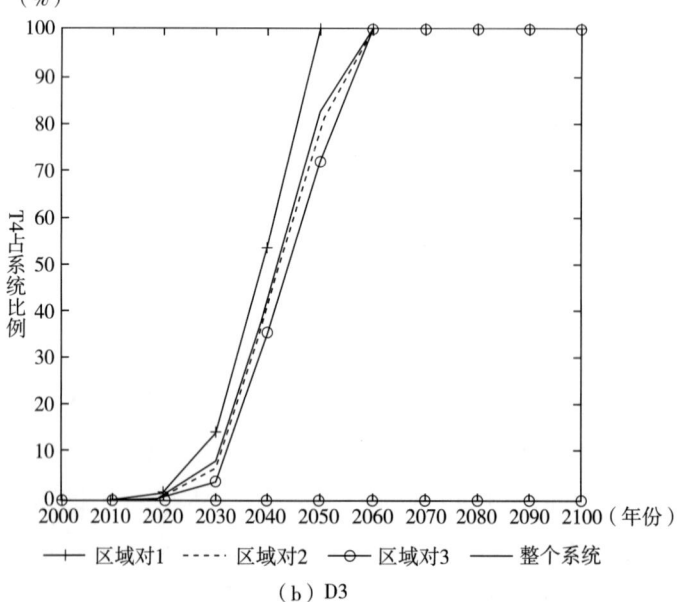

图 3-13　不同需求下 T4 采纳情况

五 不同投资成本下新基建类技术采纳分析

图3-14展示了不确定技术学习下,投资成本对新基建类技术T4采纳的影响情况。与本章第二节相同,假设新基建类技术的投资成本是与距离相关的线性函数,如式(3-20)所示。图3-14(a)为常数效率情景下投资成本对技术采纳的影响情况。可以观察到,距离越远,新基建类技术被采纳的时间也就越晚。图3-14(a)只有第1个区域对采纳了新基建类技术,第2、第3个区域对并没有采纳新基建类技术,并且在2100年整个系统新基建类技术占系统的比例约为18%。图3-14(b)显示了动态效率情景下投资成本对新基建类技术采纳的影响情况。可以观察到,当技术效率和投资成本同时存在的时候,新基建类技术会更为明显地被推迟采纳,只有第1个区域对采纳了新基建类技术,并且延迟到2100年该技术才开始主导区域系统。整个系统被推迟到2050年左右才开始采纳新基建类技术。

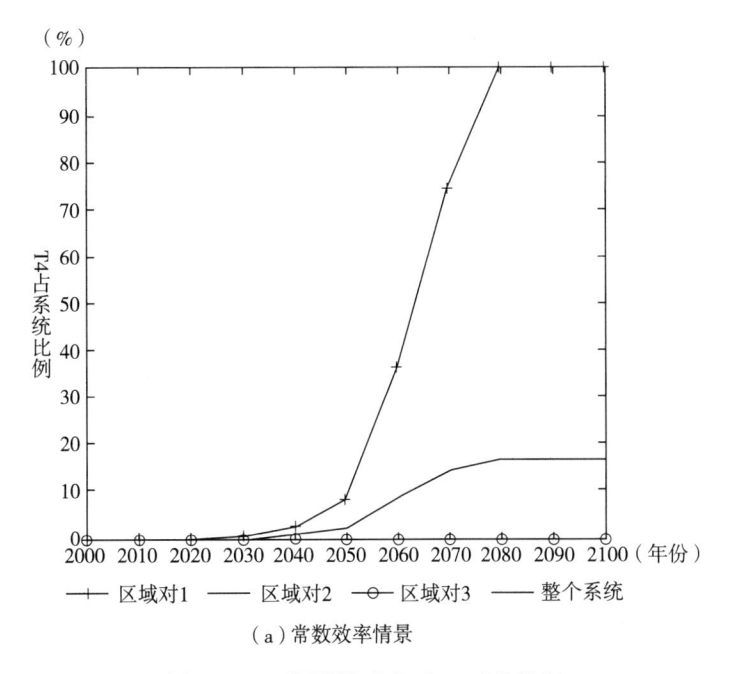

(a)常数效率情景

图3-14 不同投资成本下T4采纳情况

(b) 动态效率情景

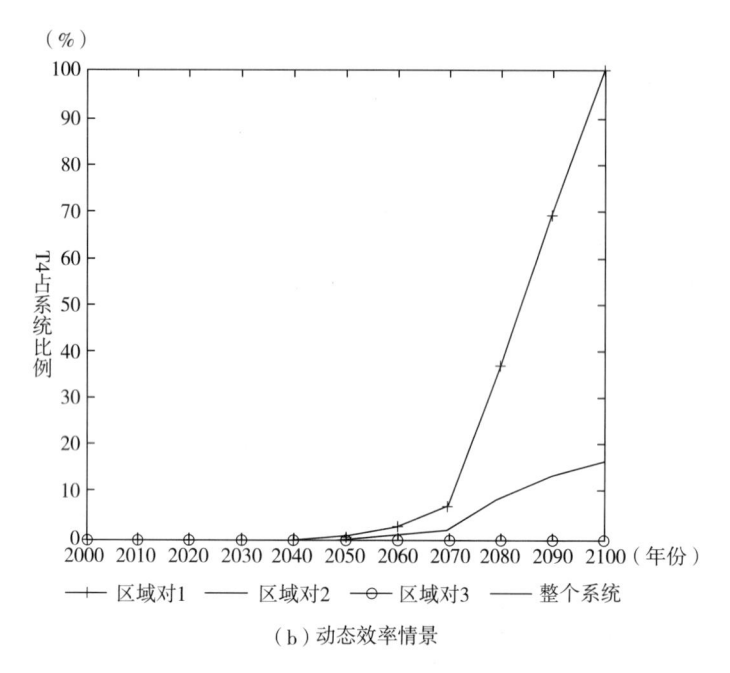

图 3-14　不同投资成本下 T4 采纳情况（续）

六　不同技术学习率下新基建类技术采纳分析

在不确定技术学习情景下，本部分将对具有不同技术学习率（15%和25%）的新基建类技术 T4 进行模拟，以分析它如何影响新基建类技术的采纳。模拟发现，与确定技术学习下技术学习率对新基建类技术采纳影响的情景相似，新基建类技术对技术学习率非常敏感。学习率较高的新基建类技术往往较早被采用。

从图 3-15 可以观察到，在不确定技术学习下，当技术学习率提高到 25% 时，三个区域对和整个系统的新基建类技术将被提早采纳，其中，第 1 个区域对提早 10 年在 2010 年开始出现，第 2 个区域对提前到 2020 年开始出现，两者均在 2050 年开始主导区域系统；第 3 个区域对提前到 2030 年出现，并在 2060 年主导区域系统。整个系统新基建类技术的出现提早了 10 年左右，在 2020 年开始出现，并在 2060 年开始主导整个系统。当技术学习率降低到 15% 时，整个系统并没有新基建类技术出现，说明新基建类技术对技术学习率非常敏感，当技术学习率降低到一定程度，也就是未来新基建类技术的采纳随着累计使用单位投资成本并没有降低到可采用的经济性时，整个系统没有采纳新基建类技术，而仍然选择采用现有技术。

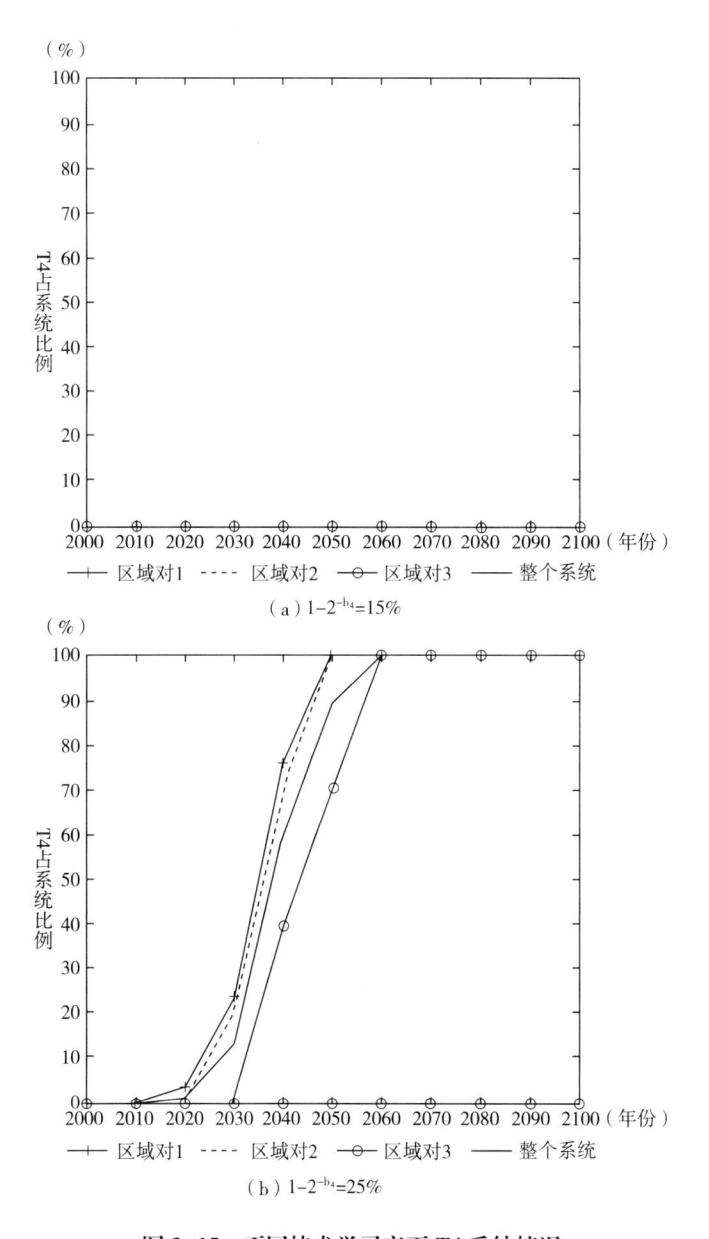

(a) $1-2^{-b_4}=15\%$

(b) $1-2^{-b_4}=25\%$

图 3-15　不同技术学习率下 T4 采纳情况

七　不同投资者风险态度下新基建类技术采纳分析

本部分将采用风险因子法来探索投资者的风险态度对新基建类技术 T4 采纳的影响，也就是在目标函数中添加包含主观风险因子的期望风险成本，这个随机优化问题的解是一个与风险相对的对冲策略。在图 3-10 的情景模拟中，假设投资者风险程度（ρ）为 1，为了探讨不同的投资者风险态度如何影响新基建类技术采纳，分别对 $\rho=0.8$ 和 $\rho=1.2$ 两种情况下的投资者风险态度进行模拟。模拟结果如图 3-16 所示。

从图 3-16 中可观察到：投资者的风险态度会在一定程度上影响新基建类技术的采纳，当投资者风险态度 $\rho=1.2$ 时，投资者偏好保守谨慎，对风险有较强的敏感性，所以会推迟新基建类技术的采纳，其中，第 1 个区域对在 2080 年才主导整个区域，比图 3-10 的情景晚了 10 年，第 2 个区域对在 2040 年才开始采纳新基建类技术，并推迟到 2090 年才主导整个区域；第 3 个区域对并没有采纳新基建类技术。整个系统新基建类技术在 2100 年只占到总系统的 45% 左右。当 $\rho=0.8$ 时，投资者风险接受度较高，可以观察到第 1 个区域对新基建类技术的扩散情况和 $\rho=1$ 时几乎相同，而第 2、第 3 个区域对的新基建类技术被提前采纳了，其中第 3 个区域对的新基建类技术提前了 30 年，在 2030 年开始被采纳，说明此阶段投资者对风险的态度是可接受的。通过分析可以得出：保守型的区域投资者会对新基建类技术的采纳有延迟的影响，而激进型的区域投资者会对新基建类技术的采纳有积极的影响。

敏感性分析、随机规划、模糊规划和区间规划是常用的处理模型不确定性的方法。本节采用随机规划来描述内生技术采纳模型中技术学习的不确定性。由于技术内生到模型当中，该模型为非凸、非线性的，存在 NP 难问题，又涉及大量数据支撑，使内生技术学习的模型求解难度大幅增加，对计算时间和计算机处理能力要求较高。因此，在下一章的模型实现中，将把内生技术学习率调整为外生，

（a）$\rho=0.8$

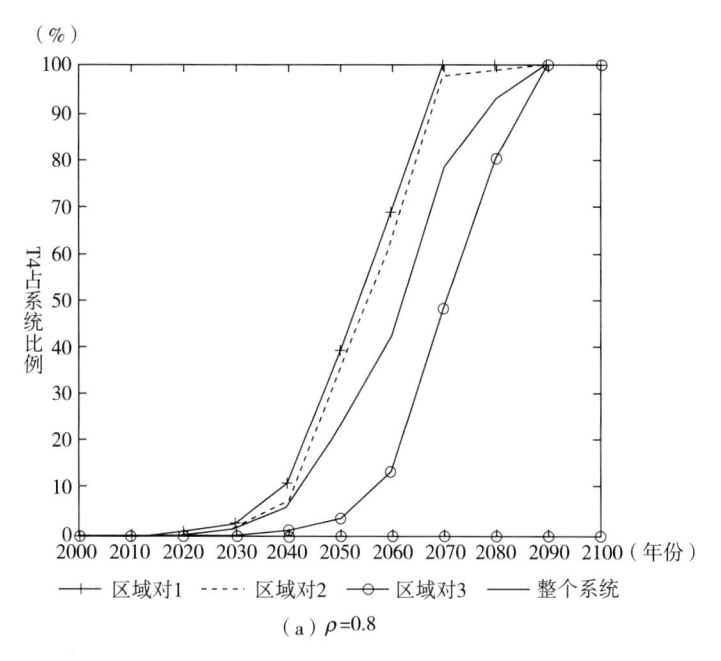

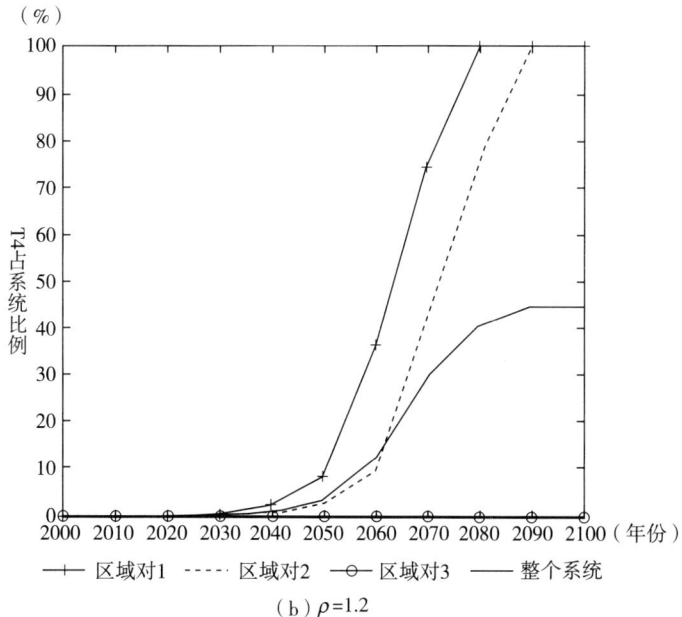

（b）$\rho=1.2$

图 3-16　不同投资者风险态度下 T4 采纳情况

并采用灵敏度分析来探讨不同情景下技术学习对实际问题产生的影响。

第四节 本章小结

本章提出一个简化的多区域新基建类技术采纳系统优化模型，并从确定技术学习和不确定技术学习两种情形研究了技术溢出率、技术效率、区域需求、投资成本、技术学习率等对新基建类技术采纳的影响。本章模型模拟的主要结果有以下三点：（1）资源点与需求点的距离不同会导致新基建类技术的采纳时间有所不同，这是因为随着距离增加新基建类技术的投资成本将会增加，并且技术效率会随着距离的增加而降低。在资源点与需求点距离较短的区域对中，通过采纳新基建类技术积累的经验由于技术学习效应的影响使技术投资成本降低，而且存在的技术溢出效应使技术扩散到其他区域，进而使在距离较长的区域对中采纳新基建类技术变得经济。（2）技术溢出效应会加速新基建类技术的采纳，溢出效应越高，新基建类技术的采纳速度将会越快。（3）从系统优化的角度来看，采纳新基建类技术的最佳时间对其技术学习率非常敏感。因此，决策者在规划采纳新基建类技术时应注意资源点与需求点之间的距离，首先从最经济的一个区域开始采纳新基建类技术，积累足够的知识或经验，然后推进技术在区域间的溢出，从而使系统成本达到最经济。本章中的多区域内生技术采纳系统优化模型是自下而上构建的，对这类模型进行校验的一种方式是检验模型的输出是否符合现实系统具有的宏观模式。现实中一个被广泛观察到的系统宏观模式是先进技术的采纳呈现出"S形"扩散曲线。通过观察可以看出，本章模拟给出的优化采纳方案新基建类技术确实呈现为"S形"技术扩散曲线。

第 四 章

中期阶段特高压输电技术采纳优化研究

特高压输电作为一种新型基础设施建设，也可以被看作一种技术，可以通过建立技术采纳系统优化模型来研究。近年来，中国的电力需求随着经济的快速发展而增长。2016年，中国电力需求达59198亿千瓦时（CEC，2015），约是2006年电力需求的20倍。但由于中国区域资源特点，资源地和电力需求地分布严重失衡（Guo et al.，2016）。能源运输问题一直是满足中国区域间电力需求的主要问题。在煤炭富集地区和以电力需求负荷为中心的地区之间，能源运输的距离长度可达2000千米，远距离能源运输的可行性正面临着巨大的挑战。为了应对这一挑战，传统的解决方案是将煤炭从煤炭资源地运输到电力需求地，并在那里建立大规模的发电厂。但是，这些电力需求大的区域往往也是人口密度较大、环境容量相对较小的地方，这使这些地区并不适宜再建设新的大型煤电厂（Pan，2011）。而且，输煤这种传统的方法由于运输成本的上涨而变得不经济。为了满足更长距离、更低成本和更大功率的运输需要，中国目前正在开发特高压——1000千伏的交流电压和±800千伏或更高的直流电压（Huang et al.，2009）。但是，特高压作为一项新基建类技术，它的初期投资成本是非常高的。

根据国家电网公司和中国南方电网以及政府发布的规划，已经提出了构建28条特高压线路的计划。拟建的特高压线路由于技术经济、投资成本、区域需求等因素不可能同时建成，决策者有必要在中期阶段（2015—2020年）建设过程中优先考虑建设哪些特高压线路。本章所要解决的问题就是优化中期阶段中国特高压输电和煤炭输送，探索中国中期阶段电力系统长距离能源运输的最佳优化方案。本章将拓展上一章简化的多区域新基建类技术采纳系统优化模型，导入中国多区域特高压规划数据和特高压技术参数数据，构建中国中期阶段特高压输电技术采纳系统优化模型，从而得出中国中期阶段应采纳的特高压输电优化方案及政策建议。

第一节　中国特高压技术采纳模型

一　模型描述与公式

2016年，中国燃煤发电占全国总发电量的65.21%，燃气发电、核电、水电和太阳能发电占比分别为3.14%、3.56%、19.71%和1.11%（Xu，Chen，2006）。由于中国区域煤炭资源与电力需求分布的不均衡，能源运输优化问题是中国电力系统中一个非常重要的问题。目前，中国电力系统中主要有两种远距离能源运输方式（见图4-1）：一种是煤炭运输（输煤）方式，即煤炭首先从煤炭资源地通过铁路、水路等运输方式运送到电力需求地，然后在需求地建立大规模的发电厂进行发电，以满足需求地的电力需求；另一种是电力运输（输电）方式，即煤炭首先在煤炭资源地的发电厂发电，然后通过特高压输电线路将电力输送到远距离的电力需求地，以满足需求地电力需求。

基于第三章第一节多区域新基建类技术采纳系统优化模型，结合我国远距离能源运输的方式，本节将构建中国中期阶段电力系统

第四章 中期阶段特高压输电技术采纳优化研究

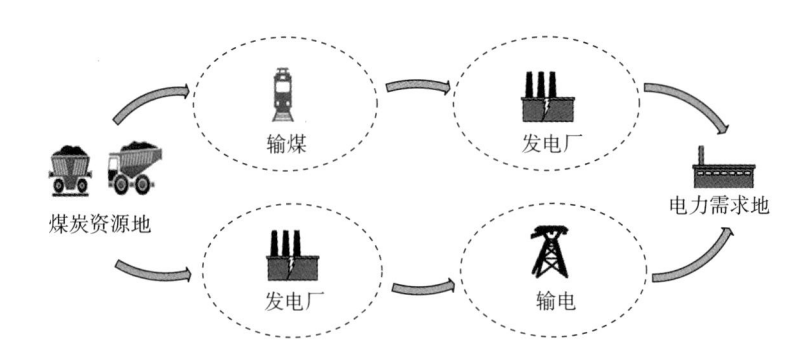

图 4-1 中国电力系统的两种远距离能源运输方式

多区域特高压技术采纳模型,如图 4-2 所示。在这个抽象模型中,仍然假设不同资源地与不同需求地的最佳匹配是已知的,但是本节将放宽第三章第一节的一个需求地将由一个资源地服务的假设,改为一个需求地可以由一个资源地或几个资源地提供资源服务。本节用 T1 和 T2 表示位于不同地方的煤电厂(T1 位于需求地,T2 位于资源地),T3 表示煤炭运输,T4 代表特高压电力输送。技术 T4 是新基建类技术,具有较高的学习率,可以使技术投资成本随着人们在这项技术上知识和经验的积累而下降。

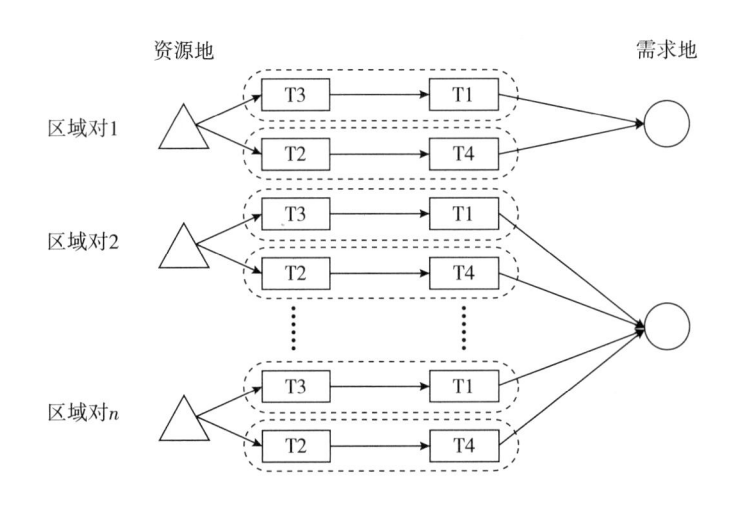

图 4-2 中国中期阶段电力系统特高压输电技术采纳模型

该模型的目标函数与第三章第一节中的式（3-1）相同，即在满足区域电力需求的同时，最小化电力系统在时间窗内的累计总成本。系统总成本主要由三部分组成：新增技术产能的投资成本、运行维护（O&M）成本和资源开采成本。模型变量为：各种技术的输出量和各种技术的新增装机容量。模型的约束条件为：资源的开采量要满足资源消耗［见式（3-7）］、能源上下链的投入产出平衡［见式（3-9）与式（3-10）］、装机容量限制［见式（3-11）］、所有决策变量非负［见式（3-12）与式（3-13）］。特别的是，每个需求地的需求应该由区域总发电和其他区域输入的总资源共同满足，因此约束服从式（4-1）：

$$\sum_k x_{1k}^t + \sum_k x_{4k}^t \geq \sum_k d_k^t \qquad (4-1)$$

二　模型参数设置

本章的研究在于探索中期阶段中国电力系统中长距离能源运输的最佳方案，所以，研究的时间窗是以 2015 年为基准年，分析初始年 2016 年到 2020 年的中国特高压输电技术采纳情况。为了计算电力系统的总成本，需要将未来成本折算成 2015 年基准年成本，本节假设在此期间的贴现率为 5%。

根据国家电网公司、中国南方电网和中国政府发布的数据（SGCC，2016；CSG，2015），到中期阶段末（2020 年）中国规划将建成 28 条特高压输电线路。这些特高压线路展示如图 4-3 所示。

截至 2015 年，已有 9 条特高压输电线路建成并投运，其中，3 条为特高压交流线路，6 条为特高压直流线路，分别是：晋东南—南阳—荆门（2009 年）、云南—广东（2009 年）、向家坝—上海（2010 年）、锦屏—苏南（2012 年）、糯扎渡—广东（2013 年）、淮南—浙江—上海（2013 年）、浙北—福州（2014 年）、溪洛渡—浙江（2014 年）、哈密—郑州（2014 年）。其余 19 条特高压输电线路为到 2020 年的规划线路。其中，7 条为特高压直流，12 条为特高压

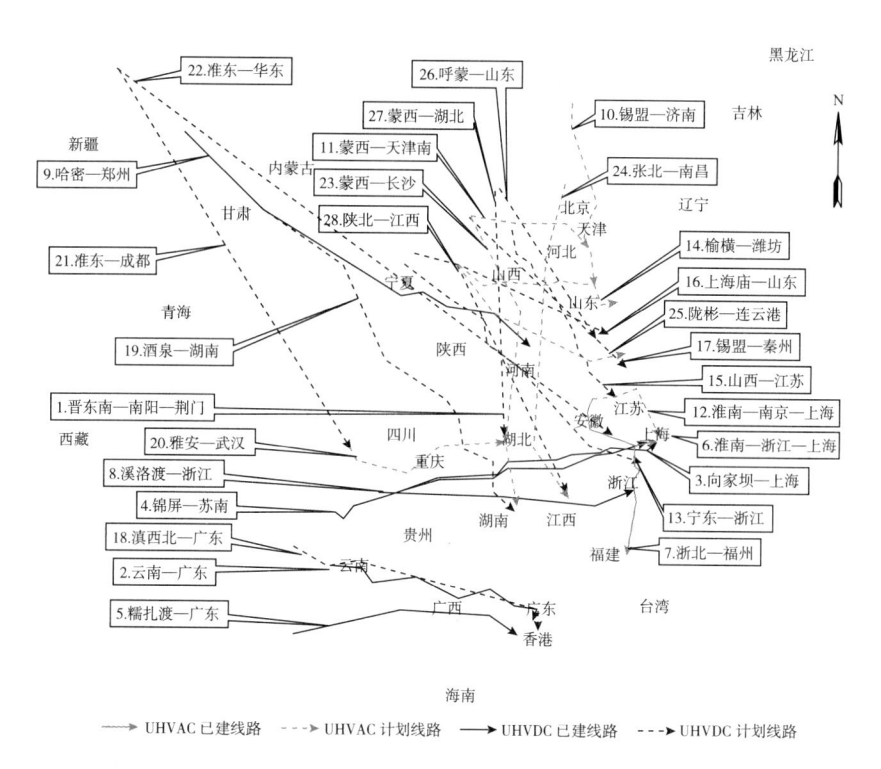

图 4-3　中国 2020 年特高压电网规划

交流。具体路线见表 4-1。这 28 条特高压输电线路表示中期阶段中国电力系统将有 28 个区域对。

表 4-1　　　　　　中国 2020 年特高压输电线路规划

No.	名称	类型	No.	名称	类型
1	晋东南—南阳—荆门	UHVAC	9	哈密—郑州	UHVDC
2	云南—广东	UHVDC	10	锡盟—济南	UHVAC
3	向家坝—上海	UHVDC	11	蒙西—天津南	UHVAC
4	锦屏—苏南	UHVDC	12	淮南—南京—上海	UHVAC
5	糯扎渡—广东	UHVDC	13	宁东—浙江	UHVDC
6	淮南—浙江—上海	UHVAC	14	榆横—潍坊	UHVAC
7	浙北—福州	UHVAC	15	山西—江苏	UHVDC
8	溪洛渡—浙江	UHVDC	16	上海庙—山东	UHVDC

续表

No.	名称	类型	No.	名称	类型
17	锡盟—泰州	UHVDC	23	蒙西—长沙	UHVAC
18	滇西北—广东	UHVDC	24	张北—南昌	UHVAC
19	酒泉—湖南	UHVDC	25	陇彬—连云港	UHVAC
20	雅安—武汉	UHVAC	26	呼盟—山东	UHVDC
21	准东—成都	UHVDC	27	蒙西—湖北	UHVDC
22	准东—华东	UHVDC	28	陕北—江西	UHVDC

在求解本节中国中期特高压输电技术采纳模型之前，首先要把这 28 个区域对中涉及的 4 种技术（T1、T2、T3、T4）进行数据处理。这些数据主要包括：技术的单位投资成本、在第 t 年第 k 个区域对的第 i 种技术的单位运营维护成本及其效率、第 k 个资源地的单位采煤成本以及第 t 年第 k 个需求地的电力需求。

对于第一种和第二种技术（$i=1$ 和 $i=2$，T1 和 T2），也就是燃煤发电技术，平均单位投资成本通常约为 5000 元/千瓦（Han et al.，2012），平均单位运营维护成本约为 0.2 元/千瓦时（Cheng et al.，2015），平均效率约为 40%（Beér，2007）。燃煤发电技术在中国目前已经完全成熟（Ma，Chen，2015），所以几乎没有学习效应。燃煤发电的成本取决于很多因素，如煤电厂建设地点的地理特征以及煤电厂与煤炭资源的距离等。另外，不同的燃煤发电技术成本也可能有所不同，例如煤电厂是否配备碳捕获存储技术等。为了简化模型和节省计算时间，假设煤电厂的这些参数在所有的 28 个区域对中都是相同的，且在 2015—2020 年短时间内不会改变，具体参数如表 4-2 所示。

表 4-2　技术 T1、T2 和 T3 的参数设置

参数	燃煤发电技术 T1（$i=1$）	燃煤发电技术 T2（$i=2$）	煤炭运输技术 T3（$i=3$）
技术投资成本 c_{Fik}^t（元/千瓦）	5000	5000	见表 4-3
技术运营维护成本 c_{OMik}^t（元/千瓦时）	0.2	0.2	见表 4-3
效率 η_{ik}（%）	40	40	98.8

对于第四种技术（$i=4$，T4），即特高压输电技术，参数值列于表4-3。对于不同的区域对，T4技术的单位运营维护成本是不同的。特高压输电损耗每千米约为0.004%（Ding，Hu，2006），因此，可以通过资源地和需求地之间的距离来计算28个区域对的特高压输电技术效率。作为一项新基建类技术，特高压的单位投资成本将随着经验和技术的提高而下降（Arthur，1989；Arrow，1971），其变化将遵循学习曲线模型规律（Wang，Du，2016），可表示为式（4-2）：

$$c_{F4k}^t = c_{F4k}^0 \times e^{-\alpha t} \quad (4-2)$$

这里，c_{F4k}^0 和 c_{F4k}^t 分别为特高压输电技术在初始年和第 t 年的第 k 个区域对中的单位投资成本。α 是反映特高压输电技术学习效应对投资成本影响的参数。在本节研究中，c_{F4k}^0 的数据主要源于国家电网公司和中国南方电网。根据大多数文献（Mcdonald，Schrattenholzer，2001；Jamasb，Köhler，2007），这里假设 $\alpha=0.2$。

表4-3　　T3和T4的参数设置

No.	名称	类型	长度（千米）	c_{OM3k}^t（元/千瓦时）	c_{OM4k}^t（元/千瓦时）	η_{4k}（%）	c_{F3k}^0（元/千瓦）	c_{F4k}^0（元/千瓦）
1	晋东南—南阳—荆门	UHVAC	654	0.0275	0.0196	97	3161	1924
2	云南—广东	UHVDC	1438	0.0573	0.0431	94	8340	2740
3	向家坝—上海	UHVDC	1907	0.0751	0.0572	92	8641	3625
4	锦屏—苏南	UHVDC	2059	0.0809	0.0618	92	8293	3055
5	糯扎渡—广东	UHVDC	1451	0.0578	0.0435	94	8416	3740
6	淮南—浙江—上海	UHVAC	656	0.0276	0.0197	97	896	881
7	浙北—福州	UHVAC	603	0.0255	0.0181	98	2915	3145
8	溪洛渡—浙江	UHVDC	1680	0.0665	0.0504	93	5992	2463
9	哈密—郑州	UHVDC	2210	0.0866	0.0663	91	8011	2925
10	锡盟—济南	UHVAC	730	0.0304	0.0219	97	2352	1978
11	蒙西—天津南	UHVAC	608	0.0257	0.0182	98	1763	1750
12	淮南—南京—上海	UHVAC	780	0.0323	0.0234	97	1835	2233

续表

No.	名称	类型	长度(千米)	c_{OM3k}^t(元/千瓦时)	c_{OM4k}^t(元/千瓦时)	η_{4k}(%)	c_{F3k}^0(元/千瓦)	c_{F4k}^0(元/千瓦)
13	宁东—浙江	UHVDC	1720	0.0680	0.0516	93	6235	2963
14	榆横—潍坊	UHVAC	1049	0.0425	0.0315	96	2534	2017
15	山西—江苏	UHVDC	1119	0.0452	0.0336	96	3245	1620
16	上海庙—山东	UHVDC	1238	0.0497	0.0371	95	3590	2210
17	锡盟—泰州	UHVDC	1620	0.0642	0.0486	94	4697	2540
18	滇西北—广东	UHVDC	1928	0.0759	0.0578	92	5591	2220
19	酒泉—湖南	UHVDC	2383	0.0932	0.0715	90	8638	3273
20	雅安—武汉	UHVAC	1297	0.0519	0.0389	95	3129	2813
21	准东—成都	UHVDC	2456	0.0960	0.0737	90	7122	4000
22	准东—华东	UHVDC	3337	0.1294	0.1001	87	9677	4610
23	蒙西—长沙	UHVAC	2069	0.0813	0.0621	92	4000	3173
24	张北—南昌	UHVAC	1773	0.0700	0.0532	93	3428	1467
25	陇彬—连云港	UHVAC	1280	0.0510	0.0384	94	2475	1667
26	呼盟—山东	UHVDC	1234	0.0680	0.0516	93	3579	2210
27	蒙西—湖北	UHVDC	1400	0.0558	0.0420	94	4060	2500
28	陕北—江西	UHVDC	1482	0.0710	0.0540	92	4298	2000

煤炭开采成本将会随着时间的推移而增加（汪应宏、汪云甲，1999）。第 t 年第 k 个区域对的单位采煤成本可以表示为式（4-3）：

$$c_{Ek}^t = c_{Ek}^0 \times (1+\lambda)^t \quad (4-3)$$

这里，c_{Ek}^0 和 λ 分别是第 k 个区域对的初始单位开采成本和其年增长率。28 个煤炭资源地的平均初始单位采煤成本为 0.09 元/千瓦（Wang et al.，2007），并且这里假设中期阶段煤炭成本增长率的平均值很小（0.01%）。

特高压输电线路连接煤炭资源地和电力需求地。需求地可以根据所在省份进行分组。因此，上述 28 条特高压线路可通过需求地省份分为 13 组（见表 4-4）。例如，特高压输电线路晋东南—南阳—荆门（No.1）、雅安—武汉（No.20）和蒙西—湖北（No.27）的需

求地都是湖北,则把它们分在同一组。中期阶段这13个需求地的电力需求预测服从式(4-4):

$$d_k^t = d_k^0 \times (1+\zeta_k)^t \tag{4-4}$$

这里,d_k^0 和 ζ_k 分别是第 k 个需求地的初始电力需求与电力需求年增长率。初始电力需求数据主要来自国家统计局(NBSC,2017)。假设中期阶段的电力需求年增长率是不变的,即 $\zeta_k = \zeta_k^0$。

表4-4 需求地的参数值设置

序号	需求地	名称	初始需求 d_k^0（百万千瓦时）	年增长率 ζ_k（%）
1	上海（SH）	向家坝—上海（No.3） 淮南—浙江—上海（No.6） 淮南—南京—上海（No.12）	109.52	3.61
2	天津（TJ）	蒙西—天津南（No.11）	63.55	7.56
3	福建（FJ）	浙北—福州（No.7）	148.46	10.43
4	湖北（HB）	晋东南—南阳—荆门（No.1） 雅安—武汉（No.20） 蒙西—湖北（No.27）	132.52	7.98
5	安徽（AH）	淮东—华东（No.22）	126.80	10.79
6	广东（GD）	云南—广东（No.2） 糯扎渡—广东（No.5） 滇西北—广东（No.18）	418.82	7.76
7	湖南（HUN）	酒泉—湖南（No.19） 蒙西—长沙（No.23）	114.47	7.33
8	河南（HN）	哈密—郑州（No.9）	233.57	8.71
9	四川（SC）	淮东—成都（No.21）	161.18	8.87
10	浙江（ZJ）	溪洛渡—浙江（No.8） 宁东—浙江（No.13）	280.51	7.35
11	江苏（JS）	锦屏—苏南（No.4） 山西—江苏（No.15） 锡盟—泰州（No.17） 陇彬—连云港（No.25）	401.00	8.75

续表

序号	需求地	名称	初始需求 d_k^0（百万千瓦时）	年增长率 ζ_k（%）
12	山东（SD）	锡盟—济南（No.10） 榆横—潍坊（No.14） 上海庙—山东（No.16） 呼盟—山东（No.26）	337.88	7.56
13	江西（JX）	张北—南昌（No.24） 陕北—江西（No.28）	81.48	10.96

第二节　模拟分析

一　中国电力系统特高压输电技术采纳分析

基于第一节整理的数据，为了解决此类系统优化问题，将通过MATLAB软件编程并采用原始对偶内点算法。该算法被认为是解决本章所述优化模型的最有效算法（Mehrotra，1992），其从初始点开始以一定的步长向最优解靠近。当测量原始和其对偶目标值之间的差异间隙达到约束范围内，则该过程停止（Zhang，1998）。该算法具体流程如图4-4所示。

从图4-4中可以看出，在设置模型参数后，设置初始点 $x(0)$、最优性容差 μ（在本章节研究中设为 10^{-8}），以及最大迭代次数（在本章节研究中设为 10^{10}），启动搜索过程。k 表示迭代的总数，k 以 0 开始。然后，算法生成给定原始问题的对偶问题，并采用牛顿方法求解原始问题和其对偶问题。在每次迭代时，计算原始残差、对偶残差、上限可行性以及原始和对偶目标值之间的差异。最后，算法检查总相对残差是否小于最优性容差。如果找到解决方案，则算法计算步长沿牛顿方向迈出一步，然后更新解并检查此解是否是最优解。否则，让 $k=k+1$ 并返回计算总相对残差。算法循环直到迭代收敛。如果算法检测到无可行解，则停止运算并发出退出消息。

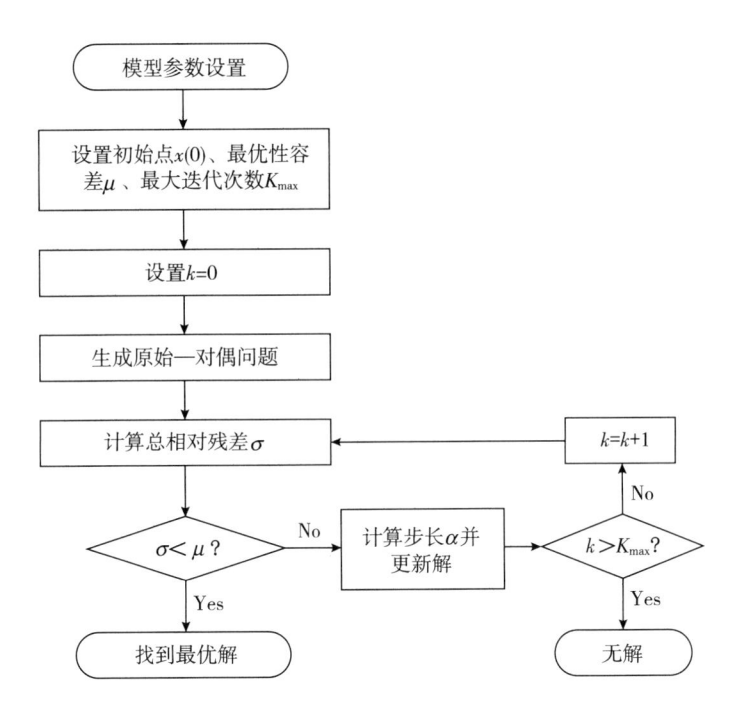

图 4-4 原始对偶内点算法的简要流程

最后，使用编程语言 linprog 来调用 MATLAB 中的求解器并得到结果。在结果输出中，模型迭代次数为 81 次，这表明 linprog 在 81 次迭代后找到了可行解，并且 exitflag 显示为 1，这表明此可行解为最优解。表 4-5 列出了中期阶段中国电力系统特高压采纳和煤炭运输最优路径的详细结果。

表 4-5　中期阶段电力系统特高压采纳和煤炭运输的最优路径

单位：十亿千瓦时

No.	区域对	煤炭运输					特高压输电				
		2016 年	2017 年	2018 年	2019 年	2020 年	2016 年	2017 年	2018 年	2019 年	2020 年
1	晋东南—南阳—荆门	27.14	19.08	14.68	11.93	10.06	28.59	41.10	50.29	58.23	65.70
2	云南—广东	405.88	437.37	471.31	507.89	219.58	45.45	48.97	52.77	56.87	389.40

续表

No.	区域对	煤炭运输					特高压输电				
		2016年	2017年	2018年	2019年	2020年	2016年	2017年	2018年	2019年	2020年
3	向家坝—上海	6.48	6.71	6.95	7.20	7.47	3.56	3.69	3.82	3.96	4.10
4	锦屏—苏南	47.97	52.17	56.73	61.69	67.09	5.81	6.32	6.87	7.47	8.12
5	糯扎渡—广东	405.85	437.35	471.29	507.86	547.27	45.47	48.99	52.80	56.89	61.31
6	淮南—浙江—上海	19.50	15.10	12.30	10.36	8.94	32.08	38.34	43.07	47.00	50.49
7	浙北—福州	75.33	60.06	49.41	41.71	35.98	88.61	120.98	150.52	179.07	207.83
8	溪洛渡—浙江	56.72	42.88	34.18	28.27	24.02	51.19	72.96	90.18	105.23	119.28
9	哈密—郑州	177.61	154.98	132.84	113.51	97.48	76.30	121.05	167.23	212.70	257.14
10	锡盟—济南	81.72	67.37	55.85	46.86	39.86	24.06	46.41	66.52	84.77	101.71
11	蒙西—天津南	49.16	38.92	31.59	26.23	22.23	19.31	34.85	47.89	59.39	70.02
12	淮南—南京—上海	51.58	53.44	55.37	57.37	59.44	0.00	0.00	0.00	0.00	0.00
13	宁东—浙江	193.22	207.42	222.67	239.03	256.60	0.00	0.00	0.00	0.00	0.00
14	榆横—潍坊	46.24	49.74	53.50	57.54	61.89	0.00	0.00	0.00	0.00	0.00
15	山西—江苏	95.97	76.95	62.67	52.01	43.99	34.76	65.22	91.94	116.12	138.86
16	上海庙—山东	105.77	113.77	122.37	131.62	141.57	0.00	0.00	0.00	0.00	0.00
17	锡盟—泰州	175.04	190.36	207.02	225.13	244.83	0.00	0.00	0.00	0.00	0.00
18	滇西北—广东	227.86	155.80	118.17	95.16	102.55	223.46	330.55	405.92	469.59	506.03
19	酒泉—湖南	100.75	108.14	116.06	124.57	133.70	0.00	0.00	0.00	0.00	0.00
20	雅安—武汉	12.74	13.76	14.86	16.04	17.32	0.00	0.00	0.00	0.00	0.00
21	准东—成都	43.10	25.43	18.31	14.47	12.08	132.38	165.61	189.68	211.96	234.44
22	准东—华东	140.70	155.89	154.27	139.01	118.72	0.00	0.00	18.44	52.33	93.27
23	蒙西—长沙	10.32	6.89	5.18	4.15	3.47	11.70	16.75	20.19	23.08	25.76
24	张北—南昌	34.56	25.80	20.26	16.53	13.91	20.44	35.23	47.46	58.61	69.47
25	陇彬—连云港	76.53	83.22	90.51	98.42	107.04	0.00	0.00	0.00	0.00	0.00
26	呼盟—山东	105.77	113.77	122.37	131.62	141.57	0.00	0.00	0.00	0.00	0.00
27	蒙西—湖北	74.62	80.58	87.01	93.95	101.45	0.00	0.00	0.00	0.00	0.00
28	陕北—江西	35.41	39.29	43.59	48.37	53.67	0.00	0.00	0.00	0.00	0.00

从图 4-5（a）中可以看出，在中期阶段特高压输送电量将增加，煤炭运输量将减少。煤炭运输量将由 2016 年的 2880 亿千瓦时减少至 2020 年的 2690 亿千瓦时，其中 2016—2019 年煤炭的运输量较为平稳，但在 2020 年有明显下降趋势。特高压输电将由 2016 年的 840 亿千瓦时上升到 2020 年的 2400 亿千瓦时，2016—2020 年特高压输电量增加较为明显。特高压输送电力比重将从 2016 年的 22%上升到 2020 年的 45%［见图 4-5（b）］。这些结果表明，虽然特高压输电技术在中期阶段将被大量采纳，但到 2020 年年底，在能源运输过程中煤炭运输仍起着重要作用，约占能源运输量的 55%左右。

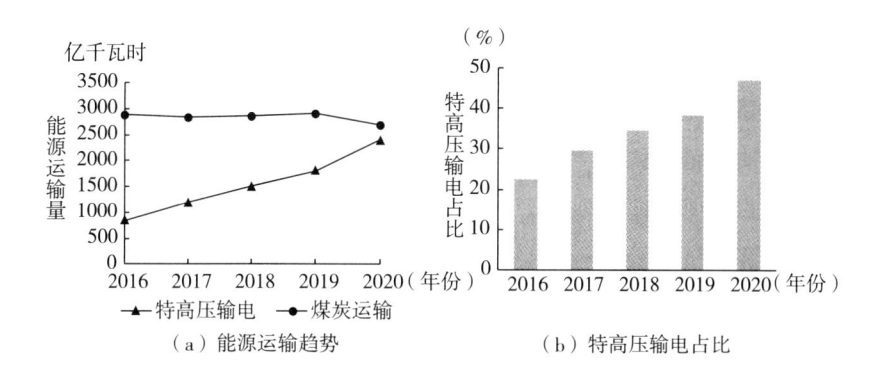

图 4-5 能源运输趋势和特高压输电占比

图 4-6 显示了本章模型在中期阶段建议的最优特高压采纳线路，表 4-6 提供了这些特高压输电线路的细节。可以看到，除了截至 2016 年已经建成的 9 条特高压输电线路，模型还提出了另外 8 条需要新建设的特高压输电线路，分别是：锡盟—济南（No.10）、蒙西—天津南（No.11）、山西—江苏（No.15）、滇西北—广东（No.18）、准东—成都（No.21）、准东—华东（No.22）、蒙西—长沙（No.23）和张北—南昌（No.24）。

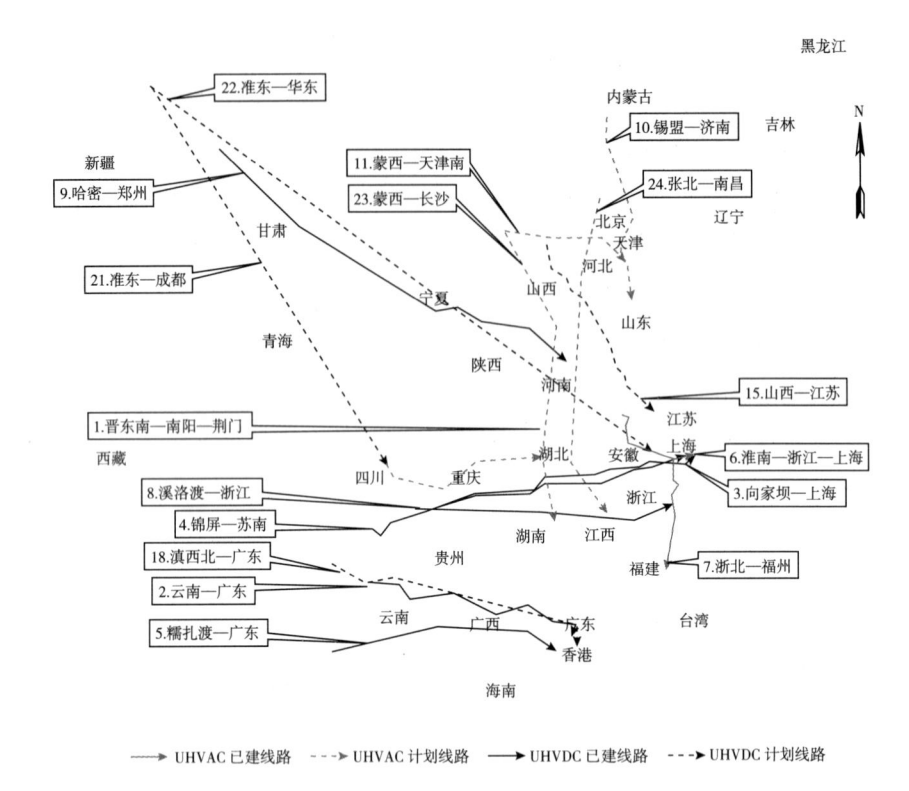

图 4-6 中期阶段中国特高压输电线路采纳示意

表 4-6　　　　　　　　中期阶段特高压采纳线路

9 条已经建成的特高压输电线路	8 条模型优化的新建线路
晋东南—南阳—荆门（No.1）	锡盟—济南（No.10）
云南—广东（No.2）	蒙西—天津南（No.11）
向家坝—上海（No.3）	山西—江苏（No.15）
锦屏—苏南（No.4）	滇西北—广东（No.18）
糯扎渡—广东（No.5）	准东—成都（No.21）
淮南—浙江—上海（No.6）	准东—华东（No.22）
浙北—福州（No.7）	蒙西—长沙（No.23）
溪洛渡—浙江（No.8）	张北—南昌（No.24）
哈密—郑州（No.9）	

特别是特高压输电线路锡盟—济南（No.10）、蒙西—天津南（No.11）、山西—江苏（No.15）、滇西北—广东（No.18）、准东—成都（No.21）、蒙西—长沙（No.23）和张北—南昌（No.24）应于2016年建成并投入使用；特高压输电线路准东—华东（No.22）应在2017年建成并投入使用。换句话说，这8个区域对的电力系统最优能源运输路径将由煤炭运输转换为特高压输电，而在其他带有特高压输电线路规划的区域对中，煤炭运输仍然是最优选择方案，并在整个中期阶段都将保持不变。因此，规划的19条特高压输电线路中的这8条特高压输电线路的建设应该是电力系统中期阶段规划的重点。

对于已经建设的特高压输电线路（No.1—No.9）的区域对，需要扩大现有输电线路晋东南—南阳—荆门（No.1）、云南—广东（No.2）、淮南—浙江—上海（No.6）、浙北—福州（No.7）、溪洛渡—浙江（No.8）和哈密—郑州（No.9）。中期阶段的能源运输情况见图4-7（a）。另外，到2020年，特高压输电能力的比例将接近50%，这意味着在中国电力系统中有一部分区域对的特高压输电将替代煤炭运输。对于规划建设的特高压输电线路（No.10—No.28）的区域对，中期阶段能源运输路径如图4-7（b）所示。从中可以看出：(1) 就能源运输线路的数量而言，除锡盟—济南（No.10）、蒙西—天津南（No.11）、山西—江苏（No.15）、滇西北—广东（No.18）、准东—成都（No.21）、准东—华东（No.22）、蒙西—长沙（No.23）和张北—南昌（No.24）以外，其他能源运输线路将采用煤炭运输，并且煤炭运输量将有所增加。(2) 8个区域对将使用特高压输送电力，并且8个区域对中特高压能源运输量和份额都将快速增长。(3) 截至2020年年底，8个区域对的特高压输电量占比将达到50%左右。图4-7（b）还表明，通过准东—华东（No.22）特高压输电线路的能源运输量将增加。简而言之，特高压输电在不久的将来会发挥越来越重要的作用。但是，对于规划建设特高压线路的大部分区域对，煤炭运输仍然是比特高压输电更重要的能源输送方式。

（a）已建特高压线路输送能源占比

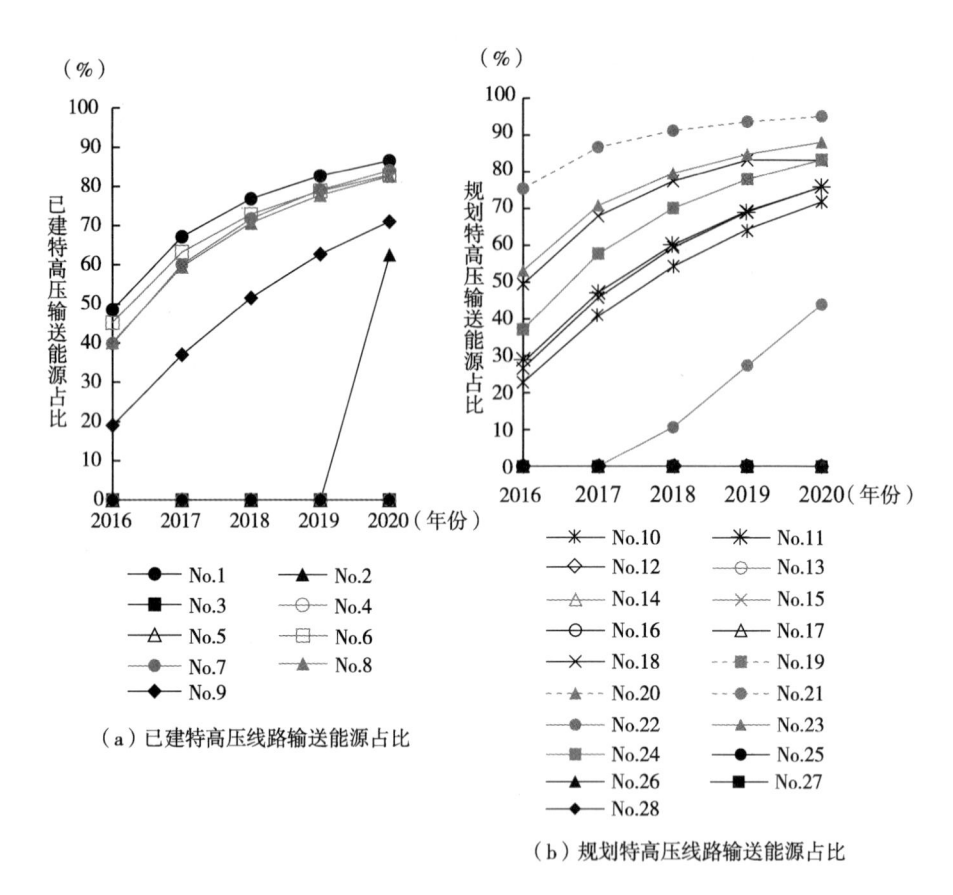

（b）规划特高压线路输送能源占比

图4-7 每个区域对特高压输送电力的比例

从图4-8中可以看出，在天津、安徽和四川仅用一条特高压输电线路进行输电的需求地区，无论距离多远，都将选择建设特高压输电线路。对于有超过一条规划的特高压输电线路的其他五个需求地，即GD（广东）、HUN（湖南）、JS（江苏）、SD（山东）和JX（江西），主要采纳最短的特高压输电线路（江西除外）。例如，锦屏—苏南（No.4）、山西—江苏（No.15）、锡盟—泰州（No.17）和陇彬—连云港（No.25）特高压输电线路有同一个需求地：江苏；山西—江苏（No.15）将被有限采纳，因为它是这4条拟建特高压输电线路中最短的一条。对于全国需求最大的需求地广东省，除了已建成的云南—广东（No.2）和糯扎渡—广东（No.5）两条特高压输电线路,还需要新建特高压输电线路滇西北—广东(No.18)来满足其需求。

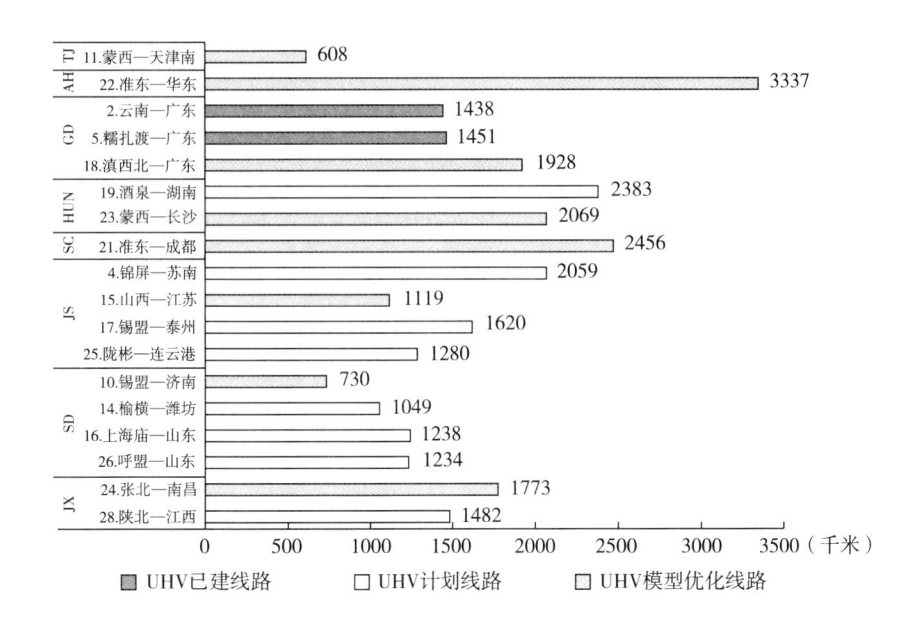

图4-8 不同距离8条优化特高压输电线路的需求

二 技术学习率对特高压技术采纳的影响

将上节内容作为本节模型模拟的基准情景。为了提高结果的可靠性,在本节研究中对模型的一些关键参数进行了灵敏度分析,以此论证模型的结果如何受技术学习率的影响。一般来说,对于不同的高新能源技术,技术学习率(α)的分布集中在0.15和0.25之间(Mcdonald,Schrattenholzer,2001)。因此,本节主要分析特高压输电技术如何随着技术学习率而变化。

如图4-9所示,模型的结果对技术学习率α并不特别敏感。具体来说,如果从0.15变化到0.25,中期阶段能源运输的最小总成本将从104540亿元(相对增长2.8%)变为99340亿元(-2.3%)[见图4-9(a)]。到2020年,特高压输电的总体份额将从43%

(-5.1%)变为48%(+5.9%)[见图4-9(b)]。

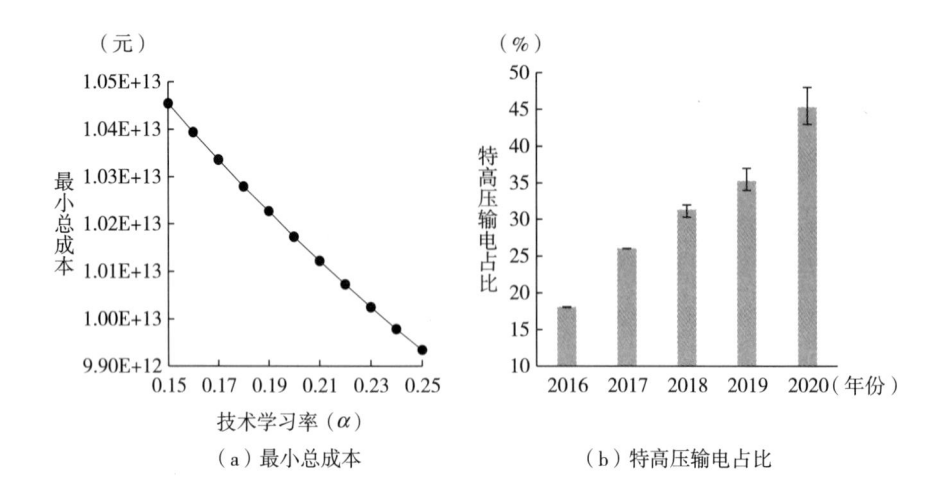

(a)最小总成本

(b)特高压输电占比

图4-9 电力系统最小总成本与特高压输电占比随 α 的变化

就中期阶段电力系统特高压技术采纳情况和煤炭运输的最优路径而言，技术学习率从0.15变化到0.25，结果与基准情景略有不同。当 $\alpha=0.15$ 时，模型优化结果包含13条新的特高压输电线路：晋东南—南阳—荆门(No.1)、淮南—浙江—上海(No.6)、浙北—福州(No.7)、溪洛渡—浙江(No.8)、哈密—郑州(No.9)、锡盟—济南(No.10)、蒙西—天津南(No.11)、山西—江苏(No.15)、滇西北—广东(No.18)、淮东—成都(No.21)、淮东—华东(No.22)、蒙西—长沙(No.23)、张北—南昌(No.24)。除了淮东—华东(No.22)在2017年被采纳，其他线路在2016年被采纳。当 $\alpha=0.25$ 时，结果包含14条特高压输电线路，2016年应采纳的特高压输电线路为：晋东南—南阳—荆门(No.1)、淮南—浙江—上海(No.6)、浙北—福州(No.7)、溪洛渡—浙江(No.8)、哈密—郑州(No.9)、锡盟—济南(No.10)、蒙西—天津南(No.11)、山西—江苏(No.15)、滇西北—广东(No.18)、淮东—成都(No.21)、蒙西—长沙(No.23)、张北—南昌(No.24)。而特高压输电线路云南—广东（No.2）和淮东—华东（No.22）分别在 2018 年和 2017 年被采纳。

因此，在技术学习率较高的情况下，电力系统的总成本要低于基准情景。提高技术学习率将促进特高压输电技术在电力系统能源运输中的采纳。

三　需求变化对特高压技术采纳的影响

不同区域的电力需求也是影响中国电力系统特高压输电技术采纳的主要参数。在基准情景中，模型优化结果是基于 2015—2020 年中国电力需求年增长率 ζ_k 等于过去几十年电力需求年增长率（ζ_k^0）的假设情景，即 $\zeta_k = \zeta_k^0$（ζ_k^0 的值如表 4-4 所示）。由于电力需求受经济发展驱动，其值 ζ_k^0 也就受到区域经济发展速度的影响。本节将探讨当需求变动时特高压输电技术的采纳及煤炭运输路径会如何变化，这是一个非常广泛的波动。

如图 4-10 所示，如果中期阶段电力需求速度 ζ_k 的值由原来的 $0.5\zeta_k^0$ 变为 $2\zeta_k^0$，整个电力系统的最小总成本将由基准情景的 77050 亿元（相对-24.3%）变为 160050 亿元（+57.8%）[见图 4-10（a）]，而到 2020 年，特高压输电的总体占比将由 41.4%（相对-8.6%）变为 49.5%（相对+9.2%）[见图 4-10（b）]。

就中国电力系统能源运输的最优路径而言，无论需求年增长率 ζ_k 是否减半，特高压输电线路的最佳数量都将保持一致。当 $\zeta_k = 0.5\zeta_k^0$ 时，需要新建的特高压输电线路为：晋东南—南阳—荆门（No.1）、云南—广东（No.2）、淮南—浙江—上海（No.6）、浙北—福州（No.7）、溪洛渡—浙江（No.8）、锡盟—济南（No.10）、蒙西—天津南（No.11）、山西—江苏（No.15）、滇西北—广东（No.18）、淮东—成都（No.21）、淮东—华东（No.22）、蒙西—长沙（No.23）、张北—南昌（No.24）。特高压输电线路云南—广东（No.2）在 2019 年被采纳，其他线路在 2016 年被采纳。当 $\zeta_k = 2\zeta_k^0$ 时，

(a）最小总成本

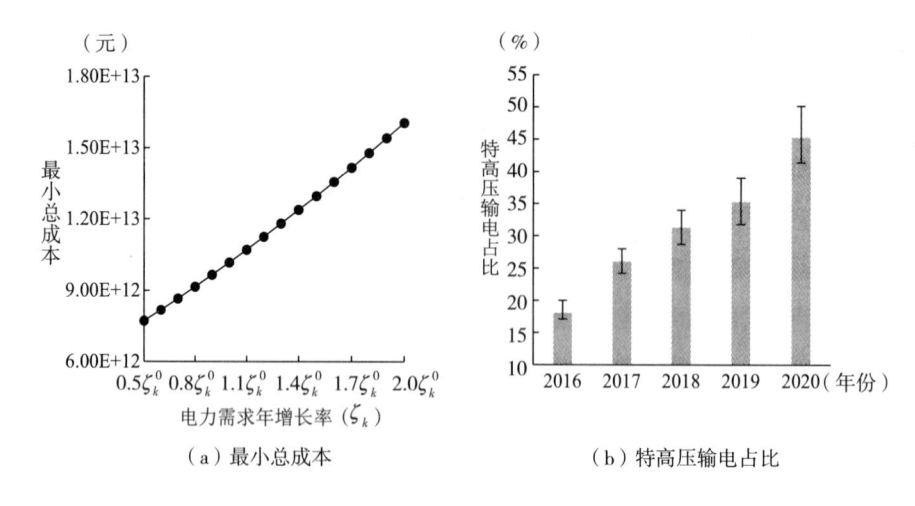

(b）特高压输电占比

图 4-10　电力系统最小总成本与特高压输电占比随 ζ_k 的变化

特高压输电线路的数量与基准情景 $\zeta_k = \zeta_k^0$ 相一致，但是云南—广东（No.2）和准东—华东（No.22）在 2019 年被采纳。

因此，随着电力需求增长速度的增加，中国电力系统的总成本将会提高，电力需求的增长将促进电力系统能源运输中特高压输电技术的采纳。

四　电厂投资成本对特高压技术采纳的影响

电厂的不同技术和电厂的位置也可能影响特高压输电技术采纳。在基准模型中，假设基于亚临界功率和循环流化床（CFB）技术的单位投资成本约为 5000 元/千瓦，略高于超临界发电技术与超超临界发电技术。由于整体煤气化联合循环（IGCC）技术的复杂性，其单位投资成本在所有发电技术中是最高的（Han et al., 2012）。本节将探讨如果电厂的单位投资成本从 3000 元/千瓦升到 7000 元/千瓦，特高压输电技术的采纳结果将会发生怎样的变化，这也是一个非常广泛的波动。

如图 4-11 所示，如果电厂的单位投资成本从 3000 元/千瓦提高到 7000 元/千瓦，中期阶段电力系统的最小总成本将由 74740 亿元变为 128680 亿元［见图 4-11（a）］，到 2020 年年底，特高压输电的占比将从 38.3%（相对 -15%）变为 46.2%（相对 +2%）［见图 4-11（b）］。

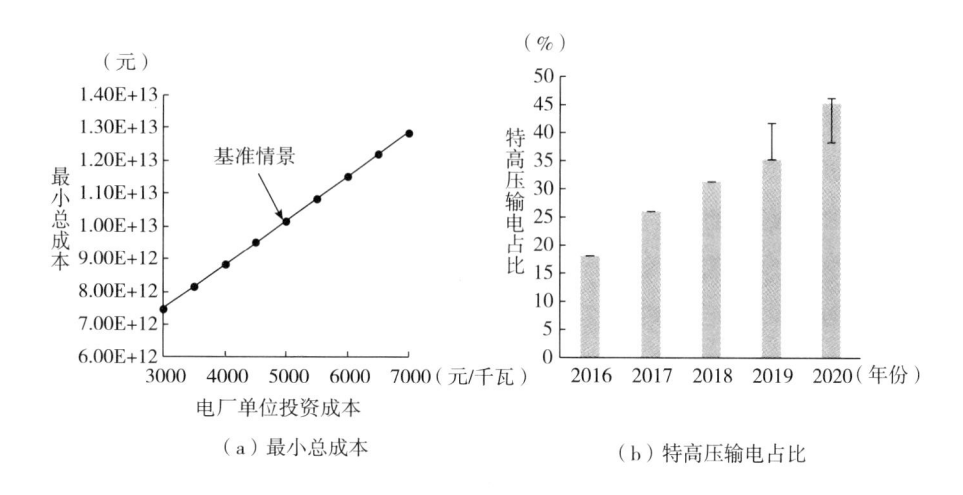

（a）最小总成本

（b）特高压输电占比

图 4-11　电力系统最小总成本与特高压输电占比随电厂单位投资成本的变化

当电厂的单位投资成本从 3000 元/千瓦变为 7000 元/千瓦时，特高压输电线路采纳结果略有不同。当 C_{F1k}^t（C_{F2k}^t）= 3000 元/千瓦时，模型结果包含 12 条新的特高压输电线路：晋东南—南阳—荆门（No.1）、淮南—浙江—上海（No.6）、浙北—福州（No.7）、溪洛渡—浙江（No.8）、哈密—郑州（No.9）、锡盟—济南（No.10）、蒙西—天津南（No.11）、山西—江苏（No.15）、滇西北—广东（No.18）、淮东—成都（No.21）、蒙西—长沙（No.23）、张北—南昌（No.24）。这些特高压线路在 2016 年被采纳。当 C_{F1k}^t（C_{F2k}^t）= 7000 元/千瓦时，模型结果包含 14 条特高压输电线路：晋东南—南阳—荆门（No.1）、云南—广东（No.2）、淮南—浙江—上海（No.6）、浙北—福州（No.7）、溪洛渡—浙江（No.8）、哈密—郑州（No.9）、锡盟—济南（No.10）、蒙西—天津南（No.11）、山西—江苏（No.15）、滇西北—广东（No.18）、淮东—

成都（No.21）、准东—华东（No.22）、蒙西—长沙（No.23）、张北—南昌（No.24）。除了特高压输电线路云南—广东（No.2）和准东—华东（No.22）分别在2019年和2018年被采纳，其余特高压输电线路在2016年被采纳。

因此，随着电厂投资成本的提高，电力系统的总成本也将会提高，而发电投资成本的提高将促进电力系统能源运输中特高压输电技术的采纳。

五 线路功率负荷对特高压技术采纳的影响

以上分析假定特高压输电线路在任何时候都是满负荷的。本节将探讨不同功率负荷对特高压输电技术采纳的影响。特高压输电线路功率负荷可以通过在需求约束［见式（4-1）］中添加一个新的系数 β（$0 \leq \beta \leq 1$）来体现。因此，式（4-1）可拓展为式（4-5）：

$$\sum_k x_{1k}^t + \beta \sum_k x_{4k}^t \geq \sum_k d_k^t \qquad (4-5)$$

图4-12显示了不同特高压输电线路功率负荷（β）的电力系统最小总成本与特高压输电占比的变化。从中可以看出，中期阶段当特高压输电线路功率负荷 β 从50%上升到80%时，电力系统的最小总成本将从163800亿元下降到126200亿元［见图4-12（a）］。到2020年年底，特高压输电占比将由8%（相对-82.3%）上升到44%（相对-2.5%）［见图4-12（b）］。

表4-7比较了特高压输电线路功率负荷分别为50%、80%和100%时的特高压输电线路采纳方案。当 β=50%时，模型优化结果为只有两条特高压线路被采纳，分别是哈密—郑州（No.9）和准东—华东（No.22）；当 β=80%时，模型优化结果包含13条新的特高压输电线路，分别是晋东南—南阳—荆门（No.1）、云南—广东（No.2）、浙北—福州（No.7）、溪洛渡—浙江（No.8）、哈密—郑州（No.9）、锡盟—济南（No.10）、蒙西—天津南（No.11）、山西—江苏（No.15）、滇西北—广东（No.18）、准东—成都（No.21）、

(a）最小总成本

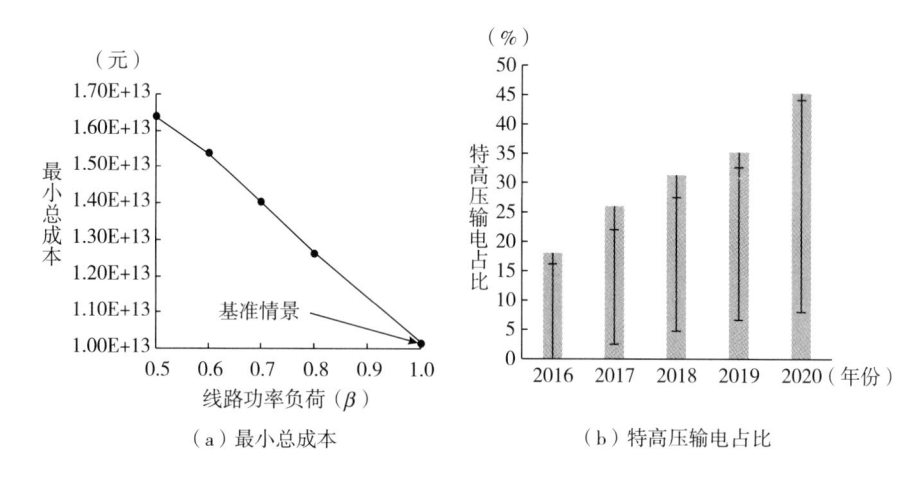

(b）特高压输电占比

图 4-12　电力系统最小总成本与特高压输电占比随线路功率负荷的变化

准东—华东（No. 22）、蒙西—长沙（No. 23）、张北—南昌（No. 24）；当 $\beta=100\%$ 时，将有 14 条特高压线路被采纳。通过观察可以发现：特高压输电线路功率负荷越高，越促进特高压被采纳。这是因为较高的功率负荷意味着用特高压线路传输每单位电力的投资成本会较低，因此采纳更高功率负荷的特高压输电线路就更具有经济价值。

表 4-7　　　　不同功率负荷特高压输电线路采纳优化方案

特高压输电线路 功率负荷（β）	模型优化结果	
	现有特高压输电线路采纳方案	规划期内特高压输电线路采纳优化方案
50%	No. 9	No. 22
80%	No. 1，No. 2，No. 7，No. 8，No. 9	No. 10，No. 11，No. 15，No. 18，No. 21，No. 22，No. 23，No. 24
100%	No. 1，No. 2，No. 6，No. 7，No. 8，No. 9	No. 10，No. 11，No. 15，No. 18，No. 21，No. 22，No. 23，No. 24

第三节　章节讨论

尽管中国特高压输电建设发展迅猛，但在成本、技术成熟度、安全风险和稳定性等方面仍存在一些有争议的观点。在本章研究中，构建了一个特高压技术采纳系统优化模型，即在满足中期阶段中国电力需求的同时，最大限度地减少中国电力系统长距离的能源运输成本。模型模拟结果表明，在中期阶段电力系统能源运输的最佳途径应包括特高压输电和煤炭运输。尽管特高压输电发展迅速，但煤炭运输仍将继续发挥重要作用。从最大限度地降低电力系统总成本的角度来看，需要加快特高压输电线路建设。

在中期阶段（2015—2020年），中国计划建设19条特高压输电线路，以满足远距离区域电力需求。但是，哪一条特高压输电线路应该优先建设是决策者面临的一个重要问题。根据本章的研究，如果决策者的目标是最小化电力系统的成本和满足我国的不同区域电力需求，那么在中期阶段19条计划中的特高压输电线路中的8条将被优先考虑。这8条特高压输电线路为：锡盟—济南、蒙西—天津南、山西—江苏、滇西北—广东、准东—成都、准东—华东、蒙西—长沙和张北—南昌。研究结果并不意味着中国中期阶段只建设这8条特高压输电线路就已经足够了，还应考虑到实际的问题，例如每年的电力有需求高峰期和低谷期、区域地理环境、区域经济发展，以及为了电网稳定性而切换备用输电线路等问题。因此，在中期阶段还需要采纳更多的特高压输电线路。而且，随着新型技术的发展，我国电网将变得更加智能化，例如采用同塔多回线路、紧凑的输电线路和灵活的替代电流输电线路等创新成果。除了采纳这些新技术，电网公司还可以通过电网重构提高现有网络的运行电压水平，以及通过东部分布式发电等措施来提高输电性能。从不同的角度来看，这些选择也可能为电网公司提供更好的成本效益选择。

对特高压技术学习效应的敏感性分析表明，模型结果对技术学习率的敏感度较低。具体而言，当特高压的技术学习率从 0.15 增加到 0.25 时，特高压输电线路的最优数量将从 13 条增加到 14 条，电力系统的最低成本将从 104540 亿元减少到 99340 亿元。这意味着提高特高压技术学习效应不仅能促进特高压输电线路的采纳，还能降低整个电力系统的成本。但是，如果决策者打算提高特高压的技术学习效应，应该优先考虑特高压设备制造、特高压交流与直流输电、变电运行维护技术、区域电力系统控制与保护等一系列问题。

电力系统需求灵敏度分析表明，模型结果对需求变化不是非常敏感。具体而言，不管区域电力需求增长率是否增加，新建特高压输电线路的数量将不会有太大变化。这是因为，对于这些特高压输电线路，山东和江苏等地区的用电需求已经非常大，特高压输电系统的总成本较低。由于煤炭中含有灰分、水分、挥发分等某些无用的元素，运输这些无用的能源需要额外的能源，因此煤炭运输的能源使用效率低于特高压输电。特高压输电的运行维护成本也要低于煤炭运输。但是，特高压的单位投资成本要远远高于煤炭运输。因此，如果需求足够大的话，特高压输电的总成本要低于煤炭运输的总成本。这就解释了为什么在构建的系统优化模型中，这些需求大地区的最佳能源运输路径都是由特高压输电的。从中期阶段来看，中国的电力需求仍将随着国家经济发展继续强劲增长。因此，为实现降低电力系统成本的目标，预计将有更多的特高压输电线路替代煤炭运输。

对发电厂投资成本的灵敏度分析结果表明，模型结果也是稳健的。具体来说，当发电厂的单位投资成本从 3000 元/千瓦增加到 7000 元/千瓦时，最佳特高压输电线路数量将从 12 条增加到 14 条。这意味着发电厂的高投资成本将促进特高压输电线路的建设，但也会同时增加电力系统的总成本。对于发达的东部沿海地区来说，过度燃烧煤炭造成的恶劣天气频繁发生。环境和土地成本将增加东部地区和南部地区煤电厂的单位投资成本。决策者在做决定时，应该对这些问题保持谨慎以促进经济发展与环境生态平衡和谐发展。

对特高压输电线路功率负荷的灵敏度分析结果表明，模型结果对电力负荷非常敏感。具体而言，当特高压输电线路的用电负荷从满负荷的50%增加到100%时，新增特高压输电线路的最优数量将由2条增加到14条，电力系统的最低成本将从163800亿元下降到126200亿元。这意味着提高特高压线路的用电负荷不仅能促进特高压输电线路的建设，而且能降低整个电力系统的成本。为了达到最低成本，最好在特高压输电技术的范围内使特高压输电线路始终保持满负荷运行。因此，决策者应该把重点放在提高用电负荷和充分利用特高压输电线路的容量上。

第四节　本章小结

近年来，中国一直将发展特高压作为长距离输电的替代方式，作为新基建的重点投资项目，2015—2020年计划建设多条特高压输电线路。本章从中期阶段电力系统总成本最小的角度出发，构建了多区域电力系统特高压输电技术采纳优化模型，分析了不同参数对特高压输电技术采纳的影响，并探索了中期阶段远距离能源运输的最优规划方案。本章模型模拟的主要结果如下：（1）虽然特高压输电将在中期阶段被大力发展和采纳，但煤炭运输仍将占主要位置并发挥重要作用；（2）建议在中期阶段优先建设8条特高压输电线路，它们是：锡盟—济南、蒙西—天津南、山西—江苏、滇西北—广东、准东—成都、准东—华东、蒙西—长沙和张北—南昌；（3）提升特高压技术学习率、增加区域电力需求、提高发电厂投资成本、提高特高压输电线路功率负荷将促进特高压输电技术的采纳。

第 五 章

长期阶段多区域能源运输优化研究

中国的工业化和城市化改革促使电力消费快速增长。就能源而言，中国具有丰富的煤炭资源和相对贫乏的油气资源（Xu et al.，2016），煤电占中国发电量比重仍然很高。近些年，随着中国大气污染防治政策的实施，水电、核电、风电及太阳能电等清洁能源用于电力生产的比重逐渐增加（Lo，2014）。这意味着发电结构正在发生变化，将给区域间的能源运输带来新的挑战。随着中国资源开发逐渐向西北转移，中国西北资源富集地与东南电力消费富集地的能源输送距离变得越来越远。西南水电距离中东部电力需求中心1500—2500千米，北部煤电距离中东部电力需求中心800—1700千米，新疆煤电与西藏水电距离东部电力需求中心更是超过3000千米（舒印彪、张运洲，2007）。从长期角度看，中国正在采纳新的能源运输技术和新的发电技术，为技术上和空间上重新配置电力系统提供了机会。特别是，作为一种远距离、大容量、低损耗、低成本的技术，特高压输电技术必然会得到大力发展以满足长远的电力需求。因此，从长远角度，结合区域资源禀赋和区域大气污染控制政策，优化区域内发电结构和区域间特高压网络输电通道已成为当前的主要问题。本章主要是结合前两章归纳的重要技术采纳影响因素与MESSAGE综合能源系统模型框架来设计中国长期电力系统区域能源运输模型，优化求解得出中国长期多区域特高压输电技术优化方案以及多区域内的发电结构方案，并在此基础上提出中国长期能源运输方案及政策建议。

第一节　基于 MESSAGE 框架的中国电力系统多区域模型

一　模型描述与公式

（一）中国电力系统多区域模型描述

根据国家电网公司和中国南方电网的最新划分，中国电网按照地理区域被划分为七个区域电网，分别为西北电网（Northwest），主要覆盖新疆、青海、陕西、甘肃和宁夏五个地区；西南电网（Southwest），主要覆盖四川、重庆和西藏三个地区；东北电网（Northeast），主要覆盖黑龙江、吉林、辽宁和内蒙古东部四个地区；北方电网（North），主要覆盖北京、天津、河北、山西、山东和内蒙古西部六个地区；中部电网（Central），主要覆盖湖北、湖南、江西和河南四个地区；南方电网（South），主要覆盖广东、广西、海南、云南和贵州五个地区；东部电网（East），主要覆盖福建、安徽、江苏、浙江和上海五个地区。本章研究没有涉及香港、澳门和台湾，因为它们有独立的电网和不同的发电系统结构。

这七个区域电网覆盖的区域在经济水平、电力需求、资源禀赋和发电结构方面有很大的差异。即便在同一个区域内，煤炭资源分布也有显著差异。中国有神东、蒙东、宁东、晋北、晋中、晋东、陕北、冀中、黄陇、新疆、河南、两淮、鲁西和云贵 14 个大型煤炭基地。这些大型煤炭基地供应了中国 90% 以上的煤炭消费（Shang Yizi et al., 2017）。根据其在七个区域电网的地理位置将这 14 个大型煤炭基地划分为九个主要煤炭基地并抽象命名为：Cnw1（含新疆）、Cnw2（含黄陇、陕北、宁东三地）、Cn1（含神东、晋北、晋中、晋东、鲁西五地）、Cne1（含部分蒙东）、Cne2（含部分蒙东）、

Cne3（含部分蒙东）、Cc1（含河南和冀中）、Cs1（含云贵）和 Ce1（含两淮）。除了这九个主要的大型煤炭基地，每个地区都被统一认为是一个小型煤炭基地，这些小的煤炭基地包含该地区中所有小煤矿，并分别命名为：Cnw3、Csw1、Cne4、Cn2、Cc2、Cs2 和 Ce2。因此，每个区域既包含主要煤炭基地，也包含小型煤炭基地。例如，西北地区有两个主要煤炭基地（Cnw1 和 Cnw2）和一个小型煤炭基地（Cnw3）。

特高压输电在优化区域发电结构的同时也可以改善区域环境质量。另外，当输电容量超过 2400 兆瓦且经济距离超过 800 千米时，特高压输电的经济性将超过其他输电方式（Niu et al., 2017）。根据国家电网公司和中国南方电网发布的特高压建设规划，到 2020 年将完成 28 条特高压输电线路建设，如表 4-1 所示。在这 28 条特高压输电线路中，18 条线路属于区域间电力输送线路，如表 5-1 所示。本章节主要研究跨区域的能源运输问题。

表 5-1　　　　　　　　区域间特高压规划线路

序号	UHV 线路	连接区域	序号	UHV 线路	连接区域
1	晋东南—南阳—荆门	北部—中部	10	酒泉—湖南	西北—中部
2	向家坝—上海	西南—东部	11	准东—皖南	西北—东部
3	锦屏—苏南	西南—东部	12	雅安—武汉	西南—中部
4	溪洛渡—浙江	西南—东部	13	准东—成都	西北—西南
5	哈密—郑州	西北—中部	14	蒙西—长沙	北部—中部
6	宁东—浙江	西北—东部	15	张北—南昌	北部—中部
7	榆横—潍坊	西北—北部	16	陇彬—连云港	西北—东部
8	山西—江苏	北部—东部	17	蒙西—湖北	北部—中部
9	锡盟—泰州	北部—东部	18	陕北—南昌	西北—中部

基于中国的区域特征和地理环境影响，区域间电煤运输主要依赖铁路和水路（Yi et al., 2016）。根据地理位置情况和运输成本的经济性，本章假定煤炭从北部运往东部和从北部运往南部是由水路

完成的。所有煤炭基地都能够满足区域内煤炭需求并在区域间运输，而且特高压输电线路可以在地区之间输送电力。从理论上讲，潜在的发电厂可以选址为任何地区，然后通过优化找到最佳地区。然而，潜在位置数量规模巨大，将导致模型优化过程变得复杂且求解过程较为困难。因此，本章对模型进行了合理约束：考虑到规模经济，假设通过特高压线路输电的新建发电厂应靠近主要煤炭基地，从而节省地区内运煤成本。

（二）中国电力系统的多区域 MESSAGE 模型框架与公式

MESSAGE 是以实施技术为代表的能源系统（例如，燃料供应链、从初级到次级能源形式的转换技术、传输和分配，以及为能源服务的最终需求）。在能源转型和环境问题背景下，MESSAGE 经常被应用于解决科学与政策之间关系的相关问题。在过去的十年中，MESSAGE 模型被用于许多重要项目，例如，GEA（全球能源评估）、RCP（代表性浓度途径）、SSP（共享社会经济途径）以及 IPCC（政府间气候变化专门委员会）等项目。MESSAGE 具有多功能性（Decarolis et al.，2017），适用于研究长期能源系统规划和政策分析的线性规划系统工程优化问题。因此，本章利用 MESSAGE 综合评估模型框架开发了中国电力系统多区域能源运输模型。

中国的电力系统多区域优化模型主要包括资源（煤炭、水电、风能、太阳能和铀等）、区域空间（西北、西南、东北、北部、中部、南部和东部地区）和电力终端需求三个层次。每个区域具体的电力系统能源流如附录中图 A.1 至图 A.7 所示。这些层次通过发电技术、输煤技术和输电技术等不同能源技术联系起来，如图 5-1 所示。

默认情况下，MESSAGE 将累计系统总成本最小化作为优化的标准（Messner et al.，1996）。在本章研究中，中国电力系统的成本主要包括技术（发电技术、运煤技术、输电技术）投资成本、技术运营和维护（O&M）成本以及燃料成本。在优化过程中，模型会自动确定有多少可用的技术和资源被用来满足每个区域的需求。系统的

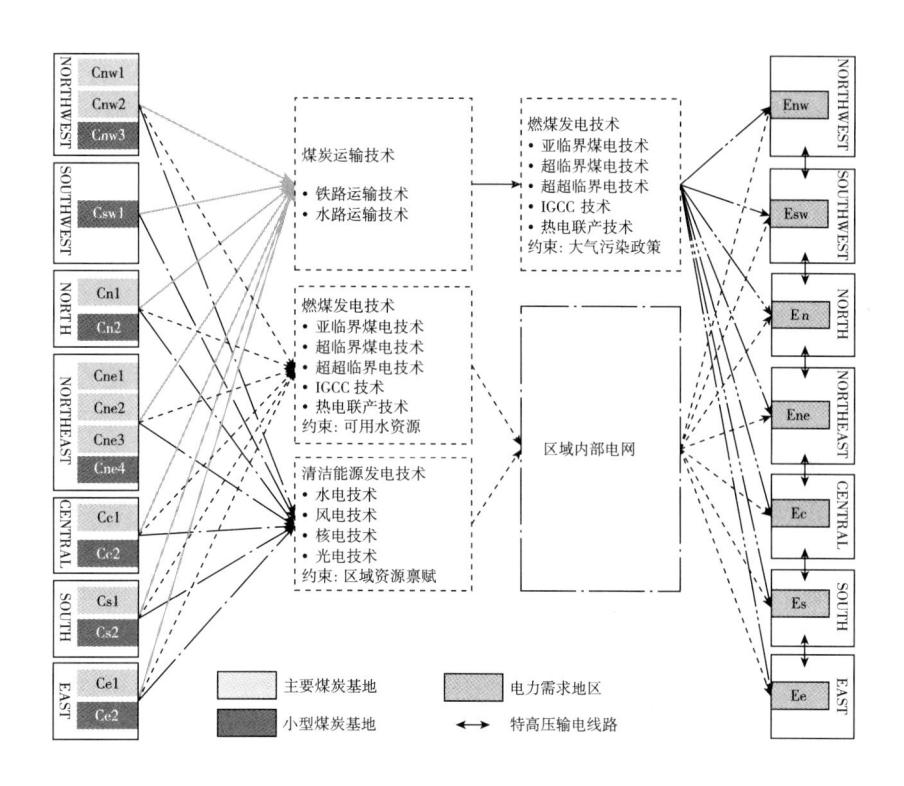

图 5-1 中国电力系统的多区域 MESSAGE 模型结构

解决方案包括煤炭运输和区域间特高压输电的最佳策略以及各地区的发电结构布局。本章采用的贴现率为 5%（Abdelaziz et al., 2011）。

中国电力系统 MESSAGE 优化模型目标函数主要包括技术的动能和容量两个方面。该动能是指输入和输出能源、效率、可变运营和维护成本等参数。容量包括历史装机容量、投资成本、固定运营和维护成本、年运行时间、使用寿命以及对装机容量的限制等参数。将式（3-1）拓展为式（5-1）：

$$\min \sum_{t}^{T}\sum_{k}^{K}\sum_{i}^{I}\sum_{n}^{N}\left(\frac{1}{1+\sigma}\right)^{t}\left[Vom_{kni}^{t}x_{kni}^{t}+Fom_{kni}^{t}\left(\sum_{t-\tau_{kni}}^{t}y_{kni}^{t-\tau_{kni}}\right.\right.$$
$$\left.\left.+hc_{kni}^{0}\right)+CF_{kni}^{t}y_{kni}^{t}\right]+\sum_{t}^{T}\sum_{k}^{K}\sum_{i}^{I}\sum_{n}^{N}\left(\frac{1}{1+\sigma}\right)^{t}Com_{smkn}^{t}T_{smkn}^{t}$$

$$+ \sum_t^T \sum_s^S \sum_k^K \left(\frac{1}{1+\sigma}\right)^t (Com_{sk}^t + CF_{sk}^t) T_{sk}^t$$

$$+ \sum_t^T \sum_k^K \sum_n^N \left(\frac{1}{1+\sigma}\right)^t p_{kn}^t r_{kn}^t \tag{5-1}$$

目标函数有一定的约束限制。首先,式(5-1)中的决策变量 x_{kni}^t、y_{kni}^t、T_{smkn}^t 和 T_{sk}^t 是非负的,所以它们服从以下约束:

$$x_{kni}^t \geq 0 \tag{5-2}$$

$$y_{kni}^t \geq 0 \tag{5-3}$$

$$T_{smkn}^t \geq 0 \tag{5-4}$$

$$T_{sk}^t \geq 0 \tag{5-5}$$

设 η_{kni}^t 表示区域电网 k 覆盖的第 n 个煤炭基地在时间 t 的第 i 个发电技术的效率。由此,k 区域的煤炭开采和输入应满足区域发电需求:

$$r_{kn}^t + \sum_s^S \sum_m^M \sum_n^N T_{smkn}^t \geq \sum_n^N \sum_i^I \frac{x_{kni}^t}{\eta_{kni}^t} \tag{5-6}$$

设 f_{kni}^t 表示区域电网 k 覆盖的第 n 个煤炭基地在时间 t 的第 i 个发电技术的年运行时间率。由此,k 区域的发电装机容量应满足电力生产:

$$f_{kni}^t \times \left(\sum_{t-\tau_{kni}}^t y_{kni}^{t-\tau_{kni}} + hc_{kni}^0\right) = x_{kni}^t \tag{5-7}$$

设 Y_{kni}^t 表示在时间 t 区域电网 k 覆盖的第 n 个煤炭基地的发电技术 i 的装机容量上限。设 Y_i^t 表示发电技术 i 在时间 t 的装机容量上限。由此,这两个约束可以被表示为式(5-8)和式(5-9):

$$y_{kni}^t \leq Y_{kni}^t \tag{5-8}$$

$$\sum_k^K \sum_n^N y_{kni}^t \leq Y_i^t \tag{5-9}$$

每个区域电网的电力需求要通过本区域发电和其他区域电网的电力输入来满足:

$$\sum_{n}^{N}\sum_{i}^{I}x_{kni}^{t} + \sum_{s}^{S}T_{sk}^{t} \geq D_{k}^{t} \qquad (5-10)$$

模型符号解释如表 5-2 所示。

表 5-2　　　　　　　　　　模型的符号描述

符号	符号解释
t	时间，$t=1, 2, \cdots, 7$
s, k	区域电网，包括西北、华北、西南、中部、东北、东部和南部，$s=1, 2, \cdots, 7$，$k=1, 2, \cdots, 7$，$s \neq k$
i	电力生产技术。包括亚临界、超临界、超超临界、IGCC、热电联产、水电、风电、核电、太阳能等发电技术
j	能源运输技术，$j=1, 2$（当 $j=1$ 时，表示煤炭运输，当 $j=2$ 时为 UHV 输电）
m, n	煤炭基地，$m=1, 2, \cdots, 5$，$n=1, 2, \cdots, 5$
σ	折现率
τ_{kni}	区域电网 k 覆盖的第 n 个煤炭基地的电厂 i 的生命周期
x_{kni}^{t}	区域电网 k 覆盖的第 n 个煤炭基地在时间 t 的发电技术输出量
y_{kni}^{t}	区域电网 k 覆盖的第 n 个煤炭基地在时间 t 发电技术 i 的新装机容量
T_{smkn}^{t}	区域电网 s 覆盖的第 m 个煤炭基地到区域电网 k 覆盖的第 n 个煤炭基地在时间 t 的煤炭运输量
T_{sk}^{t}	特高压技术在时间 t 从区域电网 s 到区域电网 k 的输出
Vom_{kni}^{t}	区域电网 k 覆盖的第 n 个煤炭基地在时间 t 发电技术 i 的可变运营和维护成本
Fom_{kni}^{t}	区域电网 k 覆盖的第 n 个煤炭基地在时间 t 发电技术 i 的固定成本
hc_{kni}^{t}	区域电网 k 覆盖的第 n 个煤炭基地在时间 t 发电技术 i 的历史装机容量
CF_{kni}^{t}	区域电网 k 覆盖的第 n 个煤炭基地在时间 t 发电技术 i 的投资成本
Com_{smkn}^{t}	煤炭运输技术在时间 t 从区域电网 s 覆盖的第 m 个煤炭基地到区域电网 k 覆盖的第 n 个煤炭基地的运营和维护成本
Com_{sk}^{t}	特高压技术在时间 t 从区域电网 s 到区域电网 k 的运营和维护成本
CF_{sk}^{t}	特高压技术在时间 t 从区域电网 s 到区域电网 k 的投资成本
p_{kn}^{t}	区域电网 k 覆盖的第 n 个煤炭基地在时间 t 的燃料价格
r_{kn}^{t}	区域电网 k 覆盖的第 n 个煤炭基地在时间 t 的资源开采量

（三） MESSAGEix 平台

本章主要采用 MESSAGEix 平台来实现系统优化模型的求解。MESSAGEix 是 MESSAGE-V（Messner, Strubegger, 1995）的扩展。它是为更加灵活地实现能源—经济—环境系统综合评估和能源战略规划而开发的，主要用于技术约束和政治—社会约束下的能源系统转型情景的分析。MESSAGEix 是一个多功能、开源和动态的平台。该平台主要在数学编程系统 GAMs 中实现。MESSAGEix 实现流程如图 5-2 所示。

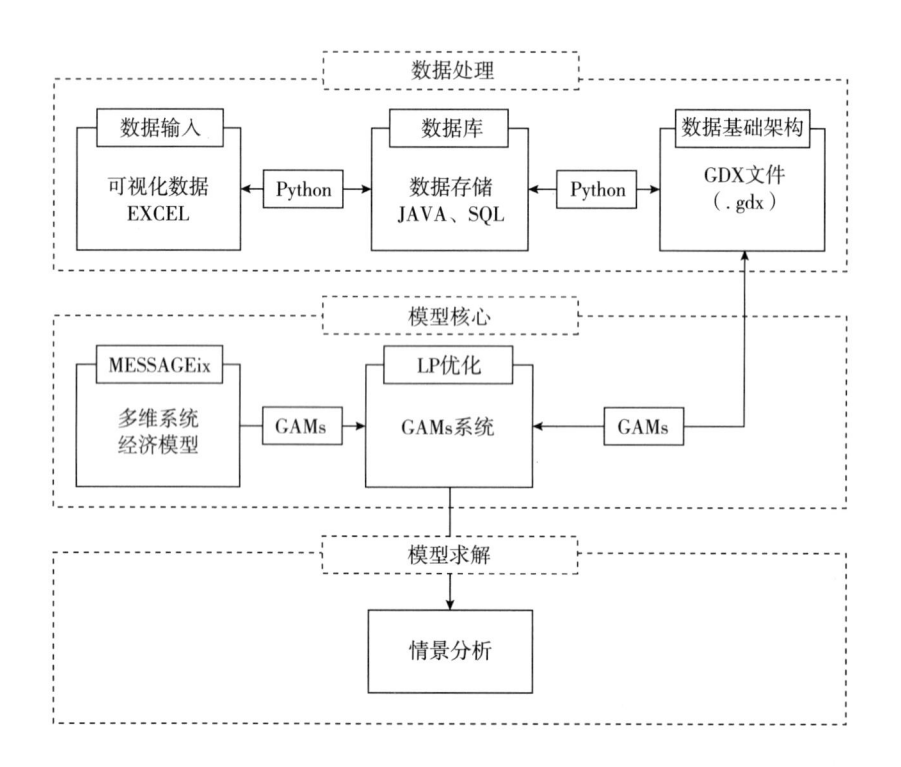

图 5-2　MESSAGEix 平台框架实现流程

具体流程如下：

（1）数据处理。首先，收集与整理模型所需要的数据，包括模型中涉及的能源资源量、基准年能源技术的装机容量和活动量水平、能源技术的经济参数、效率参数和污染物排放系数以及电厂转化技术等。然后，通过 Python 编程语言，由 Java 接口提供支持，将带有科学编程接口的数据库实例与 Web 用户界面（Jupyter Notebook）连接起来，将数据输入标准数据库。根据模型能源链结构，最后通过 Python 在 Web 界面编程，将数据和模型框架转化为能被 GAMs 识别的 gdx 格式。

（2）模型核心。MESSAGE 系统优化模型满足了商品/服务的特定需求水平，最大限度地降低了系统整体总成本，同时考虑了广泛的技术限制和社会限制（例如温室气体排放、污染物的限制）。通过 Python 编程调用 MESSAGEix 平台模块，将已经处理好的数据输入 MESSAGEix 模块，用 GAMs 调用算法模块进行优化，然后将优化结果从 GAMs 导出，再进行可视化处理。

（3）模型求解。通过调取 GAMs 中用于求解 LP（线性规划）和混合整数等问题的 CPLEX 求解器对系统优化模型求解。通过分析模型结果，对模型进行情景设置，并重新运算和情景分析。

二 模型参数设置

（一）时间参数设置

本章从长期的角度出发，研究的时间跨度为 2015—2050 年，每隔 5 年为一个时间段。基准年是 2014 年，2015 年是优化过程中的初始年。

（二）电力需求参数设置

区域人口增长、经济繁荣和政府政策等诸多因素都会影响区域电力的需求。电力需求的详细预测并不是本章的研究重点。未来的区域电力需求在本章中是外生的。本章研究收集了有关中国未来电力需求的预测数据（Guo et al., 2016; Cheng et al., 2015; Cai et al., 2016; SGERI, 2017; IEA, 2017; 单葆国等, 2015）。国家能源局（NEA, 2013）也提供了中国未来电力需求的预测，其预测覆盖了一个区域，如图 5-3 灰色部分所示。在所有这些现有预测中，本章采用国家电网能源研究所（SGERI）出版的《2017 年中国能源和电力展望》中关于电力需求的预测。因为，SGERI 的预测正处于所有这些预测的合理范围。根据 SGERI 预测的电力需求增长率，本章各个区域用电需求预测如表 5-3 所示。

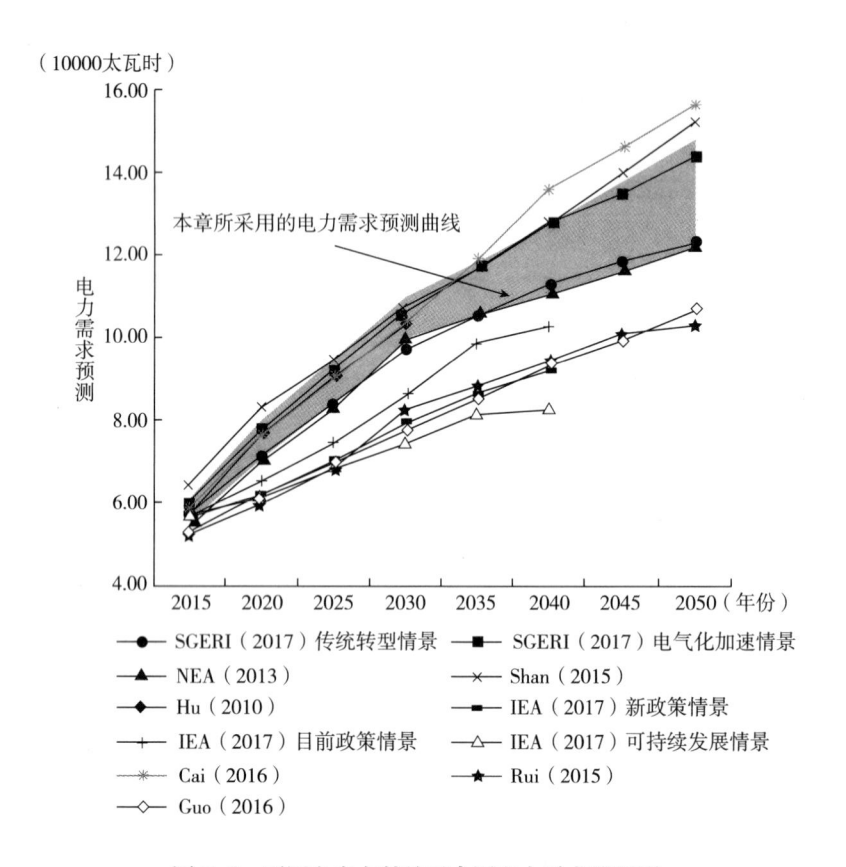

图 5-3　不同参考文献关于中国电力需求的预测

表 5-3　　　　　　　　　各地区未来电力需求　　　　　　　单位：兆瓦年

地区	2020 年	2025 年	2030 年	2035 年	2040 年	2045 年	2050 年
西北	85602	100690	116727	126369	135466	142376	147429
西南	41375	48667	56419	61079	65476	68816	71258
东北	57438	63417	66651	72157	77351	81297	84182
北部	191940	225771	255439	268469	282163	293632	304054

续表

地区	2020年	2025年	2030年	2035年	2040年	2045年	2050年
中部	100718	118470	137340	148684	159388	167518	173464
南部	135580	164614	236497	246110	256113	266523	275982
东部	192993	227009	263165	284903	305413	320992	332385

(三) 电力生产技术参数设置

中国电力系统模型中的煤炭发电技术主要有五种：亚临界 (Subcritical) 煤电技术、超临界 (Supercritical) 煤电技术、超超临界 (Ultra-Supercritical) 电技术、整体煤气化联合循环 (IGCC) 技术和热电联产 (CHP) 技术。除了煤炭发电技术，该系统模型还有四种清洁发电技术：水力发电 (Hydro Power) 技术、风力发电 (Wind Power) 技术、核能发电 (Nuclear Power) 技术和太阳能发电 (Photovoltaic) 技术。发电技术的详细参数如表5-4所示，这些发电技术的效率来自中国电力企业联合会 (CEC, 2015)。表5-4还列出了所有发电厂的可变运维成本和固定运维成本 (Yi et al., 2016; Chang et al., 2017)。电厂生命周期数据来自参考文献Zhang等 (2012)。

表5-4　　　　　　　　　发电技术参数设置

技术类型	效率 (%)	可变成本 (元/千瓦年)	固定成本 (元/千瓦年)	生命周期 (年)
亚临界煤电技术	35	307	133	35
超临界煤电技术	41	245	117	35
超超临界电技术	45	245	106	35
IGCC技术	48	272	269	35
CHP技术	35[①]	245	117	35
水力发电技术	100[②]	0	105	70
风力发电技术	100[②]	0	310	20
核能发电技术	100[②]	245	600	60

续表

技术类型	效率（%）	可变成本（元/千瓦年）	固定成本（元/千瓦年）	生命周期（年）
太阳能发电技术	100[②]	0	216	20

注：①对于 CHP 技术，本章研究只考虑其发电效率而不是总热效率。
②在许多能源模型中，可再生能源的效率被设定为100%。

在模型中，投资成本将随时间而变化，燃煤发电技术投资成本如表 5-5 所示变化（Guo et al., 2016; Dai et al., 2016）。

表 5-5　　　　燃煤发电技术投资成本　　　　单位：元/千瓦

技术类型	2015 年	2020 年	2025 年	2030 年	2035 年	2040 年	2045 年	2050 年
亚临界煤电技术	4541	4450	4408	4367	4367	4367	4367	4367
超临界煤电技术	4073	3950	3950	3950	3950	3950	3950	3950
超超临界煤电技术	4121	3950	3950	3950	3950	3950	3950	3950
IGCC 技术	15476	14350	12567	11005	10337	9710	9270	8850
CHP 技术	4347	4200	4200	4200	4200	4200	4200	4200
水力发电技术	6000	5706	5426	5160	4907	4667	4438	4221
风力发电技术	8200	7500	7349	7200	7149	7099	7049	7000
核能发电技术	17000	16167	15374	14621	13904	13223	12575	11959
太阳能发电技术	8500	8000	7746	7500	7372	7246	7122	7000

本章研究假设不同技术的煤电厂的年运行时间是相同的。根据 2015 年中国电力年鉴数据计算的煤电厂年运行时间率如表 5-6 所示。

表 5-6　　　　各地区煤电厂年运行时间率　　　　单位：%

技术类型	西北	西南	东北	北部	中部	南部	东部
煤电技术	48.25	32.38	49.43	57.37	49.61	48.19	53.28
水力发电技术	34.02	41.62	23.72	8.95	35.13	38.63	21.07

续表

技术类型	西北	西南	东北	北部	中部	南部	东部
风力发电技术	21.34	21.45	19.99	22.21	21.91	21.76	23.92
核能发电技术	0.00	0.00	66.38	0.00	0.00	80.31	89.11
太阳能发电技术	13.16	14.27	8.68	8.67	4.74	6.93	5.90

(四) 能源运输技术参数设置

中国主要的能源运输模式之一是输煤方式，也就是将煤炭从煤炭资源地区运送到建立煤电厂的电力需求地区。输煤的主要方式为铁路和水路。中国铁路和水路的现有设施和设备都非常发达，所以在这里暂不考虑它们的投资成本，而只考虑它们的运营维护成本。铁路运输的运营维护成本与煤炭基地中心之间的距离有关。经过计算，铁路和水路的运营维护成本如表5-7所示。本章中煤炭损失率在铁路和水路运输中分别为1.2%和1.5%（Yu et al., 2014）。

表5-7　　各煤炭基地运输运营维护成本　　单位：元/千瓦时

	Cnw2	Cnw3	Csw1	Cne1	Cne2	Cne3	Cne4	Cn1	Cn2	Cc1	Cc2	Cs1	Cs2	Ce1	Ce2
Cnw1	386	252	457	769	528	675	693	410	527	459	583	618	649	503	557
Cnw2	—	187	247	434	167	169	304	88	131	142	262	381	360	187	306
Cnw3	—	—	229	565	325	510	452	292	323	227	364	374	404	276	330
Csw1	—	—	—	636	368	503	476	309	287	265	278	185	363	273	344
Cne1	—	—	—	—	201	210	192	316	320	387	521	716	704	423	432
Cne2	—	—	—	—	—	176	137	197	155	271	404	520	622	252	333
Cne3	—	—	—	—	—	—	95	191	79	270	403	598	588	298	312
Cne4	—	—	—	—	—	—	—	246	188	338	244	701	354	278	276
Cn1	—	—	—	—	—	—	—	—	67	85	217	412	131[①]	98	110[①]
Cn2	—	—	—	—	—	—	—	—	—	127	260	447	131[①]	128	110[①]
Cc1	—	—	—	—	—	—	—	—	—	—	157	383	296	78	127
Cc2	—	—	—	—	—	—	—	—	—	—	—	259	163	180	154

续表

	Cnw2	Cnw3	Csw1	Cne1	Cne2	Cne3	Cne4	Cn1	Cn2	Cc1	Cc2	Cs1	Cs2	Ce1	Ce2
Cs1	—	—	—	—	—	—	—	—	—	—	—	—	111	411	421
Cs2	—	—	—	—	—	—	—	—	—	—	—	—	—	351	272
Ce1	—	—	—	—	—	—	—	—	—	—	—	—	—	—	105

注：①表示煤炭通过水路运输。

特高压输电线路可以将资源区域内产生的电力运输到远距离的电力需求区域。到2015年本章研究初始年，5条特高压输电线路已经建成，具体参数如表5-8所示。

表5-8　　2015年已建成的特高压输电线路参数

序号	线路名称	运营时间（年）	长度（千米）	装机容量（兆瓦）	连接地区
1	晋东南—南阳—荆门	2009	654	5000	北部—中部
2	向家坝—上海	2010	1907	6400	西南—东部
3	锦屏—苏南	2012	2059	7200	西南—东部
4	溪洛渡—浙江	2014	1680	8000	西南—东部
5	哈密—郑州	2014	2210	8000	西南—中部

作为一项新技术，特高压初始投资成本通常很高，并且特高压输电线路的投资成本和运营维护成本与电网的距离有关（Yi et al., 2016），经过计算，特高压输电线路的投资成本和运营维护成本分别如表5-9和表5-10所示。特高压输电技术损耗通常为每千米0.004%（Ding, Hu, 2006），经过计算，表5-11列出了各地区特高压输电线路的损耗率。

表5-9　　各地区特高压输电线路投资成本　　单位：元/千瓦

地区	西南	东北	北部	中部	南部	东部
西北	2139	3719	2846	3212	3196	3594
西南	—	4006	3036	3091	2787	3480
东北	—	—	2488	3106	3762	2946

续表

地区	西南	东北	北部	中部	南部	东部
北部	—	—	—	2367	2878	2488
中部	—	—	—	—	2187	1890
南部	—	—	—	—	—	2543

表 5-10　　各地区特高压输电线路运营维护成本　　单位：元/千瓦

地区	西南	东北	北部	中部	南部	东部
西北	64	112	85	96	96	108
西南	—	120	91	93	84	104
东北	—	—	75	93	113	88
北部	—	—	—	71	86	75
中部	—	—	—	—	66	57
南部	—	—	—	—	—	76

表 5-11　　各地区特高压输电线路的损耗率　　单位：%

地区	西南	东北	北部	中部	南部	东部
西北	3.30	11.34	6.90	8.76	8.68	10.70
西南	—	12.80	7.86	8.14	6.60	10.12
东北	—	—	5.08	8.22	11.56	7.40
北部	—	—	—	4.46	7.06	5.08
中部	—	—	—	—	3.54	2.03
南部	—	—	—	—	—	5.36

（五）资源供应设置

每个区域煤炭资源的供应量数据来自国家统计局的历史数据（NBSC，2017），每个煤炭基地的煤炭价格如表 5-12 所示。中国核电厂所使用的铀 235 主要依靠进口，2015 年铀 235 的价格约为 40 美元/磅（Kim et al.，2017），约合人民币 574 元/千克。

表 5-12　　2015 年各煤炭基地煤炭供应及其价格

煤炭基地	煤炭供应（十兆瓦年）	煤炭价格（元）	煤炭基地	煤炭供应（十兆瓦年）	煤炭价格（元）
Cnw1	5543	287	Cn1	60288	452
Cnw2	19181	635	Cn2	9580	584
Cnw3	4813	508	Cc1	4959	671
Csw1	3650	739	Cc2	2480	742
Cne1	2188	367	Cs1	6272	639
Cne2	3647	367	Cs2	2042	756
Cne3	3319	668	Ce1	4886	783
Cne4	2261	543	Ce2	1276	773

（六）约束设置

1. 区域电力需求

系统模型中最重要的约束是满足每个区域的电力需求。区域电力需求应该由区域内自给发电量和区域间电力输入量的总和来满足。

2. 区域可用水资源

煤电厂需要大量的水资源来冷却系统，靠近主要煤炭基地的煤电厂的建立强烈地依赖水资源。中国煤电厂主要有闭式循环冷却、直流冷却、空气冷却和海水冷却四种冷却技术（Macknick et al.，2012）。本章研究只考虑占比较大且用水量最大的闭式循环冷却技术，因为如果区域内的水资源能够满足最大冷却技术的使用量，自然能够满足其他冷却技术的使用量。一个新的煤电厂使用的水不能超过区域水的可用性。因此，本章采用可用水量来约束新建煤电厂的装机容量、供水量的数据（Coalswarm，2015）、发电技术的用水量数据（单葆国等，2015）。经过计算，可以观察到表 5-13 中 Cne2 地区水资源可利用量为负值，这表明 Cne2 地区正面临着严重的缺水状况。因此，Cne2 地区新建煤电厂的装机容量将严格受到水资源供应的限制。

表 5-13　　　　　　　　当前各煤炭基地供水量和取水量　　　单位：亿立方米

煤炭基地	供水量	取水量	可用水量	煤炭基地	供水量	取水量	可用水量
Cnw1	340.85	5.00	335.41	Cn1	116.37	23.40	92.96
Cnw2	20.81	4.36	16.44	Cn2	645.47	2.59	642.87
Cnw3	530.71	6.18	524.53	Cc1	66.89	7.83	59.06
Csw1	328.69	0.02	328.67	Cc2	1060.32	7.66	1052.66
Cne1	0.95	0.28	0.67	Cs1	51.20	3.61	47.59
Cne2	0.61	1.25	-0.64	Cs2	1056.01	4.21	1051.80
Cne3	47.29	3.27	44.03	Ce1	22.75	5.15	17.59
Cne4	609.50	4.40	605.10	Ce2	1204.58	2.98	1201.60

3. 区域大气污染控制政策

近年来，中国政府积极采取措施治理当前环境污染问题，并已经发布了相关政策和法律法规。例如，2012年制定《重点区域大气污染防治"十二五"规划》，2013年制定《大气污染防治行动计划》，2016年制定《大气污染防治法》等，这些文件为开展污染防治、改善大气质量提供了政策支持。政府的这些环境政策限制了区域煤电厂的建立。本章研究主要考虑人口密度高且经济发展迅速的京津冀（An）、长三角（Ae）、珠三角（As）和川渝（Asw）四个严重的大气污染控制区。通过对这些环境政策的解读，发现在这四个关键控制区域的新建煤电厂只有热电联产是被允许的，这意味着其他类型煤电厂技术的产能增长是有限的。

煤炭发电技术结构因地区而异。不同煤炭基地的历史发电装机容量见表5-14（Wu, 2012），各个地区的清洁能源历史发电装机容量见表5-15。

表 5-14　　　　　2014 年各煤炭基地历史发电装机容量　　　单位：十兆瓦

地区	煤炭基地	亚临界煤电技术	超临界煤电技术	超超临界电技术	IGCC技术	CHP技术
西北	Cnw1	1223	876	110	0	1261
	Cnw2	1402	792	246	0	261
	Cnw3	1851	823	398	0	895
西南	Csw1	1408	610	132	0	232
	Asw	1344	610	132	0	214
东北	Cne1	10	183	0	0	40
	Cne2	426	180	120	0	60
	Cne3	765	424	612	0	1041
	Cne4	1767	468	56	0	1616
北部	Cn1	7434	2935	1215	0	3977
	Cn2	3902	895	335	25	2598
	An	3076	569	200	25	2156
中部	Cc1	2711	1290	930	0	955
	Cc2	2930	1262	1080	0	624
南部	Cs1	1687	744	0	0	30
	Cs2	3740	1852	2903	0	2228
	As	2671	720	1783	0	1670
东部	Ce1	1070	1132	1120	0	528
	Ce2	5646	2737	5679	0	3404
	Ae	5038	1645	5547	0	2749

表 5-15　　　　　2014 年各地区清洁能源历史发电装机容量　　　单位：十兆瓦

技术类型	西北	西南	东北	北部	中部	南部	东部
水力发电技术	2826	7032	809	770	6017	10348	2685
风力发电技术	2316	40	1974	3680	228	767	653
核能发电技术	0	0	200	0	0	721	1088
太阳能发电技术	1461	18	83	411	54	98	363

基于历史数据、参考文献以及目前的技术发展水平（CEC，2015；单葆国等，2015；Chang et al.，2017），未来各时期各电厂技术装机容量上限如表5-16所示。

表5-16　　　　　未来各电厂技术装机容量上限　　　　单位：吉瓦

技术类型	2015年	2020年	2025年	2030年	2035年	2040年	2045年	2050年
亚临界煤电技术	367	336	260	183	109	62	12	367
超临界煤电技术	202	221	224	220	196	175	167	202
超超临界电技术	341	403	397	415	368	311	291	341
IGCC技术	0.6	1.2	2.1	3.9	6.2	9.6	15	0.6
CHP技术	210	328	466	517	521	522	554	210
水力发电技术	72	89	120	158	199	210	220	72
风力发电技术	348	446	466	560	613	662	690	348
核能发电技术	232	300	480	708	872	996	1130	232
太阳能发电技术	213	334	412	541	869	1278	1370	213

4. 区域资源供给

最后，各区域煤矿基地的煤炭开采量也有所约束，不能超过区域供给能力，其年度最大煤炭开采量见表5-17（Wu，2012）。

表5-17　　　　　各煤炭基地年度最大煤炭开采量　　　　单位：吉瓦年

年份	Cnw1	Cnw2	Cnw3	Csw1	Cne1	Cne2	Cne3	Cne4	Cn1	Cn2	Cc1	Cc2	Cs1	Cs2	Ce1	Ce2
2020	73	254	64	48	72	48	48	30	796	120	65	33	83	27	64	15
2025	83	286	72	53	77	53	53	33	878	130	72	36	91	30	71	16
2030	87	302	76	54	78	54	54	33	889	131	73	37	92	30	72	16
2035	89	308	77	52	76	52	52	32	854	127	70	35	89	29	69	16
2040	88	305	76	49	73	49	49	30	804	121	66	33	84	27	65	15
2045	85	296	74	45	69	45	45	28	742	114	61	31	77	25	60	15
2050	82	284	71	41	65	41	41	25	670	107	55	28	70	23	54	14

第二节 模拟分析

基于上节提出的 MESSAGE 模型框架和参数数据，本节对中国长期电力系统多区域模型进行求解并对最优发展策略进行分析，主要包括中国多区域发电结构优化方案、区域间煤炭运输方案、区域间电力输送方案以及区域二氧化碳排放方案。

一 中国区域能源结构分析

图 5-4 显示了中国整体和不同区域的发电结构情况。从图 5-4 (a) 可以看出，在 2030 年前，中国仍然需要大量发电，在 2030 年后将有所缓解。中国煤炭发电将在 2030 年左右达到最高峰，之后有所降低，在 2045 年左右趋于平稳；同时，清洁能源发电如太阳能、核能、风能将逐步增加，水电总体趋于平稳。到 2050 年，清洁发电将占据整个电力系统发电的主导地位，占总发电量的 62% 左右。

在煤电方面，目前应用广泛的亚临界和超临界技术煤电厂的发电量将逐渐减少，这意味着这两个效率较低的燃煤发电技术将被其他发电技术所取代。但由于煤炭资源价格成本较低、经济效益较好，2050 年之前超超临界燃煤发电技术将稳步扩张。由于 IGCC 发电厂建设初期投资成本较高，根据模型优化结果，IGCC 发电技术在此期间将不会被发展。到 2050 年，由于大气污染防治政策的实施，CHP 技术将快速增长，并达到 553 吉瓦。对于煤电技术，超超临界和 CHP 这两种发电技术将成为未来的主要选择，尤其是在中部地区［见图 5-4（d）］、北部地区［见图 5-4（e）］、东北地区［见图 5-4（f）］和西北地区［见图 5-4（h）］。煤电技术总产能将在 2030 年左右达到峰值，总装机容量为 1235 吉瓦（见图 5-5）。煤电技术在全国发电结构中的比例将从 2015 年的 67% 下降到 2050 年的 24%，并且在大气污染控制地区的比例会更低。这意味着水电、风

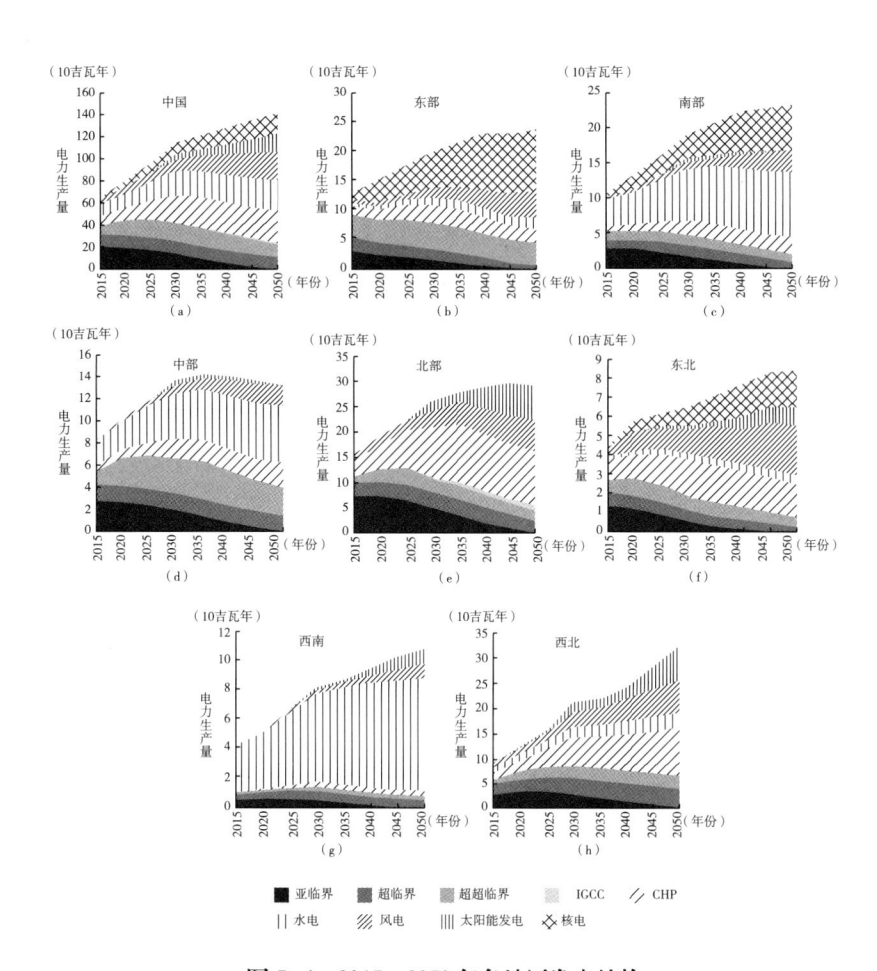

电、光电及核电等清洁能源技术在未来发电结构中将发挥重要作用。

图 5-4　2015—2050 年各地区发电结构

在水电方面，全国水电发电量在 2015—2050 年会有小幅的增长［见图 5-4（a）］，水电装机容量将从 2015 年的 319 吉瓦增加到 2050 年的 709 吉瓦。对于水电资源丰富的地区，例如南部［见图 5-4（c）］和西南地区［见图 5-4（g）］，水电将逐渐主导整个地区的发电量。因此，这两个区域可发挥区域资源优势，大力发展水电，水电将成为当地电力供应和电力输出的主要来源。

在风电方面，由于近年来的快速发展和中国风力资源的禀赋，风电装机容量在2015—2050年发展十分迅速，特别是风力资源较为丰富的北部、西北和东北三个地区。2050年全国总风力发电装机容量为1129吉瓦，约占中国总发电装机容量的27.89%。但由于受季节和地理位置的影响，风电运行时间存在不连续且不稳定现象。因此，中国风力发电量在2050年仅占总发电量的18.32%。

在核电方面，虽然核电技术初期投资成本较高，但核电站运行寿命周期较长且燃料价格相对较低，拥有较低的温室气体排放，因此在一定程度上非常经济。核电占整个发电量的比例将从2015年的2.74%提高到2050年的13.3%，特别是在东部、南部和东北三个地区［见图5-4（b）、图5-4（c）和图5-4（f）］增长较快。2050年，中国核电总容量将增加到221吉瓦，约占总发电装机容量的5.54%。

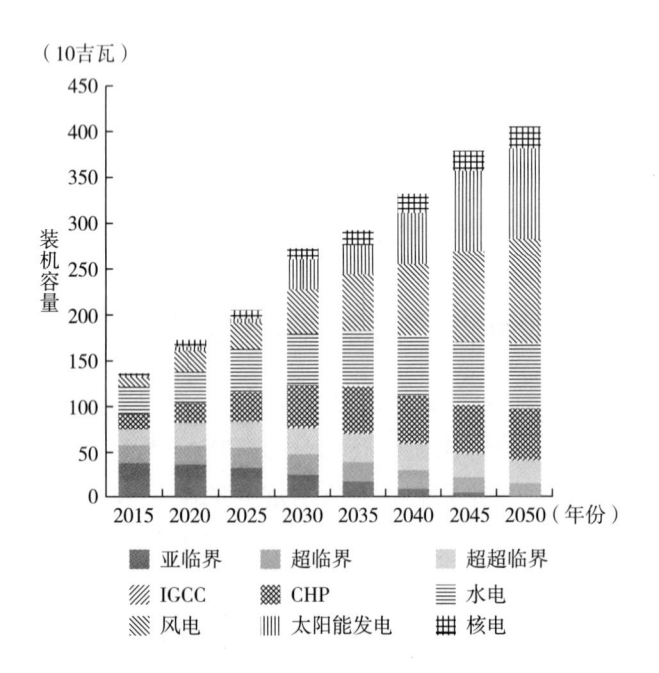

图5-5 2015—2050年中国发电装机容量

在光电方面，中国太阳能发电将在 2030 年后开始迅速增长，全国太阳能装机容量在 2050 年将达到 1010 吉瓦，约占总发电装机容量的 25%左右（见图 5-5）。特别是在北部［见图 5-4（e）］和西北［见图 5-4（h）］这些日照时间较长的区域，太阳能发电更具有优势。

为了控制四个重点大气污染区的污染物排放，中国政府发布了环境政策以改善这些地区的大气质量。京津冀（An）、长三角（Ae）、珠三角（As）和川渝（Asw）这四个重点地区煤电装机容量严格受到政策限制。亚临界、超临界、超超临界以及 IGCC 煤电厂的装机容量将随着时间的推移而逐渐减少。在 2040 年前后，亚临界、超临界、超超临界电厂技术将进入生命周期的衰退阶段，由于政策影响将逐渐退役不再被使用。在 2045 年和 2050 年，仅有 CHP 电厂技术用于发电。这意味着要满足这四个重点大气污染地区的电力需求，一方面需要增加新的 CHP 电厂，另一方面还要提高清洁能源发电或从其他地区调入电力。

如本章第一节所提到的，煤电厂需要大量的水来冷却其系统，Cne2 地区的煤电厂装机容量受到地区水资源短缺的限制。图 5-6 显示，2015—2050 年 Cne2 地区将不会新建煤电厂，其总装机容量也将逐渐减少。清洁能源发电将逐步取代煤炭发电，在 2035 年将有明显增加，并且在 2050 年将主导整个区域的发电结构。其中，风电装机容量在增长到 2035 年以后将保持稳定，而太阳能发电将加速发展，到 2050 年太阳能发电装机容量将占到该地区发电装机容量的 50%以上。

二 中国区域间煤炭运输分析

中国目前大部分区域的电力需求是由区域内的电厂发电来满足的，大量用于发电的煤炭从西北和北部煤炭中心被运往南部和东部沿海地区，从而形成了强大的全国煤炭运输网络。在 2020 年、2025 年和 2030 年，全国煤炭运输量分别为 476154 兆瓦年、509789 兆瓦

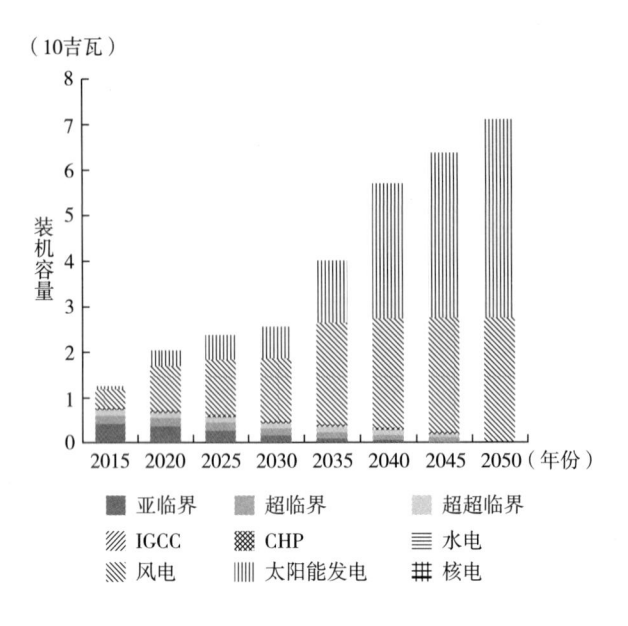

图 5-6　2015—2050 年 Cne2 缺水地区发电装机容量

年和 532548 兆瓦年，总煤炭运输量增长 12%。从图 5-7 中可以看出，2020—2025 年，煤炭将主要从北部的煤炭基地运输到中部、南部和东部三个用电量较大的地区。其中，在 2020 年，运往中部地区的煤炭能量为 91813 兆瓦年，运往南部地区的煤炭能量为 130056 兆瓦年，运往东部地区的煤炭能量为 254284 兆瓦年，如图 5-7（a）所示；在 2025 年，运往中部、南部和东部三个地区的煤炭能量为 95619 兆瓦年、139088 兆瓦年和 275080 兆瓦年，如图 5-7（b）所示；在 2030 年，运往中部、南部和东部三个地区的煤炭能量为 98766 兆瓦年、151365 兆瓦年和 282416 兆瓦年，如图 5-7（c）所示。北部和中部之间的区域间煤炭运输将主要依靠铁路，而南部和东部之间由于水路较为经济，将主要依靠水路运输。

图 5-8 显示了 2035—2040 年的煤炭运输路径。可以观察到：除煤炭运输量外，这些煤炭运输路径较为一致［见图 5-8（a）和图 5-8（b）］。在 2035 年，总煤炭运输量为 559741 兆瓦年，占总电力消耗能量的 40% 左右。在 2040 年，总煤炭运输量为 667186 兆瓦

年，占总电力消耗能量的 45% 左右。北部地区的煤炭将除了主要运往中部地区、东部地区和南部地区，还需要运往东北地区和西北地区。其中，中部地区在 2035 年和 2040 年的煤炭运输量分别为 134076 兆瓦年和 145941 兆瓦年，有上升的趋势；南部地区煤炭运输量分别为 150544 兆瓦年和 130048 兆瓦年，有小幅度下降趋势；东部地区煤炭运输量分别为 264404 兆瓦年和 225528 兆瓦年，有明显下降趋势；东北地区煤炭运输量分别为 10717 兆瓦年和 5889 兆瓦年；西北地区在 2040 年的煤炭运输量为 159779 兆瓦年。

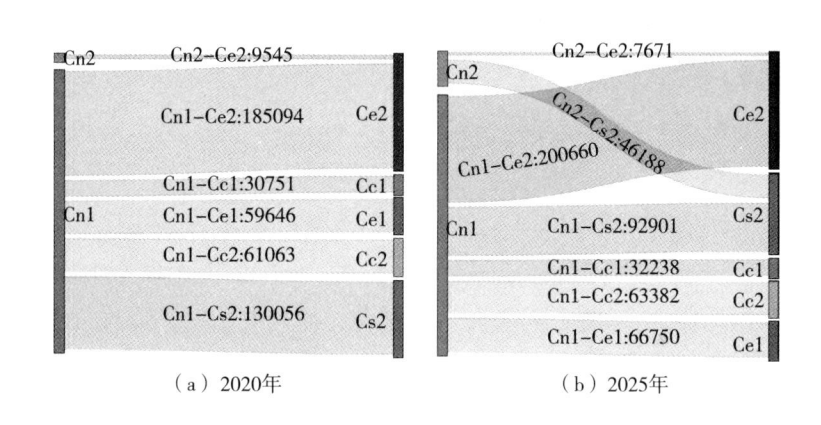

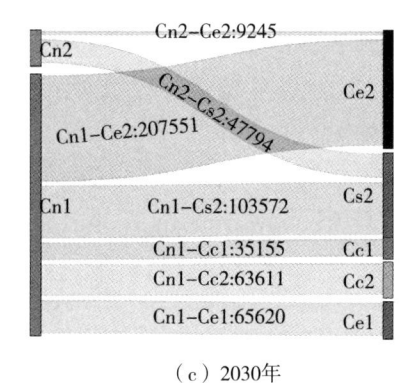

（a）2020年

（b）2025年

（c）2030年

图 5-7　2020—2030 年跨地区煤炭运输路径（单位：兆瓦年）

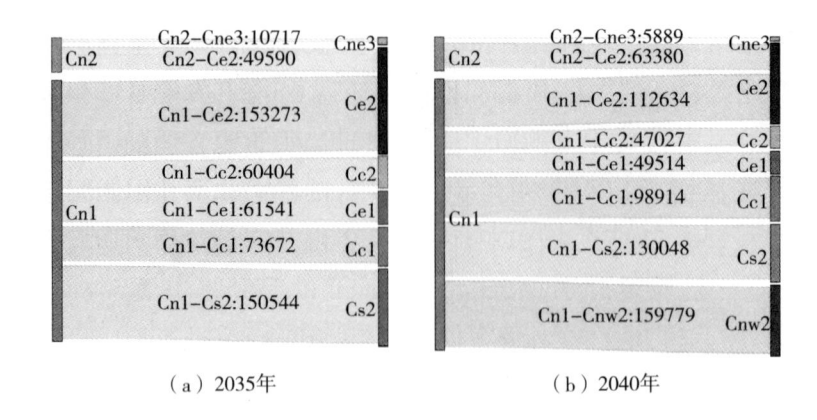

```
Cn2  Cn2-Cne3:10717    Cne3        Cn2  Cn2-Cne3:5889     Cne3
     Cn2-Ce2:49590                      Cn2-Ce2:63380
                                                            Ce2
     Cn1-Ce2:153273    Ce2              Cn1-Ce2:112634

                                        Cn1-Cc2:47027      Cc2
     Cn1-Cc2:60404     Cc2              Cn1-Ce1:49514      Ce1
Cn1  Cn1-Ce1:61541     Ce1         Cn1  Cn1-Cc1:98914      Cc1

     Cn1-Cc1:73672     Cc1              Cn1-Cs2:130048     Cs2

     Cn1-Cs2:150544    Cs2              Cn1-Cnw2:159779    Cnw2

         (a) 2035年                           (b) 2040年
```

图 5-8 2035—2040 年跨地区煤炭运输路径（单位：兆瓦年）

到 2045 年，全国总煤炭运输量为 721510 兆瓦年，占总电力消耗能量的 45.55%，除煤炭运输量外，煤炭运输路径与 2040 年相似，如图 5-9（a）所示。其中，东部地区煤炭运输量为 187510 兆瓦年，中部地区煤炭运输量为 164495 兆瓦年，南部地区煤炭运输量为 283336 兆瓦年，东北地区煤炭运输量为 5174 兆瓦年，而西北地区煤炭运输量为 251499 兆瓦年。从图 5-9（b）可以看出，在 2050 年煤炭将不会从北部 Cn2 地区运输。此时，全国总煤炭运输量为 755416 兆瓦年，中部地区煤炭运输量为 154672 兆瓦年，东部地区煤炭运输量为 176910 兆瓦年，西北地区煤炭运输量为 286059 兆瓦年，东北地区的煤炭运输量为 32378 兆瓦年。

综上所述，煤炭输出地区主要是北部地区，主要输入地区是东部、中部和南部三个地区。其中，东部地区的受煤量将逐渐下降，中部地区的受煤量将逐渐升高，南部地区基本稳定，东北地区受煤量相对较低，西北 Cnw2 地区自 2040 年后开始受煤。根据本章模型的优化结果，西南地区将不会与其他区域产生煤炭运输流动。

三　中国区域间特高压输电分析

作为能源运输的另一种方式，近年来远距离输电受到越来越多

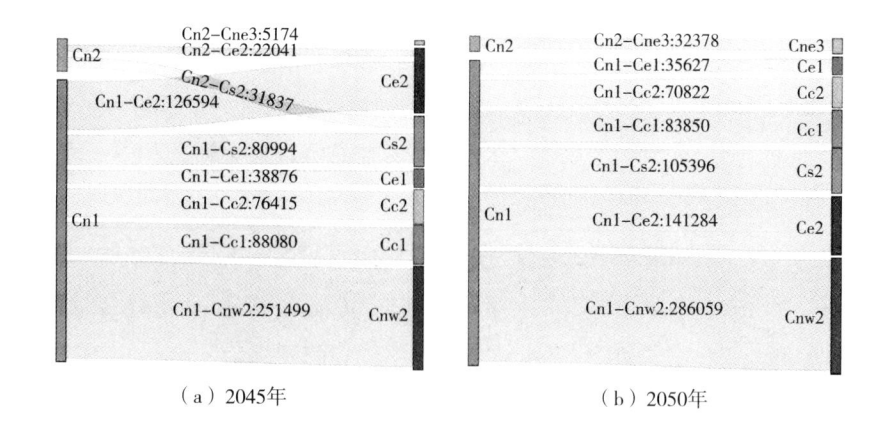

图 5-9　2045—2050 年跨地区煤炭运输路径（单位：兆瓦年）

的关注。随着特高压输电技术逐渐成熟，大容量和远距离的电力输送已经变得越来越可行。此外，特高压可以促进偏远地区的风电、水电等清洁能源的利用和输出，并且可以减少长距离运煤所产生的温室气体排放。

到 2030 年，全国总输电量为 164735 兆瓦年，而现有区域间特高压输电线路（见表 5-1）并不能满足跨区域输电的需求，未来还需要构建新的特高压输电线路，特别是从西北地区、北部地区和中部地区到东部地区，从西北地区到北部地区，从北部地区到东北地区，以及从西北和西南地区到南部地区的特高压输电通道。这些特高压线路应该在 2020 年建成［见图 5-10（a）］。到 2020 年，全国总输电量为 66057 兆瓦年，其中，东北地区受电量为 952 兆瓦年，东部地区受电量为 44857 兆瓦年，北部地区受电量为 16287 兆瓦年，中部地区受电量为 373 兆瓦年，南部地区受电量为 3181 兆瓦年。从西北地区到西南地区和从西南地区到中部地区的路径应该在 2025 年建成［见图 5-10（b）］。届时，全国总输电量为 99018 兆瓦年，东北地区受电量为 608 兆瓦年，东部地区受电量为 59047 兆瓦年，北部地区受电量为 29415 兆瓦年，中部地区受电量为 3622 兆瓦年，南部地区受电量为 5919 兆瓦年。模型结果也表明：在 2030 年不需要建造额外新的特高压输电线路［见图 5-10（c）］。

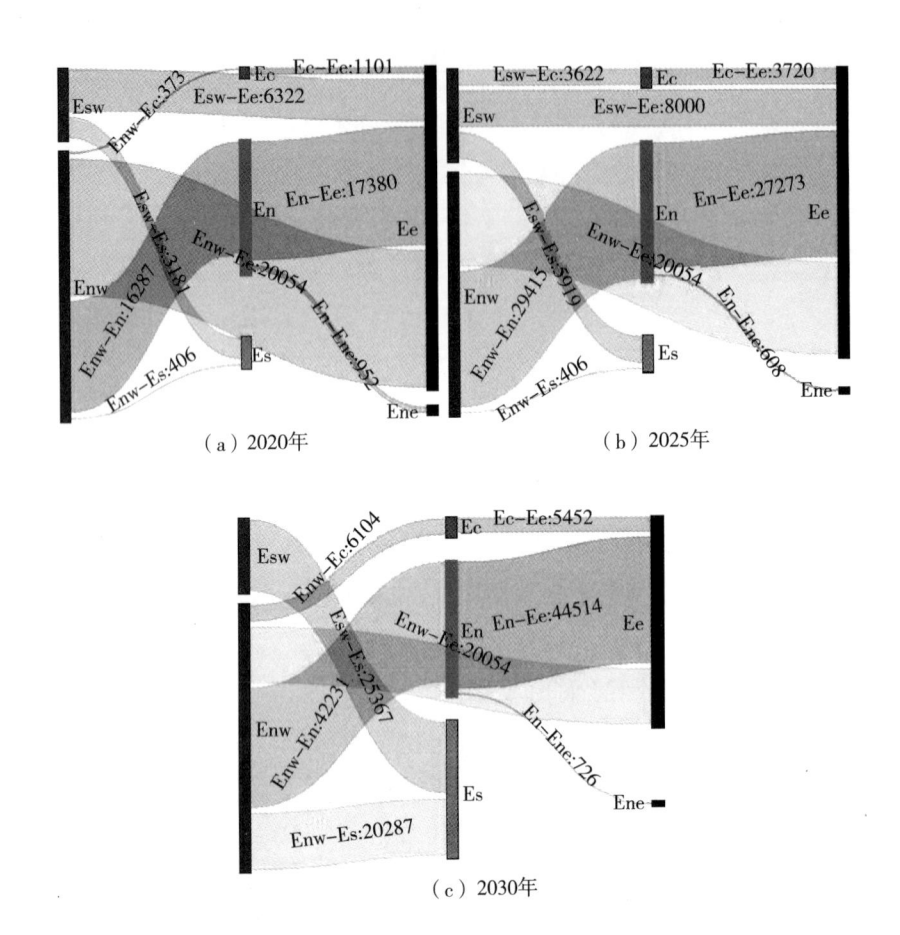

(a) 2020年

(b) 2025年

(c) 2030年

图 5-10　2020—2030 年地区间输电路径（单位：兆瓦年）

应该指出的是，一些地区既可以向其他地区输送电力，也可以从其他地区接收电力，这意味着这些地区可以作为区域电力枢纽中心。例如，中部地区既是电力输入地区也是电力输出地区，电力从西北地区输出用于满足中部地区电力需求，同时中部地区生产电力通过特高压输电线路输送给东部地区，用于满足东部地区的电力需求。

从长期的角度来看（2035—2050年），到2035年，全国总输电量为159500兆瓦年。其中，东部地区受电量为75922兆瓦年，东北地区受电量为433兆瓦年，中部地区受电量为11813兆瓦年，北部地区受电量为33423兆瓦年，南部地区受电量为37908兆瓦年。到2040年，全国总输电量为181655兆瓦年。其中，东部地区受电量为83098兆瓦年，中部地区受电量为23399兆瓦年，北部地区受电量为42891兆瓦年，南部地区受电量为32167兆瓦年。到2045年，全国总输电量为224644兆瓦年。其中，东部地区受电量为100380兆瓦年，中部地区受电量为35911兆瓦年，北部地区受电量为50433兆瓦年，南部地区受电量为37919兆瓦年。到2050年，全国总输电量为243860兆瓦年。其中，东部地区受电量为105202兆瓦年，中部地区受电量为40000兆瓦年，北部地区受电量为50433兆瓦年，南部地区受电量为42251兆瓦年。

图5-11显示了2035—2050年地区间输电路径。通过对比图5-11（a）和图5-11（b），可以看出：在2040年，北部地区（En）将不再输电给东北地区（Ene）。从图5-11（c）和图5-11（d）的对比可以观察到：北部地区、西北地区、西南地区和中部地区产生的电力主要被输送到东部地区和南部地区。此外，通过与中期特高压采纳路径比较，发现从长期角度考虑需要在2045年建立一条从东北地区到东部地区的特高压输电线路。

在上文的模拟分析中，假设特高压输电线路始终满负荷。这是最小化系统总成本的理想情况。然而，在现实世界中，大多数时候特高压输电线路并没有完全负荷（即负荷率小于1）。实际上，在特高压建设的早期，其负荷在主电网形成之前通常很低。为了提高结果可靠性，在本节研究中对特高压输电线路的负荷率做了灵敏度分析，主要模拟特高压输电线路的负荷率分别设为50%和80%时的情景，并分析最佳结果是如何受不同负荷率影响的。

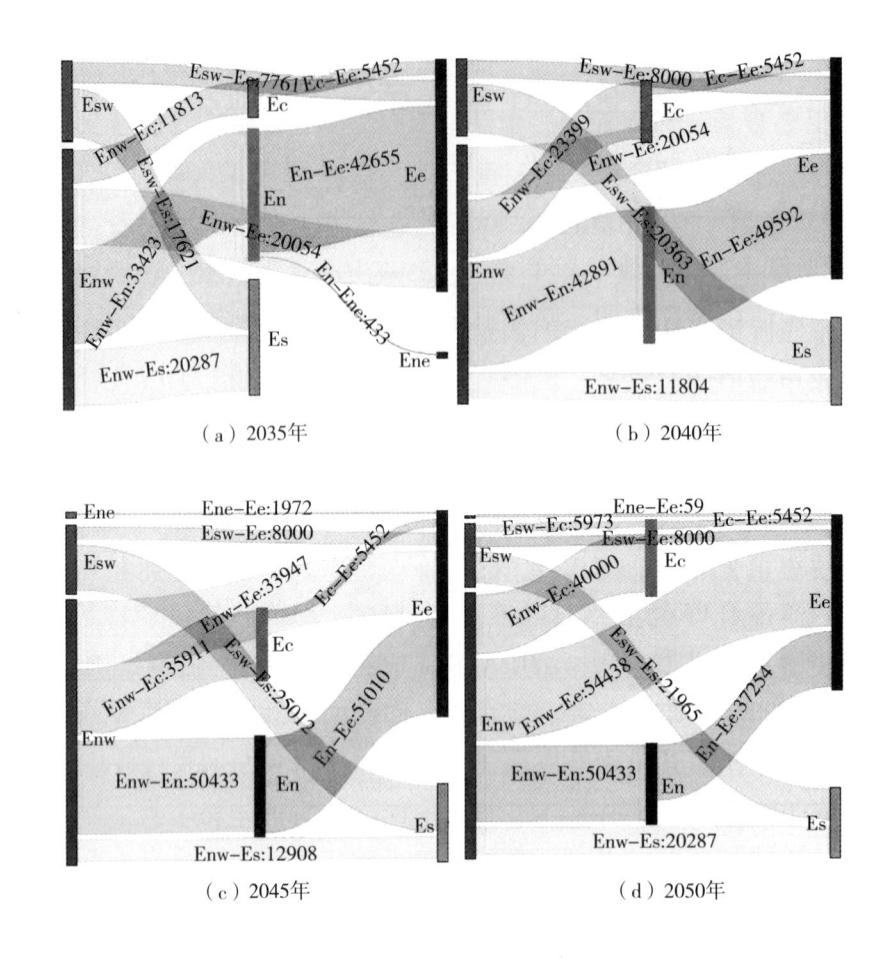

图 5-11 2035—2050 年各地区间输电路径（单位：兆瓦年）

图 5-12 显示了不同时期在不同负荷率下特高压输电线路的新增装机容量。从图中可以看到，随着特高压的新增装机容量逐渐增加，特高压输电线路负荷率从 100% 降低到 50%。此外，当负荷率分别为 80% 和 50% 时，总系统成本分别增加 0.13% 和 0.58%。灵敏度分析还表明，在不同的负荷率下，作为主干网的特高压输电结构在灵敏度分析中没有显著变化。

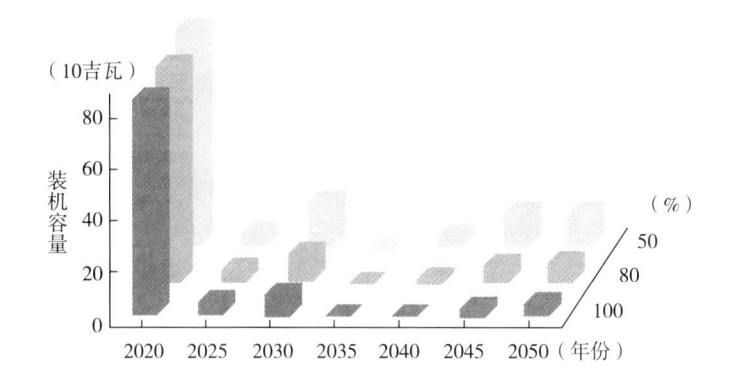

图 5-12　2020—2050 年不同负荷率的特高压输电新增装机容量

四　大气污染控制政策的影响分析

中国政府制定了各种环境政策来改善大气质量，特别是京津冀（An）、长三角（Ae）、珠三角（As）和川渝（Asw）四个主要大气污染控制区的大气质量。为了探讨这些大气污染控制政策如何影响区域装机容量，本节比较了带有大气污染控制政策和没有大气污染控制政策的四个关键控制区域的发电结构［见图 5-13（a）和图 5-13（b）］。从图 5-13 可以看出，大气污染控制政策不仅提高了热电联产在这些地区的比例，特别是在京津冀地区（An）和珠三角地区（As），而且提高了清洁能源发电的比例，特别明显的是在京津冀地区（An）；2050 年京津冀地区超过一半的电力生产将来自太阳能发电。川渝地区（Asw）主要依赖水电，因此大气污染控制政策对其影响不大。

接下来分析中国电力系统中二氧化碳排放是如何受到大气污染控制政策影响的。不同类型发电技术的碳排放因子如表 5-18 所示（马忠海，2002；Caldecott et al.，2017）。

图 5-14（a）显示了带有大气污染控制政策的不同地区的二氧化碳排放量，图 5-14（b）显示了没有大气污染控制政策的情况。从中可以看到，在图 5-14（a）和图 5-14（b）中，大多数地区的二氧化碳排放量随着时间的推移逐渐增加然后下降；除西北地区外，

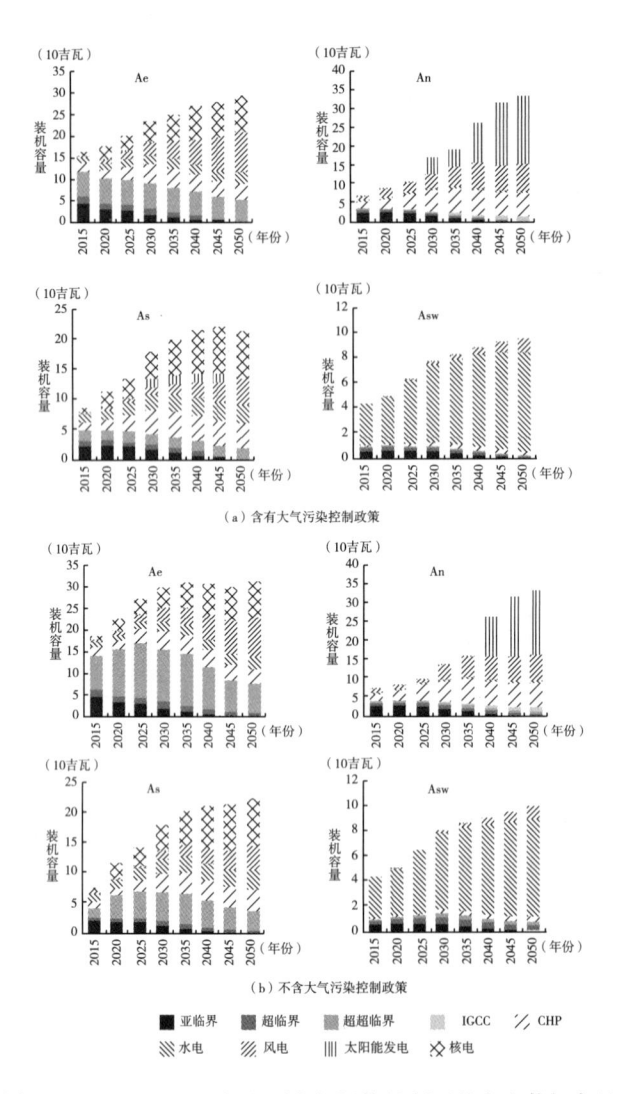

图 5-13　2015—2050 年主要大气污染控制区的发电装机容量

表 5-18　不同类型发电技术的碳排放因子

类型	排放因子（百万吨/吉瓦年）	类型	排放因子（百万吨/吉瓦年）
亚临界煤电技术	11.41	CHP 技术	6.98
超临界煤电技术	7.97	水力发电技术	2.13
超超临界电技术	6.77	风力发电技术	0.66
IGCC 技术	6.13	核能发电技术	0.12

所有地区的碳排放量将从 2030 年开始下降。此外，北部地区的碳排放量最高，而西南地区的碳排放量最低。同时比较图 5-14（a）和图 5-14（b），可以看到，大气污染控制政策将大大减少东部地区和南部地区的二氧化碳排放量。研究结果还表明，中国电力系统发电的二氧化碳排放总量会在 2030 年左右达到峰值，在大气污染控制政策下，碳排放总量约为 485 千万吨，比没有大气污染控制政策的情况少了约 33 千万吨。

（a）含有大气污染控制政策　　（b）不含大气污染控制政策

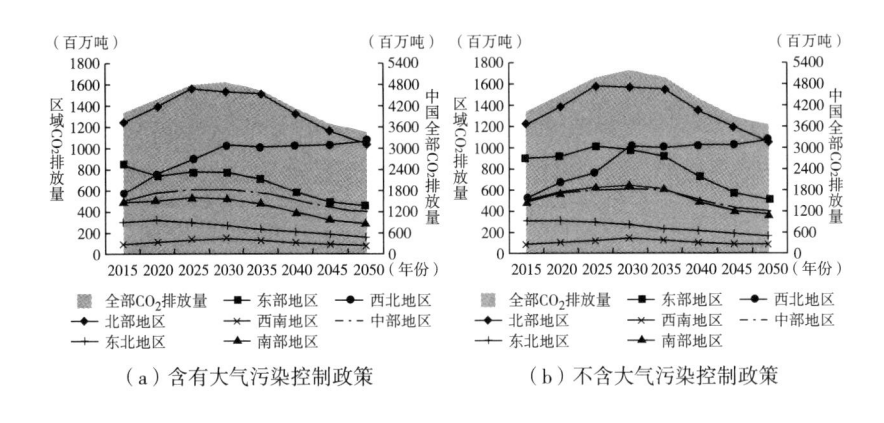

图 5-14　2015—2050 年不同地区二氧化碳排放量

第三节　章节讨论

总的来说，中国的电力系统中低效率的亚临界及超临界煤电技术将被高效率的超超临界电技术或者低污染的清洁能源发电技术所取代。因此，决策者应该把重点放在提高能源效率上，这不仅是弥补能源供应不足的手段，也是满足长期阶段能源需求增长和确保能源安全的重要举措。

此外，能源运输（煤炭运输和特高压输电）对平衡区域电力供需是至关重要的。本章模型结果显示：各地区之间的能源运输总量约占能源总需求量的 60% 左右。通过分析煤炭运输量和特高压输电量，发现煤炭运输仍是我国区域间能源运输的主要方式，输煤在我国电力系统中的份额依然较大，尽管特高压输电的比例从 2015 年的 10% 上升到 2050 年的 24%。煤炭未来将主要从中国北部运往中部、南部、东北和东部。平衡区域电力供需的主要策略是打开区域间能源运输瓶颈。其中，一种是加快铁路基础设施建设，加大铁路运力；另一种策略则是将远距离的煤炭运输转变为远距离的电力输送。在特高压输电线路建设方面，优化结果显示：应优先打通从北部到东部、从中部到东部、从西北到西南、从西北到中部和从西北到东部的输电通道。根据现有的特高压输电线路规划，特高压输电线路应优先考虑山西—江苏（连接北部和东部）、锡盟—泰州（连接北部和东部）、酒泉—湖南（连接西北和中部）、准东—皖南（连接西北和东部）、陇彬—连云港（连接西北和东部）五条线路的建设，通过采用煤炭运输和电力输送相结合的方式来有效平衡地区间的电力供需。

各地区的发电结构将受到资源禀赋和大气污染控制政策的极大影响。例如，在 Cne2（霍林河主要煤炭基地），燃煤电厂的产能扩张将受到水资源的限制。因此，采用更多（或更早）的清洁发电技术将是这一地区的不错选择。京津冀、长三角、珠三角和川渝四个关键控制区域，在大气污染控制政策的影响下将减少二氧化碳排放 33 千万吨，这意味着政策在减少二氧化碳排放方面也非常有效，并鼓励我国政府在其他领域逐步实施这些政策。中国经济的主要发展区域在东南部发达地区，而西北部地区发展相对落后。过去由于输电技术的限制，经济发展水平直接决定了发电厂的建设位置，这些发电厂通常建在电力消耗量比较大的发达地区。然而，随着输电技术的发展和人们环保意识的提高，新建电厂的地理位置正逐渐转移到远离用电需求中心且资源更为丰富的地区。因此，决策者在选择新电厂地址时应优先考虑区域资源禀赋和环境污染问题。

在本章模型的优化结果中，即使没有大气污染控制政策以及其他排放限制，清洁能源发电技术也将在2050年之前主导中国的发电结构。这意味着从长远角度来看，除了环境保护，开发清洁能源发电技术将是中国长期发展的重要选择，清洁能源技术将逐渐改变中国的发电结构。中国能源总发电量中清洁能源发电量的比例将从2015年的24%上升到2050年的62%。近年来，环境问题的严重性使人们考虑使用清洁能源，应实现水电、风电、核电、光伏发电和煤电等多种能源互补结合，形成需求负荷与能源供应匹配，有效促进能源消耗，降低用电高峰压力。

第四节 本章小结

本章从长期角度出发，基于 MESSAGE 模型框架，构建了一个含有特高压输电技术的多区域电力系统能源运输优化模型，通过最大地降低中国电力系统中技术采纳的累计总成本，在考虑区域资源禀赋和大气污染控制影响的基础上，提出了优化中国电力系统的能源运输路径。本章模型优化的主要结果包括以下几点：（1）清洁能源技术发电量占总发电量的比例将从2015年的24%上升到2050年的62%；（2）各区域的发电结构受水资源和大气污染防治政策的影响极大，由于大气污染控制政策，2030年二氧化碳排放总量将减少约33千万吨；（3）到2050年，煤炭将主要从北部运往中部、南部、东部及东北，而电力将主要从西北、北部、西南、中部向南部、东部运输。

第六章

结论与展望

第一节 研究总结

采纳新基建类技术，如特高压等，意味着巨大和长期的投入，不同区域对技术投资的先后顺序会造成技术区域异质性问题，需要从系统优化的角度加以规划。技术学习效应和区域间技术扩散效应可以使高新技术的成本降低，但技术学习存在很大的不确定性。在多区域空间下，探索不确定技术学习对新基建类技术采纳的影响机制是一个亟待解决的关键问题。本书构建了存在内生技术学习的多区域技术采纳系统优化模型，并以特高压为例分析在多区域背景下分阶段采纳新基建类技术的最优方案，既具有理论意义也具有现实和应用意义。

中国电力系统能源运输问题一直是平衡中国区域电力要解决的重要问题。特别是随着中国加大对大气污染区域的控制政策的实施，中国在长距离能源运输中正面临着极大挑战。特高压输电技术的出现可以让长距离输电的损耗变得更低，减轻需求地建立电厂的压力，使火力发电厂搬到离煤矿较近的地方，从而改善中国电力系统发电结构的空间布局。然而，特高压输电作为一种新基建类技术仍然处于初始应用阶段,其投资成本通常很高且存在不确定性。由此,研究在多区域的情况下影响新基建类技术采纳的因素,特高压输电技术的分阶段、分区域的最优(或满意)的策略,中国区域能源电力结构的调整、合理开发化石能源和利用清洁能源等问题,既具有理论意义也具有现实和应用意义。围绕上述问题,本书主要研究工作和结论如下。

首先,将内生技术学习与系统时间和空间结合起来探索新基建类技术采纳的主要影响因素。在第三章以现有的技术采纳系统优化模型框架为基础,加入内生技术学习、多时间、多区域空间元素构建了一个多区域的内生新基建类技术采纳系统优化模型。然后,用MATLAB实现这一模型,并模拟分析了确定技术学习和不确定技术学习两种情景下的技术溢出率、技术效率、区域需求、投资成本、技术学习率等参数对新基建类技术采纳的影响。研究结果表明:从系统优化的角度来看,区域中资源点与需求点的距离长度会影响新基建类技术的采纳时间;技术溢出效应将会加速新基建类技术的采纳;新基建类技术的采纳对其技术学习率非常敏感;技术的初始投资成本和技术效率双重作用会加强区域中资源点与需求点距离对采纳新基础设施的影响。与确定技术学习相比,不确定技术学习会延迟新基建类技术的采纳;在不确定技术学习情景下,决策者越谨慎,新基建类技术的采纳时间越晚。模型给出的优化采纳方案形成了一条技术扩散的 S 形曲线。

其次,在校验好技术采纳系统优化模型后,导入中国特高压规划数据和特高压技术参数数据,分析中期阶段内中国电力系统中特高压输电技术的采纳。2015—2020 年是中国发展特高压的关键时期。决策者在中期阶段优先建设哪一条特高压输电线路是其面临的主要问题。在第四章对中期阶段内拟建设的 28 条特高压输电线路进行了优化,对影响特高压技术采纳和扩散的因素进行了灵敏度分析。结果表明,中期阶段内煤炭运输将继续发挥重要作用,但特高压输电比例有所上升。电力系统能源运输的最佳途径应包括电力输送特高压和煤炭运输。从最小化电力系统的成本和满足中国的区域电力需求的角度出发，提出在中期阶段，19 条计划中的特高压输电线路中需要优先考虑建设 8 条。这 8 条特高压输电线路为锡盟—济南、蒙西—天津南、山西—江苏、滇西北—广东、准东—成都、准东—华东、蒙西—长沙和张北—南昌。此外，研究也表明提高特高压输电技术学习效应、提升电力需求和降低电厂的投资成本将促进特高压输电技术的采纳。

最后，收集整理中国煤炭资源空间分布数据，将中国按电网划分成七个电网区域，根据从数值模拟中归纳的重要影响因素来设计中国长期电力系统能源运输 MESSAGE 模型，将区域煤炭资源数据、区域水资源数据、区域大气污染控制政策和区域电力需求数据通过 Python 编程形成标准数据库，运用 GAMs 调取 MESSAGEix 平台模块求解中国长期跨区域能源运输方案。其中，煤炭运输方案为：到 2050 年，煤炭将主要从北部运往中部、南部和东部地区。跨区域长距离特高压输电技术采纳方案为：到 2050 年，电力将主要从西北、北部、西南、中部地区向南部和东部地区运输。多区域电力生产结构优化方案为：在东部地区应大力发展核电，在南部地区应发展水电和核电，在中部地区优先发展水电，在北部地区火电仍是主要电力来源，但是可大力发展太阳能发电，在东北地区可优先发展风电和核电，在西南地区水力发电仍是主要电力来源，虽然在西南地区火电仍有优势，但是可大力发展风电和太阳能发电。此外，研究也表明：中国清洁能源总发电量比例将从 2015 年的 24% 提高到 2050 年的 62%。大气污染控制政策对中国二氧化碳排放有很大影响，由于大气污染控制政策，2030 年中国二氧化碳排放在高峰时将减少约 33 千万吨。本书的这些结论可为政府相关决策者制定中国多区域间能源运输规划方案政策提供参考。

第二节 研究局限与展望

本书也存在一定的局限性，还有一些值得后续深入完善的研究内容。

首先，在第四章模型应用中，由于存在多条特高压输电线路、多时间和多空间因素，而求解带有内生技术学习效应模型的问题为非凸优化问题，因此使用古典的非线性优化技术求解是非常困难的，到目前为止还没有成熟有效的方法，尤其对大规模问题更是如此。为了节省计算时间，将内生技术学习效应调整为外生技术学习效应进行处理。在接下来的工作中，将进一步探讨内生技术学习效应对中国特高压技术采纳的影响。

其次，不同的政策目标下，中国电力系统中能源运输的实际最优路径会有很大差异。因此，区域间能源运输的发展需要与宏观能源政策和环境政策目标紧密结合。在第五章中，模拟了当前政策情景下我国能源运输与区域发电结构的布局，由于未来的经济发展中电力需求的增长存在一定的不确定性，在接下来的研究中将模拟不同的政策情景下中国电力系统能源运输方案。

最后，本书的应用部分的分析是从整个电力系统成本最小化的角度出发。在未来研究中，将会从多目标的角度出发，将成本最小化的单目标函数拓展为成本、排放、水资源等多目标函数，进而从多准则的角度探索区域资源禀赋和大气污染控制政策对区域间特高压技术采纳和区域发电结构布局的影响。

附 录

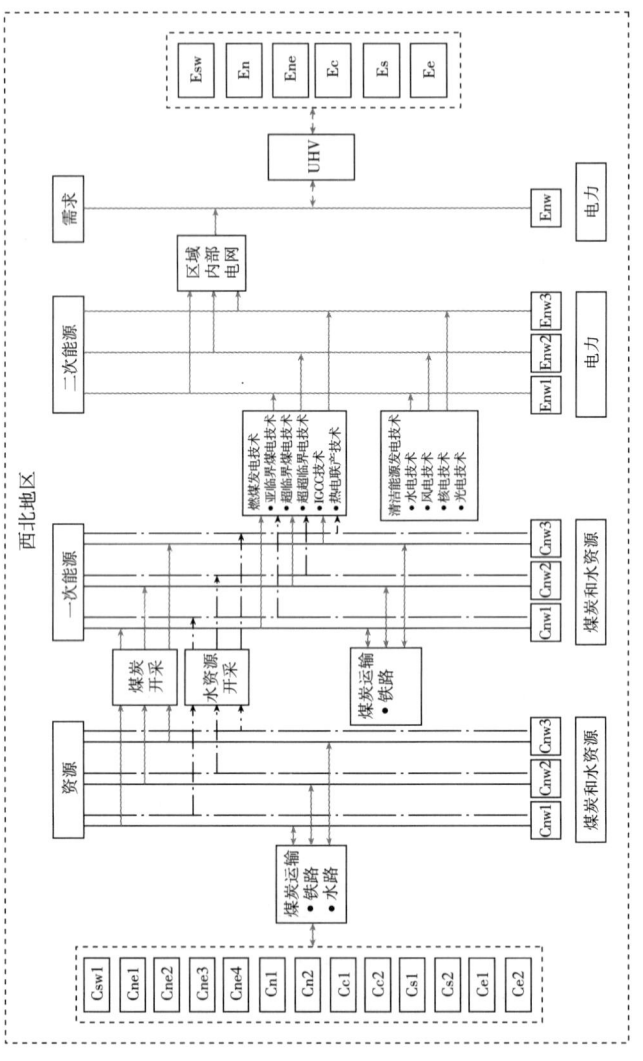

图 A.1 西北地区电力系统能源流

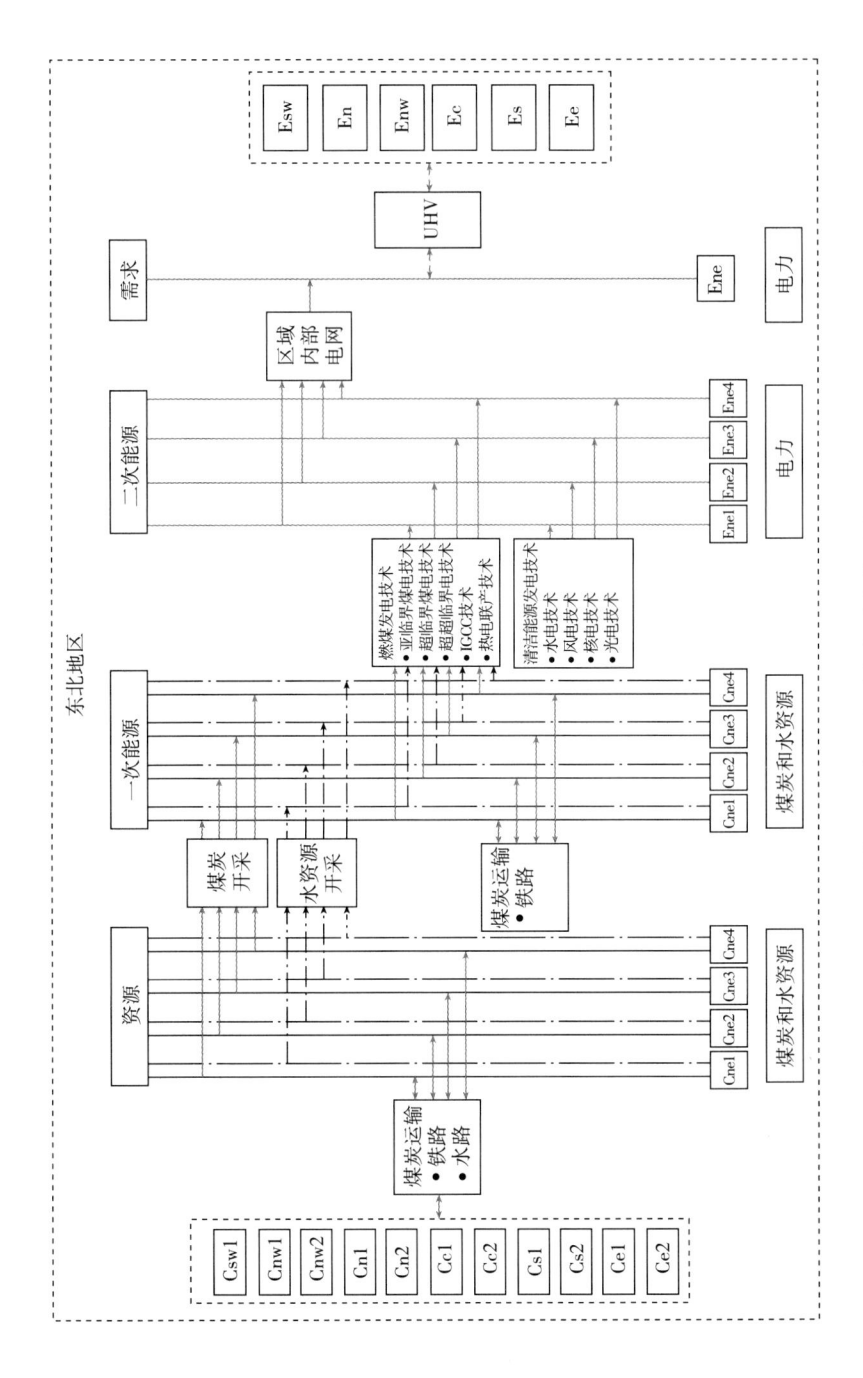

图 A.2 东北地区电力系统能源流

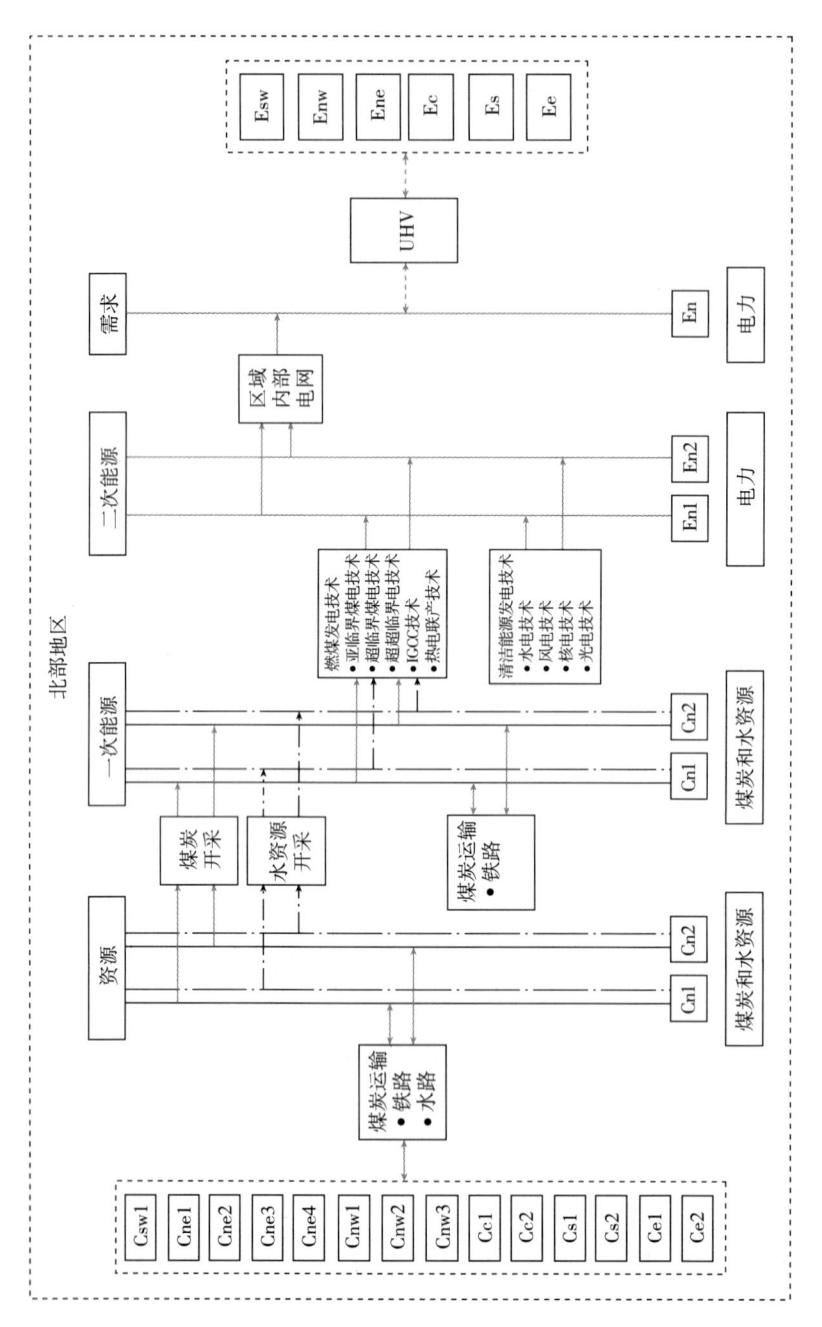

图 A.3　北部地区电力系统能源流

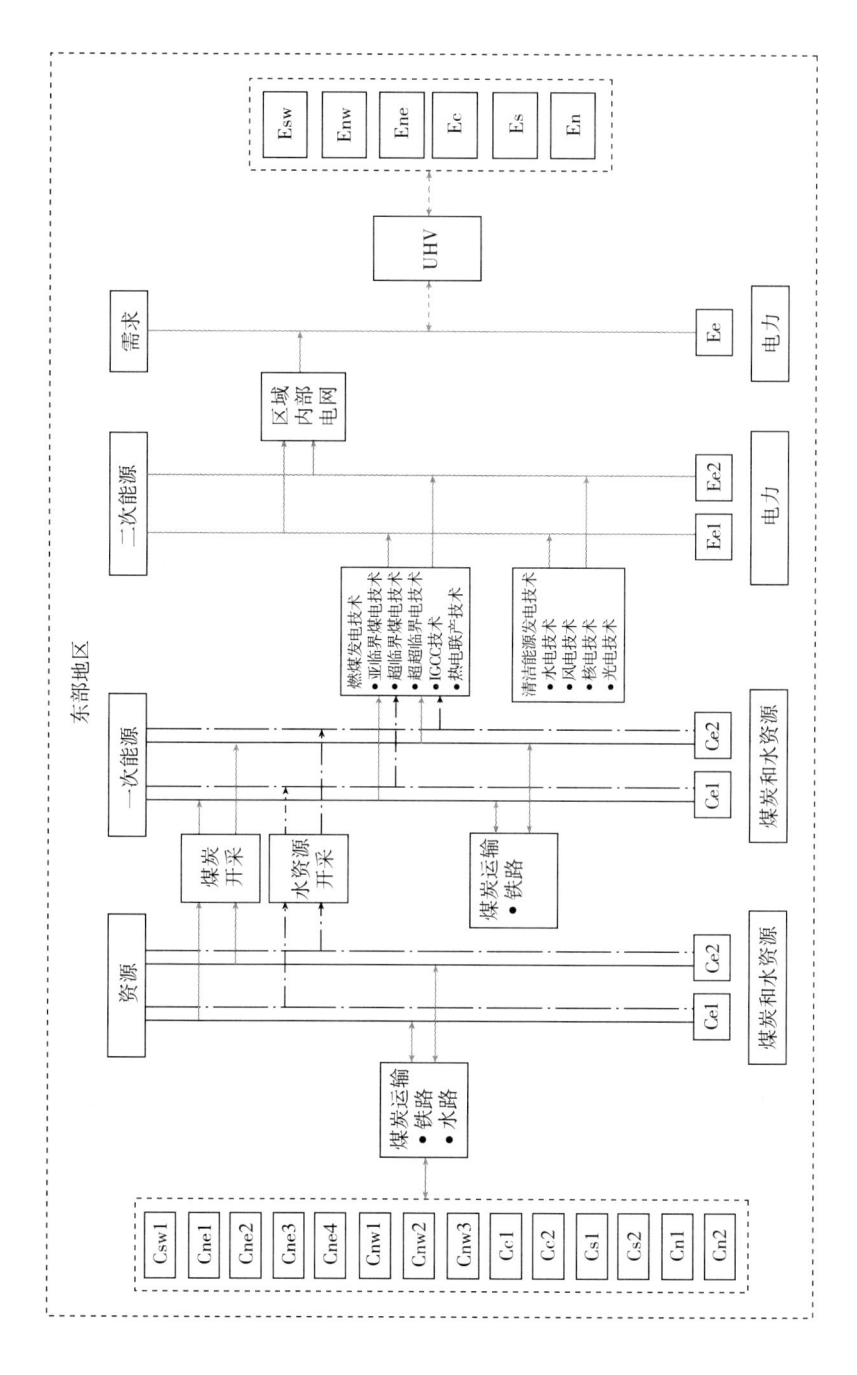

图 A.4 东部地区电力系统能源流

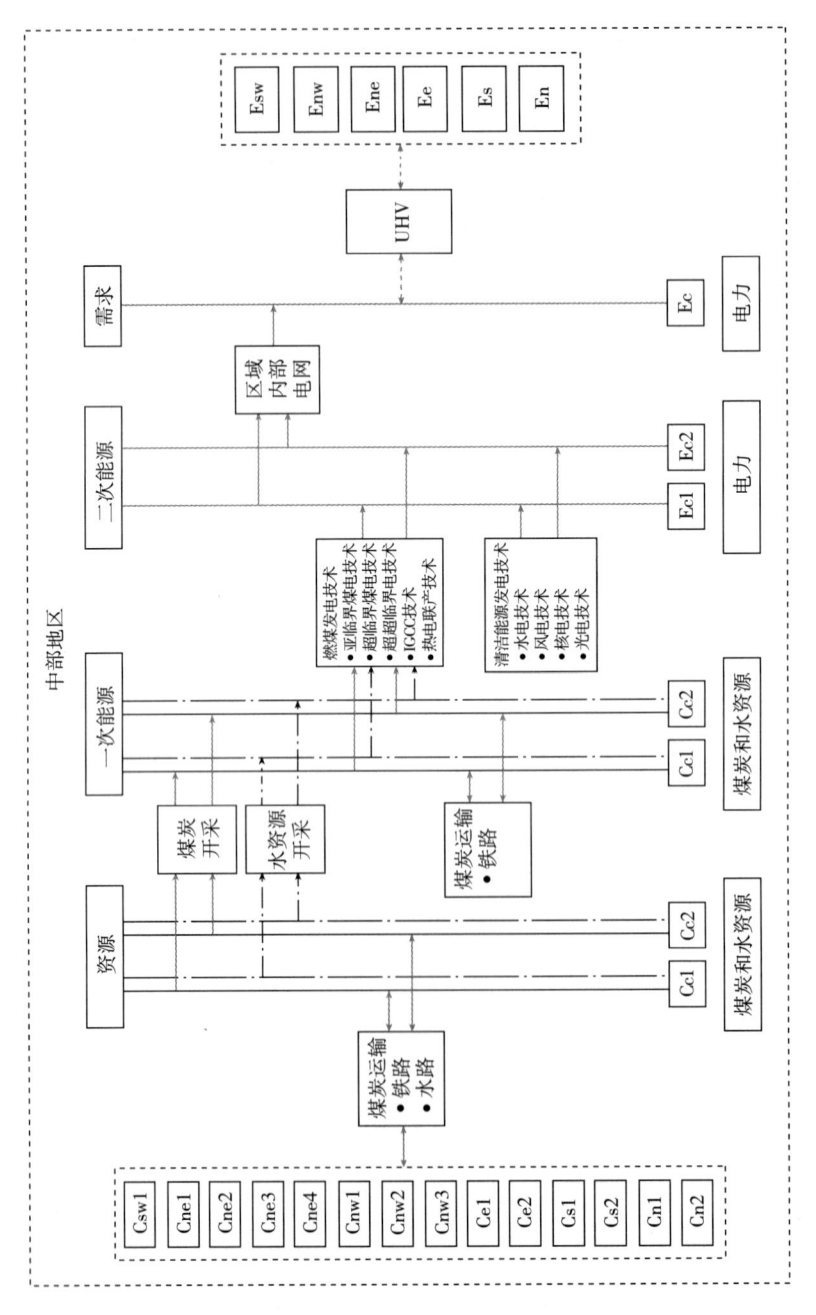

图 A.5 中部地区电力系统能源流

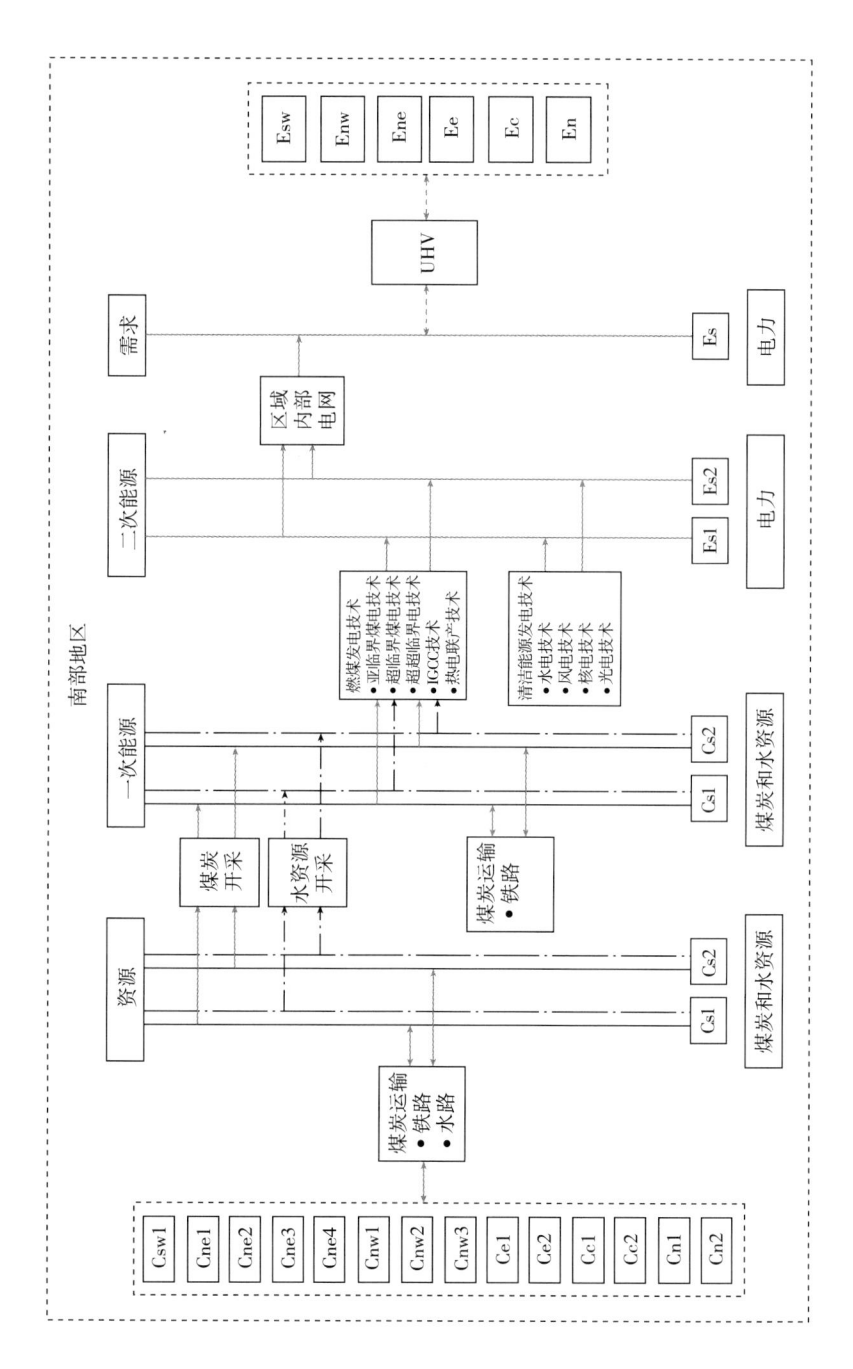

图 A.6 南部地区电力系统能源流

图 A.7 西南地区电力系统能源流

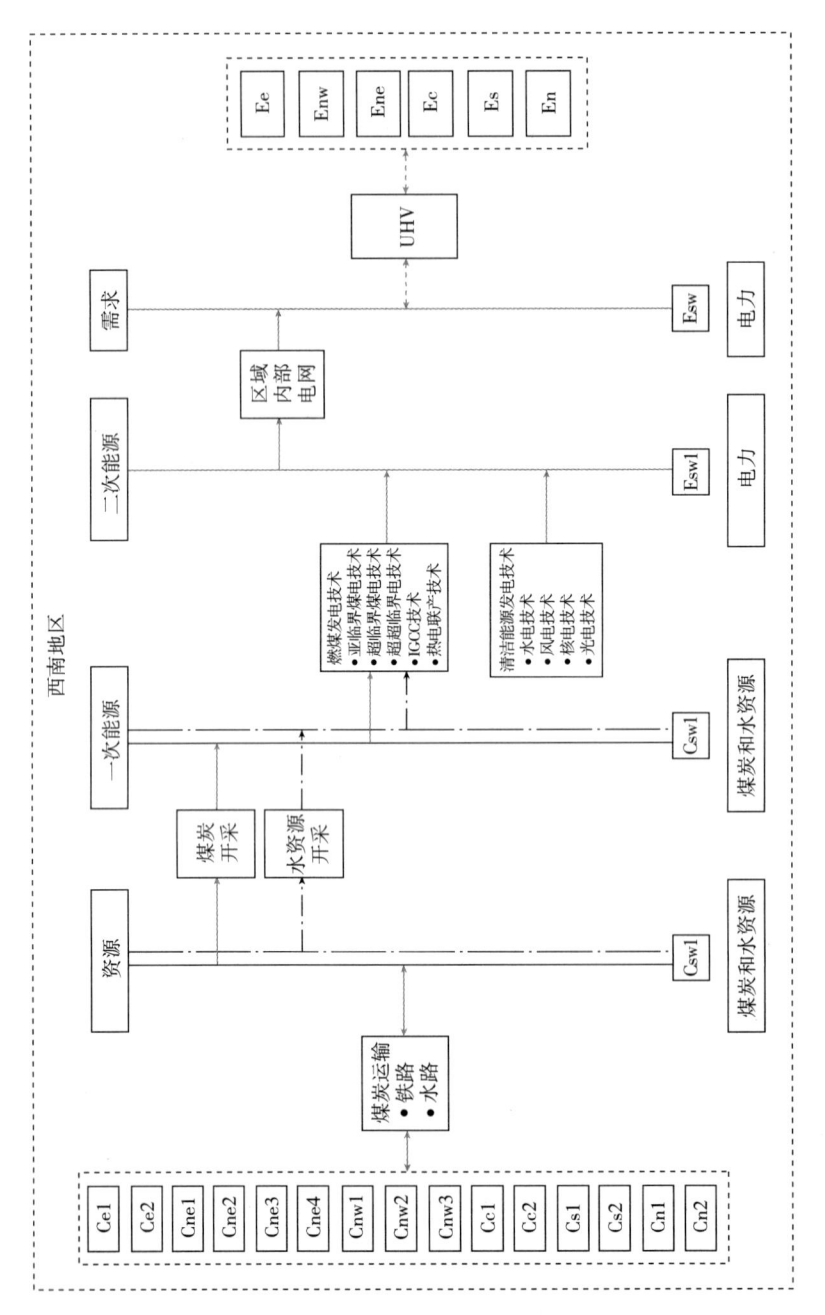

参考文献

白宏坤、李干生、王岩：《河南省输煤输电经济性比较》，《中国电力》2012年第11期。

白宏坤、王江波、尹硕、郑雅楠、刘永民、李虎军：《基于河南省视角的新形势下分区域电力综合资源战略规划布局研究》，《中国电力》2017年第3期。

白建华、付蓉、辛颂旭、陈罕立：《我国燃煤电厂布局与大气环境资源优化利用关系研究》，《中国电力》2007年第11期。

柴麒敏、常世彦、张希良：《基于ALTRANS模型的我国生物燃料发展潜力研究》，《管理学报》2008年第5期。

陈华忆：《系统优化视角下的技术采用建模与分析》，博士学位论文，华东理工大学，2016年。

陈磊、印霖：《某数据中心免费供冷系统与常规空调系统经济性比较》，《暖通空调》2016年第10期。

陈磊、张陆洋：《基于复杂网络关系的风险投资的风险控制研究——以工业互联网平台企业为例》，《特区经济》2020年第2期。

陈利锋、钟玉婷：《人工智能发展的宏观经济效应：动态随机一般均衡视角》，《上海金融》2020年第1期。

陈文颖、高鹏飞、何建坤：《用MARKAL-MACRO模型研究碳减排对中国能源系统的影响》，《清华大学学报》（自然科学版）2004年第3期。

陈湘青：《基于IDT和TAM理论的O2O电子商务消费者采纳行为研

究》,《企业经济》2016年第1期。

陈小毅、周德群:《关于我国煤电产业布局重构的战略思考》,《科技管理研究》2010年第10期。

丁伟、胡兆光:《特高压输电经济性比较研究》,《电网技术》2006年第19期。

董怡漩、张向前:《互联互通蓝图下人工智能与中国经济转型升级研究》,《科技与经济》2020年第2期。

段宏波、唐旭、任凯鹏、丁聿:《多模型比较框架下中国天然气消费的中长期发展路径》,《天然气工业》2021年第2期。

段宏波、朱磊、范英:《能源—环境—经济气候变化综合评估模型研究综述》,《系统工程学报》2014年第6期。

段宏波、朱磊、范英:《中国碳捕获与封存技术的成本演化和技术扩散分析——基于中国能源经济内生技术综合模型》,《系统工程理论与实践》2015年第2期。

范玉波:《日本大地震背景下中国新能源发展的路径选择》,《生态经济》2011年第12期。

冯任卿、张智远:《河北南网远景特高压布局研究》,《科技资讯》2014年第3期。

傅志寰、胡思继、武旭:《运煤输电对比研究》,《工程研究:跨学科视野中的工程》2015年第3期。

高澍、牛东晓、马明、汪宁渤、盖晓平:《大规模新能源区域互联消纳能力分析及综合评价方法研究》,《中国电力》2017年第7期。

工业和信息化部:《工业互联网创新发展行动计划(2021—2023年)》,http://www.gov.cn/zhengce/zhengceku/2021-01/13/content_5579519.htm,2020年12月22日。

谷琛、范建斌、李鹏、杜怡君、王晓刚、余军:《特高压直流输电国际标准化研究进展》,《中国标准化》2020年第S1期。

关志成、张福增、王国利、龙彪、王黎明:《我国特高压的特有技术问题》,《电力设备》2006年第1期。

郭朝晖：《对我国工业互联网发展状况的一点看法》，《自动化博览》2019年第12期。

郭朝先、王嘉琪、刘浩荣：《"新基建"赋能中国经济高质量发展的路径研究》，《北京工业大学学报》（社会科学版）2020年第6期。

郭晓丽、肖欣、张新松、顾菊平：《微网下V2G技术经济性的分析与研究》，《电网与清洁能源》2017年第3期。

国家电网：《国家电网在建在运特高压工程示意图》，http：//www.sgcc.com.cn，2016年12月30日。

国务院：《大气污染防治行动计划》，http：//www.gov.cn/zwgk/2013-09/12/content_2486773.htm，2013年9月10日。

国务院：《国家中长期科学和技术发展规划纲要（2006—2020年）》，《中华人民共和国国务院公报》第9期。

国务院：《国家自主创新基础能力建设"十一五"规划》，http：//www.gov.cn/zhengce/content/2013-05/30/content_5186.htm，2013年5月30日。

国务院：《国务院关于加快振兴装备制造业的若干意见》，http：//www.gov.cn/gongbao/content/2006/content_352166.htm，2006年2月13日。

韩高岩、楼可炜、孙五一、吕洪坤、蔡洁聪、童家麟：《数据中心能源站运行经济性策略分析》，《浙江电力》2018年第12期。

何琼、王杨科、代娇娇：《关于加快我国跨区送电发展的措施建议》，《科技信息》2013年第17期。

何肇：《关于改善华东电网结构、降低短路容量方案的探讨》，《电网技术》2004年第2期。

洪竞科、李沅潮、蔡伟光：《多情景视角下的中国碳达峰路径模拟——基于RICE-LEAP模型》，《资源科学》2021年第4期。

胡军红、施佳佳：《高速铁路对沿线区域经济发展的影响——以沪宁城际为例》，2019世界交通运输大会，北京，2019年6月。

黄东风：《利用MESSAGE模型优化浙江电源结构初探》，《能源工程》2006 年第 4 期。

黄东启、姚文峰、董楠、徐梅梅、赵睿：《特高压与超高压交流输电能力及经济比较研究》，《电力大数据》2018 年第 4 期。

黄涛：《我国铁路用钢现状及需求展望》，《冶金管理》2019 年第 14 期。

黄志军：《跨区域输电背景下煤电基地建设对当地经济和环境影响研究》，硕士学位论文，华北电力大学，2012 年。

季玉华：《南方电网区域内输煤输电经济性比较研究》，《企业技术开发》2011 年第 11 期。

贾可：《掌声少了七八次》，《经营者（汽车商业评论）》2016 年第 3 期。

江智军、谌洪江、刘见、靳绍平：《输煤与输电环境效益比较分析》，《科学技术与工程》2016 年第 17 期。

姜海宁：《跨国企业作用下的地方企业网络演化研究》，博士学位论文，华东师范大学，2012 年。

姜卫民、范金、张晓兰：《中国"新基建"：投资乘数及其效应研究》，《南京社会科学》2020 年第 4 期。

解玉磊、付正辉、汤烨、刘应梅、李薇：《区域电力结构优化模型及温室气体减排潜力》，《电力建设》2013 年第 11 期。

金维刚、李勇、印永华、秦晓辉、汪文达、郭晓云、崔雪、刘会金：《不确定环境下特高压远距离风电专用通道落点方案决策的灵敏度分析》，《电网技术》2016 年第 3 期。

金振东：《人工智能引领新经济时代》，《城市建设理论研究》（电子版）2019 年第 16 期。

李斌、丁艺：《区域电力需求分析》，《统计与决策》2007 年第 3 期。

李东鸿：《5G 建设总成本最优化策略研究》，《通信与信息技术》2020 年第 4 期。

李福昌：《2021 年 5G 发展六大趋势预测》，《通信世界》2021 年第 1 期。

李国鑫、王雅林：《基于技术与组织适应性的信息技术绩效模型探讨》，《自然辩证法研究》2004年第6期。

李豪、耿军伟：《落地式平臂抱杆组立特高压双回路钢管塔施工技术研究》，《工程技术》（全文版）2016年第5期。

李继峰、张阿玲：《混合式能源—经济—环境系统模型构建方法论》，《系统工程学报》2007年第2期。

李杰：《发配电基本工作原理的分析》，《企业技术开发：下》2011年第9期。

李莉、李智、鲍冠南、刘航航、廖大鹏、胡婧雯：《备用辅助服务参与下的特高压受端电网经济调度优化》，《电气自动化》2020年第6期。

李霆、张朋柱、王刊良：《影响用户接受信息技术的关键因素分析》，《预测》2005年第4期。

李晓华：《面向智慧社会的"新基建"及其政策取向》，《改革》2020年第5期。

李燕：《工业互联网平台发展的制约因素与推进策略》，《改革》2019年第10期。

林伯强、姚昕：《电力布局优化与能源综合运输体系》，《经济研究》2009年第6期。

林晨、陈小亮、陈伟泽、陈彦斌：《人工智能、经济增长与居民消费改善：资本结构优化的视角》，《中国工业经济》2020年第2期。

刘洪伟、李纪珍、王彦：《技术学习成本及其影响因素分析》，《科研管理》2007年第5期。

刘建红：《城市快速轨道交通敷设方式经济性与适应性研究》，《城市轨道交通研究》2019年第7期。

刘明君：《城市化背景下城际高速铁路建设时机比较研究》，《综合运输》2012年第10期。

刘瑞国：《缓解电煤运输紧张新途径——特高压电网》，《电子制作》2014年第16期。

刘巍、袁韩生：《数据中心天然气分布式能源冷电联供技术方案与经济性分析》，《南方能源建设》2019年第2期。

刘文俊、丁琳：《基于竞争技术采纳模型的用户初始使用意愿研究》，《统计与决策》2015年第2期。

刘艳秋、韩俊敏、王建国、华连连：《人工智能专利技术分布、演化及合作创新网络分析》，《中国科技论坛》2021年第3期。

刘洋：《W市电动汽车充电站投资风险型决策模型构建及应用》，硕士学位论文，西安理工大学，2019年。

柳君波、高俊莲、徐向阳：《中国煤炭供应行业格局优化及排放》，《自然资源学报》2019年第3期。

娄素华：《现代电力系统优化模型及其相关算法研究》，博士学位论文，华中科技大学，2005年。

娄欣：《中国特高压与超高压输电方式的技术经济分析及方案设想》，硕士学位论文，华北电力大学，2010年。

卢福财、徐远彬：《互联网对制造业劳动生产率的影响研究》，《产业经济研究》2019年第4期。

鲁耀斌、徐红梅：《技术接受模型的实证研究综述》，《研究与发展管理》2006年第3期。

陆小倩：《输煤还是输电？基于线性规划模型的优化研究》，硕士学位论文，中国矿业大学，2014年。

陆裕华、邹龙、郇保宏、徐云峰、王允彬、王华昕：《可再生能源和特高压接入的输电系统规划研究》，《电测与仪表》2019年第11期。

吕连宏、韩霄、罗宏、柴发合、张美根：《煤炭消费与大气污染影响下的燃煤火电分区发展策略》，《环境科学研究》2016年第1期。

罗军舟、何源、张兰、刘亮、孙茂杰、熊润群、东方：《云端融合的工业互联网体系结构及关键技术》，《中国科学：信息科学》2020年第2期。

马赏：《我国高速铁路经济效益研究》，硕士学位论文，石家庄铁道大学，2013 年。

马晔风、陈煜波、吴邦刚：《人工智能对中国经济社会发展的影响》，《信息化建设》2019 年第 11 期。

马忠海：《中国几种主要能源温室气体排放系数的比较评价研究》，博士学位论文，中国原子能科学研究院，2002 年。

孟月：《经济、高效 共建共享加速 5G 发展》，《通信世界》2020 年第 12 期。

潘教峰、万劲波：《构建现代化强国的十大新型基础设施》，《中国科学院院刊》2020 年第 5 期。

彭吕斌、何剑、谢开贵、汤涌、胡博、易俊、李江山、贺庆：《特高压交流和直流输电系统可靠性与经济性比较》，《电网技术》2017 年第 4 期。

蒲军军：《公交充电站和公用充电桩的运行成本核算及经济效益分析》，《上海节能》2019 年第 1 期。

邱硕、王雪强、毕胜山、吴江涛、宋雨田：《LEAP 模型下的陕西省节能与温室气体减排潜力分析》，《西安交通大学学报》2016 年第 11 期。

任泽平、熊柴、梁颖、李晓桐：《新基建：必要性、可行性及政策建议》，《中国经济报告》2020 年第 4 期。

单葆国、韩新阳、谭显东、王永培、郑雅楠：《中国"十三五"及中长期电力需求研究》，《中国电力》2015 年第 1 期。

神瑞宝、张粒子、张洪、程世军、凡鹏飞：《输煤输电经济性比较研究》，《中国电力》2013 年第 10 期。

沈根才：《电力发展战略与规划》，清华大学出版社 1993 年版。

盛磊、杨白冰：《新型基础设施建设的投融资模式与路径探索》，《改革》2020 年第 5 期。

施通勤：《湖北省电力合理布局研究》，《武汉电力职业技术学院学报》2012 年第 3 期。

石晶金、陈仁杰、阚海东、赵卓慧、袁东：《基于不同政策场景下上海市空气污染治理政策健康效益分析》,《中国公共卫生》2017 年第 6 期。

舒印彪、张运洲:《优化我国能源输送方式研究》,《中国电力》2007 年第 11 期。

舒展、张伟晨、王光、熊永新、姚伟、文劲宇、杨越、陶翔:《特高压直流接入江西电网后的故障影响分析及其应对措施》,《电力系统保护与控制》2019 年第 20 期。

宋艺航、张会娟、谭忠富:《跨区域电力资源供需均衡仿真的系统动力学模型》,《电网技术》2014 年第 11 期。

谭华、林玮平、林克、吴飞:《基于云网融合的工业互联网应用分析》,《广东通信技术》2018 年第 12 期。

唐文彬、肖秋菱:《城市轨道交通项目投资效益提升路径与策略》,《长沙理工大学学报》(社会科学版)2019 年第 6 期。

汪应宏、汪云甲:《煤炭开采成本的预测方法研究》,《煤炭学报》1999 年第 2 期。

王宏伟、刘一晗、张芸栗、于磊鑫:《辽宁省公共机构能源供应结构优化设计》,《沈阳建筑大学学报》(自然科学版)2020 年第 6 期。

王井:《H 市电动汽车充电站项目建设成本与资金需求预测分析》,《企业改革与管理》2016 年第 14 期。

王克、王灿、吕学都、陈吉宁:《基于 LEAP 的中国钢铁行业 CO_2 减排潜力分析》,《清华大学学报》(自然科学版)2006 年第 12 期。

王世朋、赵大周、柯冬冬、林达:《杭州数据中心燃气分布式能源典型方案及经济性分析》,《浙江电力》2019 年第 10 期。

王顺昊:《中国煤炭资源与火电厂分布特征分析》,《消费导刊》2012 年第 4 期。

王艳玲、张广胜、李全海:《基于技术接受模型的电商平台采纳行为及影响因素》,《企业经济》2020 年第 3 期。

王耀华、张凤营、白建华:《输煤输电经济性比较》,《中国电力》2007 年第 12 期。

王宗舞、魏家红:《基于三元区间数的区域煤炭资源配置优化模型》,《煤炭技术》2013年第3期。

魏鹏涛、曾宇、王海宁、李晶、姚沛君、李梦池、徐艺谋:《基于大数据的5G基站退服成本估算》,《电子技术应用》2019年第10期。

魏一鸣、吴刚、刘兰翠、范英:《能源—经济—环境复杂系统建模与应用进展》,《管理学报》2005年第2期。

吴敬儒、徐永禧:《我国特高压交流输电发展前景》,《电网技术》2005年第3期。

吴唯、张庭婷、谢晓敏、黄震:《基于LEAP模型的区域低碳发展路径研究——以浙江省为例》,《生态经济》2019年第12期。

吴绪亮:《新基建与数字中国发展的战略逻辑》,《中国经济时报》2020年4月23日第4版。

吴亚骏:《基于MARKAL模型的电力系统规划方法研究》,《产业科技创新》2019年第12期。

吴昱、边永民:《WTO视野下我国风力发电上网电价补贴政策研究》,《宏观经济研究》2013年第10期。

徐舒、左萌、姜凌:《技术扩散、内生技术转化与中国经济波动——一个动态随机一般均衡模型》,《管理世界》2011年第3期。

徐逸飞、帅斌、黄文成、李洪波:《经济社会效益视角下的城际铁路建设时机研究》,《铁道运输与经济》2019年第11期。

严刚、杨金田、陈罕立、燕丽、陈潇君:《基于SO_2总量控制探讨我国煤电发展的环境空间》,《环境科学研究》2008年第3期。

杨春立、袁晓庆、王刚、孙刚:《2019年中国工业互联网平台发展形势展望》,《互联网经济》2019年第3期。

杨革:《电煤区域间调运方案研究》,硕士学位论文,北京交通大学,2014年。

杨国忠、许超、刘聪敏、柴茂:《有限理性条件下技术创新扩散的演化博弈分析》,《工业技术经济》2012年第4期。

杨辉青、王新轲、赵乾、杨静洁、沙沙：《某数据中心蓄冷方式经济性分析》，《科学技术创新》2020年第2期。

杨靖波、李茂华、杨风利、韩军科：《我国输电线路杆塔结构研究新进展》，《电网技术》2008年第22期。

杨丽、庞丽丽：《电信运营商5G成本预测方法研究》，5G网络创新研讨会（2019），北京，2019年8月。

杨琴：《电煤物流系统优化配置研究》，硕士学位论文，长安大学，2009年。

杨淑英：《电力系统概论》，中国电力出版社2007年版。

杨亚南、李一鸣、聂力海、张宁、赵来平：《跨地域分布数据中心高成本效益的任务调度》，《应用科学学报》2019年第6期。

杨以涵：《电力系统基础》，水利电力出版社1986年版。

易辉、熊幼京：《1000kV交流特高压输电线路运行特性分析》，《电网技术》2006年第15期。

殷建平、黄辉：《论我国能源消耗的不平衡性及应对策略》，《商业时代》2010年第5期。

于华深、蔺娜、于杨：《辽宁省太阳能资源分布及区划初探》，《气象与环境学报》2008年第2期。

于雪峰、林浩淼：《开拓拉美核能市场》，《国际工程与劳务》2016年第5期。

余岳峰、胡建一、章树荣、罗永浩：《上海能源系统MARKAL模型与情景分析》，《上海交通大学学报》2008年第3期。

禹春霞、满茹、邹志琴：《基于熵权-TOPSIS的人工智能行业上市公司投资价值动态评价研究》，《工业技术经济》2020年第12期。

曾南超：《高压直流输电在我国电网发展中的作用》，《高电压技术》2004年第11期。

曾沅、王浩：《基于全社会成本评估的输煤输电经济比较》，《天津大学学报》（自然科学与工程技术版）2015年第4期。

张春雨：《内蒙到江浙沪地区电煤运输通道优化研究》，硕士学位论文，大连海事大学，2013 年。

张戈力：《基于费用效益法的特高压工程国民经济评价方法及实证》，《电力勘测设计》2020 年第 1 期。

张磊、陆小倩、王静：《中国输煤输电格局的优化研究》，《中国地质大学学报》（社会科学版）2014 年第 6 期。

张立辉、熊俊、鞠立伟、吴鸿亮、谭忠富：《考虑清洁能源参与的跨区域能源配置优化模型》，《湖南大学学报》（自然科学版）2015 年第 4 期。

张娜、董化宏、何学铭：《我国抽水蓄能电站建设必要性和前景》，《中国三峡》2010 年第 7 期。

张维东：《5G 网络传输解决方案》，《通信技术》2020 年第 4 期。

张伟、陈绍刚：《新兴技术采用的生命周期各阶段技术风险研究》，《科技管理研究》2007 年第 5 期。

张伟、刘德志：《新兴技术投资风险的多层次模糊综合评价模型》，《科技与管理》2008 年第 1 期。

张尧：《5G 光缆网络建设策略及过渡期方案的思考》，《计算机产品与流通》2020 年第 4 期。

张宇超、刘正中、张成林、吴悦华：《基于绿色低碳发展的区域发电能源结构优化》，《中国科技信息》2015 年第 2 期。

张运洲：《我国跨区域电力资源配置前景分析》，《中国电力》2004 年第 9 期。

张政、韦伟、史芮嘉、许奇、毛保华：《考虑动态定价的煤炭调运方案优化研究》，《交通运输系统工程与信息》2017 年第 4 期。

张志荣、李志军、陈建刚、张新、朱雪田：《5G 网络共建共享技术研究》，《电子技术应用》2020 年第 4 期。

赵彪、史雪飞、孙珂、郑燕、张昊昱：《特高压输电经济性实例分析》（英文），《中国电机工程学报》2009 年第 22 期。

赵刚、祁斌：《上海电煤长江运输系统规划》，《系统工程理论与实践》2005 年第 1 期。

赵磊、肖武：《间接蒸发冷却技术在数据中心应用的经济性分析》，《制冷与空调》2020 年第 1 期。

赵沛、余欣泉、陈儒、江军：《面向 5G 演进下的深度覆盖低成本建设方案》，《电信科学》2019 年第 S1 期。

赵忆宁：《大国工程》，中国人民大学出版社 2018 年版。

赵媛、于鹏：《我国煤炭资源空间流动的基本格局与流输通道》，《经济地理》2007 年第 2 期。

周二彪、孙阳、谭捷、李娟、袁铁江：《面向新能源消纳的电网互联通道规划》，《高电压技术》2020 年第 8 期。

周浩、余宇红：《我国发展特高压输电中一些重要问题的讨论》，《电网技术》2005 年第 12 期。

庄幸、姜克隽：《煤炭产品从矿井到用户的能源含量分析》，《中国能源》2009 年第 9 期。

Abdelaziz, E. A., Saidur, R., Mekhilef, S., "A Review on Energy Saving Strategies in Industrial Sector", *Renewable and Sustainable Energy Reviews*, Vol. 15, No. 1, 2011, pp. 150-168.

Aminata, Jaka, "Long Range Energy Alternatives Planning (LEAP)", *Jurnal Dinamika Ekonomi & Bisnis*, Vol. 2, 2005, pp. 81-109.

Arigoni, A., Newman, A., Turner, C., Kaptur, C., "Optimizing Global Thermal Coal Shipments", *Omega*, Vol. 72, 2017, pp. 118-127.

Arrow, Kenneth ed., *Economic Welfare and the Allocation of Resources for Invention*, Princeton: Princeton University Press, 1962.

Arrow, K. J., "The Economic Implications of Learning by Doing", *Review of Economic Studies*, Vol. 29, No. 3, 1971, pp. 155-173.

Arthur, W. B., "Competing Technologies, Increasing Returns, and Lock-in by Historical Events", *Economic Journal*, Vol. 99, No. 394, 1989, pp. 116-131.

Ash, L., Waters, C. D. J., "Simulating the Transport of Coal across Canada—Strategic Route Planning", *Journal of the Operational Re-*

search Society, Vol. 42, No. 3, 1991, pp. 195–203.

Ataei, A., Choi, J. K., Shamshiri, S., Torabi, H., Nedaei, M., "Evaluating of the Energy Consumption in Iran during 1980–2030 Using the Leap Model", *American Journal of Renewable and Sustainable Energy*, Vol. 1, No. 2, 2015, pp. 72–85.

Azam, M., Othman, J., Begum, R. A., Abdullah, S., Nor, N., "Energy Consumption and Emission Projection for the Road Transport Sector in Malaysia: An Application of the LEAP Model", *Environment Development & Sustainability*, Vol. 18, No. 4, 2016, pp. 1027–1047.

Babonneau, F., Haurie, A., Loulou, R., Vielle, M., "Combining Stochastic Optimization and Monte Carlo Simulation to Deal with Uncertainties in Climate Policy Assessment", *Environmental Modeling & Assessment*, Vol. 17, No. 1, 2012, pp. 51–76.

Bagozzi, R., Davis, F., Warshaw, P., "Development and Test of a Theory of Technological Learning and Usage", *Human Relations*, Vol. 45, No. 7, 1992, pp. 659–686.

Baker, E., Solak, S., "Climate Change and Optimal Energy Technology R&D Policy", *European Journal of Operational Research*, Vol. 213, No. 2, 2011, pp. 442–454.

Baker, E., "Optimal Policy under Uncertainty and Learning about Climate Change: A Stochastic Dominance Approach", *Journal of Public Economic Theory*, Vol. 11, No. 5, 2009, pp. 721–747.

Bass, F. M., "A New Product Growth for Model Consumer Durables", *Management Science*, Vol. 15, No. 5, 1969, pp. 215–227.

Beér, J. M., "High Efficiency Electric Power Generation: The Environmental Role", *Progress in Energy & Combustion Science*, Vol. 33, No. 2, 2007, pp. 107–134.

Bi, G., Song, W., Zhou, P., Liang, L., "Does Environmental Regulation Affect Energy Efficiency in China's Thermal Power Generation?

Empirical Evidence from A Slacks-Based DEA Model", *Energy Policy*, Vol. 66, 2014, pp. 537-546.

Bilgen, S., "Structure and Environmental Impact of Global Energy Consumption", *Renewable & Sustainable Energy Reviews*, Vol. 38, No. 5, 2014, pp. 890-902.

Bosetti, V., Carraro, C., Massetti, E., Sgobbi, A., Tavoni, M., "Optimal Energy Investment and R&D Strategies to Stabilise Greenhouse Gas Atmospheric Concentrations", *Resource and Energy Economics*, Vol. 31, No. 2, 2009, pp. 123-137.

Butnar, I., Isabela, B., Hao, L. P., Neil, S., Joana, P. P., Ajay, G., Pete, S., "A Deep Dive into the Modelling Assumptions for Biomass with Carbon Capture and Storage (BECCS): A Transparency Exercise", *Environmental Research Letters*, Vol. 15, No. 8, 2020, pp. 1-15.

Byun, S. K., Oh, J. M., Xia, H., "Incremental vs. Breakthrough Innovation: The Role of Technology Spillovers", *Management Science*, Vol. 67, No. 3, 2021, pp. 1779-1802.

Cai, L. Y., Wang, S. L., Liu, F. Y., "Research on Future Nuclear Power Development Space in China", *Energy of China*, Vol. 38, 2016, pp. 25-31.

Calantone, R. J., Griffith, David A., Yalcinkaya, Goksel, "An Empirical Examination of a Technology Adoption Model for the Context of China", *Journal of International Marketing*, Vol. 14, No. 4, 2006, pp. 1-27.

CEC, State Power Industry Statistics Data, Beijing: China Electricity Council, http://www.cec.org.cn/guihuayutongji/tongjxinxi, 2015.

Chang, C. J., Miles, R. D., Sinha, K. C., "A Regional Railroad Network Optimization Model for Coal Transportation", *Transportation Research Part B: Methodological*, Vol. 15, No. 4, 1981, pp. 227-238.

Chang, Z., Pan, K. X., "An Analysis of Shanghai's Long-Term Energy Consumption and Carbon Emission Based on LEAP Model", *Contemporary Finance and Economics*, Vol. 1, 2014, pp. 98–106.

Chang, Z., Wu, H. X., Pan, K. X., Zhu, H. X., Chen, J. M., "Clean Production Pathways for Regional Power-Generation System under Emission Constraints: A Case Study of Shanghai, China", *Journal of Cleaner Production*, Vol. 143, 2017, pp. 989–1000.

Chen, G., Chen, B., Zhou, H., Dai, P., "Life Cycle Carbon Emission Flow Analysis for Electricity Supply System: A Case Study of China", *Energy Policy*, Vol. 61, 2013, pp. 1276–1284.

Chen, H. Y., Ma, T. J., "Optimizing Systematic Technology Adoption with Heterogeneous Agents", *European Journal of Operational Research*, Vol. 257, No. 1, 2017, pp. 287–296.

Chen, H. Y., Ma, T. J., "Technology Adoption and Carbon Emissions with Dynamic Trading among Heterogeneous Agents", *Energy Economics*, Vol. 99, 2021, pp. 1–16.

Chen, H. Y., Zhou, P., "Modeling Systematic Technology Adoption: Can One Calibrated Representative Agent Represent Heterogeneous Agents?" *Omega*, Vol. 89, 2019, pp. 257–270.

Chen, Q. X., Kang, C. Q., Ming, H., Wang, Z. Y., Xia, Q., Xu, G. X., "Assessing the Low-Carbon Effects of Inter-Regional Energy Delivery in China's Electricity Sector", *Renewable and Sustainable Energy Reviews*, Vol. 32, 2014, pp. 671–683.

Chen, R., Zhang, X. L., He, J. K., Yue, L., "Provincial Level Renewable Energy Planning Based on the MESSAGE Model", *Journal of Tsinghua University (Science and Technology)*, Vol. 48, No. 9, 2008, pp. 1525–1528.

Cheng, R., Xu, Z. F., Liu, P., Wang, Z., Li, Z., Jones, I., "A Multi-Region Optimization Planning Model for China's Power Sector", *Applied Energy*, Vol. 137, 2015, pp. 413-426.

Coalswarm, Global Coal Plant Tracker, https://endcoal.org/tracker/, 2015.

CSG, China Southern Power Grid, http://eng.csg.cn/Science_Innovation/UHVDC/201512/t20151209_109562.html, 2015.

Dai, H. C., Xie, X. X., Xie, Y., Liu, J., Masui, T., "Green Growth: The Economic Impacts of Large-Scale Renewable Energy Development in China", *Applied Energy*, Vol. 162, 2016, pp. 435-449.

Debnath, K. B., Mourshed, M., "Challenges and Gaps for Energy Planning Models in the Developing-World Context", *Nature Energy*, Vol. 3, No. 3, 2018, pp. 172-184.

DeCarolis, J., Daly, H., Dodds, P., et al., "Formalizing Best Practice for Energy System Optimization Modelling", *Applied Energy*, Vol. 194, 2017, pp. 184-198.

Ding, N., Duan, J. H., Xue, S., Zeng, M., Shen, J. F., "Overall Review of Peaking Power in China: Status Quo, Barriers and Solutions", *Renewable and Sustainable Energy Reviews*, Vol. 42, 2015, pp. 503-516.

Ding, W., Hu, Z. G., "The Research on the Economy Comparison of Ultra High Voltage", *Power System Technology*, Vol. 30, No. 19, 2006, pp. 7-13.

Edenhofer, Ottmar, ed., *Climate Change 2014: Mitigation of Climate Change*, Cambridge: Cambridge University Press, 2015.

Emodi, N. V., Emodi, C. C., Murthy, G. P., Emodi, A. S. A., "Energy Policy for Low Carbon Development in Nigeria: A LEAP Model Application", *Renewable & Sustainable Energy Reviews*, Vol. 68, 2017, pp. 247-261.

Eric, D. L., Wu, Z. X., Pat, D., Chen, W. Y., Gao, P. F., "Future Implications of China's Energy-Technology Choices", *Energy*

Policy, Vol. 31, No. 12, 2003, pp. 1189-1204.

Gambhir, A., Schulz, N., Napp, T., Tong, Da, Munuera, L., Faist, M., Riahi, K., "A Hybrid Modelling Approach to Develop Scenarios for China's Carbon Dioxide Emissions to 2050", *Energy Policy*, Vol. 59, No. 59, 2013, pp. 614-632.

Ghadaksaz, H., Saboohi, Y., "Energy Supply Transformation Pathways in Iran to Reduce GHG Emissions in Line with the Paris Agreement", *Energy Strategy Reviews*, Vol. 32, 2020, pp. 1-11.

Giannousakis, A., Hilaire, J., Nemet, G. F., Luderer, G., Pietzcker, R. C., Rodrigues, R., Baumstark, L., Kriegler, E., "How Uncertainty in Technology Costs and Carbon Dioxide Removal Availability Affect Climate Mitigation Pathways", *Energy*, Vol. 216, 2021, pp. 1-17.

Griggs, D., Noguer, M., "Climate Change 2001: The Scientific Basis. Contribution of Working Group I to the Third Assessment Report of the Intergovernmental Panel on Climate Change", *Weather*, Vol. 57, No. 8, 2002, pp. 267-269.

Gritsevskyi, A., Nakićenovi, N., "Modeling Uncertainty of Induced Technological Change", *Energy Policy*, Vol. 28, No. 13, 2000, pp. 907-921.

Grohnheit, P. E., "Economic Interpretation of the EFOM Model", *Energy Economics*, Vol. 13, No. 2, 1991, pp. 143-152.

Grubler, A., Gritsevskii, A., *A Model of Endogenous Technological Change through Uncertain Returns on Learning (R&D and Investments)*, Washington DC: International Institute for Applied Systems Analysis (IIASA) Press, 1997.

Grübler, A., *Technology and Global Change*, Cambridge: Cambridge University Press, 2003.

Gu, Y. J., Xu, J., Chen, D. C., Wang, Z., Li, Q. Q., "Overall

Review of Peak Shaving for Coal-Fired Power Units in China", *Renewable and Sustainable Energy Reviews*, Vol. 54, 2016, pp. 723-731.

Guo, Z., Ma, L. W., Liu, P., Jones, I., Li, Z., "A Multi-Regional Modelling and Optimization Approach to China's Power Generation and Transmission Planning", *Energy*, Vol. 116, 2016, pp. 1348-1359.

Gül, T., Kypreos, S., Turton, H., Barreto, L., "An Energy-Economic Scenario Analysis of Alternative Fuels for Personal Transport Using the Global Multi-Regional MARKAL Model (GMM)", *Energy*, Vol. 34, No. 10, 2009, pp. 1423-1437.

Hainoun, A., Aldin, M. S., Almoustafa, S., "Formulating an Optimal Long-Term Energy Supply Strategy for Syria Using MESSAGE Model", *Energy Policy*, Vol. 38, No. 4, 2010, pp. 1701-1714.

Han, Z., Liu, S., Li, Z., Liu, X., Hong, Z., "Comparison of Power Generation Schemes Using Clean Coal and Traditional Fuel Coal", *Thermal Power Generation*, Vol. 41, No. 2, 2012, pp. 1-3.

He, W., Yang, Y., Wang, Z., Zhu, J., "Estimation and Allocation of Cost Savings from Collaborative CO_2 Abatement in China", *Energy Economics*, Vol. 72, 2017, pp. 62-74.

Huang, D., Shu, Y., Ruan, J., Hu, Y., "Ultra High Voltage Transmission in China: Developments, Current Status and Future Pospects", *Proceedings of the IEEE*, Vol. 97, No. 3, 2009, pp. 555-583.

Hui, J., Cai, W., Wang, C., Ye, M., "Analyzing the Penetration Barriers of Clean Generation Technologies in China's Power Sector Using a Multi-Region Optimization Model", *Applied Energy*, Vol. 185, 2017, pp. 1809-1820.

IEA, *World Energy Outlook* 2017, Organisation for Economic Cooperation and Development, 2017.

Jamasb, T., Köhler, J., "Learning Curves for Energy Technology and Policy Analysis: A Critical Assessment", Cambridge Working Papers in Economics, No. 0752, 2007, pp. 1-21.

Jie, D. F., Xu, X. Y., Guo, F., "The Future of Coal Supply in China Based on Non-Fossil Energy Development and Carbon Price Strategies", *Energy*, Vol. 220, 2020, pp. 1-15.

Jin, Y. H., Jin, S. P., Wang, X. H., "An Analysis of Energy Consumption and GHG Emissions Reduction for Hubei Using the LEAP Model", International Conference on New Energy and Sustainable Development, 2017, pp. 34-43.

Kemfert, Claudia, "Induced Technological Change in a Multi-Regional, Multi-Sectoral, Integrated Assessment Model (WIAGEM)", *Ecological Economics*, Vol. 54, No. 2, 2004, pp. 293-305.

Keppo, Ilkka, "Implications of Limited Foresight and Sequential Decision Making for Long-Term Energy System Planning: An Application of the Myopic MESSAGE Model", *International Journal of Nautical Archaeology*, Vol. 20, No. 4, 2009, pp. 325-334.

Kim, S., Ko, W., Nam, H., Kim, C., Chung, Y., Bang, S., "Statistical Model for Forecasting Uranium Prices to Estimate the Nuclear Fuel Cycle Cost", *Nuclear Engineering and Technology*, Vol. 49, No. 5, 2017, pp. 1063-1070.

Klaassen, G., Riahi, K., "Internalizing Externalities of Electricity Generation: An Analysis with MESSAGE-MACRO", *Energy Policy*, Vol. 35, No. 2, 2007, pp. 815-827.

Kypreos, S., Barreto, L., Capros, P., Messner, S., "ERIS: A Model Prototype with Endogenous Technological Change", *International Journal of Global Energy Issues*, Vol. 14, No. 1-4, 2000, pp. 347-397.

Lapillonne, Bruno, "Long Term Perspectives of the US Energy Demand: Application of the MEDEE 2 Model to the US", *Energy*, Vol. 5, No. 3, 1980, pp. 231-257.

Leblanc, M. R., Kalter, R. J., Boisvert, R. N., "Allocation of United States Coal Production to Meet Future Energy Needs", *Land Economics*, Vol. 54, No. 3, 1978, pp. 316-336.

Li, L., Rao, H., Zhang, D., Fan, X., Xu, G., Zeng, Y., Jing, Y., "Comparison between Coal Transportation and Power Transmission in Terms of Technology and Cost", *Chinese Journal of Engineering Science*, Vol. 17, No. 9, 2015, pp. 63-68.

Li, R., Leung, G. C. K., "Coal Consumption and Economic Growth in China", *Energy Policy*, Vol. 40, No. 1, 2012, pp. 438-443.

Li, Y., Lukszo, Z., Weijnen, M., "The Impact of Inter-Regional Transmission Grid Expansion on China's Power Sector Decarbonization", *Applied Energy*, Vol. 183, 2016, pp. 853-873.

Lin, C. A., "An Interactive Communication Technology Adoption Model", *Communication Theory*, Vol. 13, No. 4, 2003, pp. 345-365.

Liu, L. W., Zong, H. J., Zhao, E., Chen, C. X., Wang, J. Z., "Can China Realize Its Carbon Emission Reduction Goal in 2020: From the Perspective of Thermal Power Development", *Applied Energy*, Vol. 124, 2014, pp. 199-212.

Lo, Kevin, "A Critical Review of China's Rapidly Developing Renewable Energy and Energy Efficiency Policies", *Renewable and Sustainable Energy Reviews*, Vol. 29, 2014, pp. 508-516.

Ma, Tieju, "Coping with Uncertainties in Technological Learning", *Management Science*, Vol. 56, No. 1, 2010, pp. 192-201.

Ma, T. J., Chen, H. Y., "Adoption of an Emerging Infrastructure with Uncertain Technological Learning and Spatial Reconfiguration", *European Journal of Operational Research*, Vol. 243, No. 3, 2015, pp. 995-1003.

Ma, T. J., Chi, C. J., "Spatial Configuration and Technology Strategy of China's Green Coal-Electricity System", *Journal of Renewable and Sustainable Energy*, Vol. 4, No. 3, 2012, pp. 1-6.

Ma, T. J., Nakamori, Y., "Modeling Technological Change in Energy Systems from Optimization to Agent-Based Modeling", *Energy*, Vol. 34, No. 7, 2009, pp. 873-879.

Ma, X. F., Chai, M., Luo, L., Luo, Y. H., He, W. Z., Li, M., "An Assessment on Shanghai's Energy and Environment Impacts of Using MARKAL Model", *Journal of Renewable and Sustainable Energy*, Vol. 7, No. 1, 2015, pp. 1-14.

Macknick, J., Newmark, R., Heath, G., Hallett, K. C., "Operational Water Consumption and Withdrawal Factors for Electricity Generating Technologies: A Review of Existing Literature", *Environmental Research Letters*, Vol. 7, No. 4, 2012, pp. 189-190.

Manne, A. S., Barreto, L., "Learn-by-Doing and Carbon Dioxide Abatement", *Energy Economics*, Vol. 26, No. 4, 2004, pp. 621-633.

Manners, Gerald, "Some Location Principles of Thermal Electricity Generation", *The Journal of Industrial Economics*, Vol. 10, No. 3, 1962, pp. 218-230.

Masoomi, M., Panahi, M., Samadi, R., "Scenarios Evaluation on the Greenhouse Gases Emission Reduction Potential in Iran's Thermal Power Plants Based on the LEAP Model", *Environmental Monitoring and Assessment*, Vol. 192, No. 4, 2020, pp. 1-14.

Mathur, R., Chand, S., Tezuka, T., "Optimal Use of Coal for Power Generation in India", *Energy Policy*, Vol. 31, No. 4, 2003, pp. 319-331.

Matsuoka, Y., Kainuma, M., Morita, T., "Scenario Analysis of Global Warming Using the Asian Pacific Integrated Model (AIM)", *Energy Policy*, Vol. 23, No. 4-5, pp. 357-371.

McDonald, A., Schrattenholzer, L., "Learning Rates for Energy Technologies", *Energy Policy*, Vol. 29, No. 4, 2001, pp. 255-261.

Mcpherson, M., Karney, B., "Long-Term Scenario Alternatives and

Their Implications: LEAP Model Application of Panama's Electricity Sector", *Energy Policy*, Vol. 68, 2014, pp. 146–157.

Mehrotra, Sanjay, "On the Implementation of a Primal–Dual Interior Point Method", *SIAM Journal on Optimization*, Vol. 2, No. 4, 1992, pp. 575–601.

Messner, Sabine, "Endogenized Technological Learning in an Energy Systems Model", *Journal of Evolutionary Economics*, Vol. 7, No. 3, 1997, pp. 291–313.

Messner, S., Golodnikov, A., Gritsevskii, A., "A Stochastic Version of the Dynamic Linear Programming Model MESSAGE III", *Energy*, Vol. 21, No. 9, 1996, pp. 775–784.

Messner, S., Schrattenholzer, L., "MESSAGE-MACRO: Linking an Energy Supply Model with a Macroeconomic Module and Solving It Iteratively", *Energy*, Vol. 25, No. 3, 2000, pp. 267–282.

Messner, S., *The Energy Model MESSAGE III*, Laxenburg: International Institute for Applied Systems Press, 1995.

Ming, Z., Zhang, X. H., Zhang, P., Dong, J., "Overall Review of China's Thermal Power Development with Emphatic Analysis on Thermal Powers' Cost and Benefit", *Renewable and Sustainable Energy Reviews*, Vol. 63, 2016, pp. 152–157.

Mishra, R. K., Chaturvedi, V., "Effective Utilization and Management of Coal Energy in Indian Thermal Power Plant by Coal Blending and Transport Proximate", *International Journal of Engineering and Management Research*, Vol. 6, No. 1, 2016, pp. 352–358.

Mizrak, Ö. P., Özfirat, M. K., Malli, T., "Selection of Coal Transportation Mode from the Open Pit Mine to the Thermic Power Plant Using Fuzzy Analytic Hierarchy Process", *Transport*, Vol. 33, No. 2, 2017, pp. 502–509.

NBSC, Statistical Communique of the People's Republic of China on the

2006, National Economic and Social Development, https://data. stats. gov. cn/search. htm? s = 2007, 2007.

NBSC, Statistical Communique of the People's Republic of China on the 2015, National Economic and Social Development, https://data. stats. gov. cn/search. htm?s = 2016, 2016.

NBSC, Statistical Communique of the People's Republic of China on the 2016, National Economic and Social Development, https://data. stats. gov. cn/search. htm?s = 2017, 2017.

NEA, Medium-and Long-Term Power Generation Capability and Electricity Demand Forecast in China, Beijing, http://www. nea. gov. cn/2013-02/20/c_132180424_3. htm, 2013-02-20.

Niu, D. X., Song, Z. Y., Xiao, X. L., "Electric Power Substitution for Coal in China: Status Quo and SWOT Analysis", *Renewable and Sustainable Energy Reviews*, Vol. 70, 2017, pp. 610-622.

Nordhaus, W. D., Houthakker, H., Solow, R., "The Allocation of Energy Resources", *Brookings Papers on Economic Activity*, Vol. 4, No. 3, 1973, pp. 529-576.

Pan, Jiazhen, "Coal Transportation and Power Transmission", *Power System and Clean Energy*, Vol. 27, No. 2, 2011, pp. 1-3.

Pan, L. J., Xie, Y. B., Li, W., "An Analysis of Emission Reduction of Chief Air Pollutants and Greenhouse Gases in Beijing Based on the LEAP Model", *Procedia Environmental Sciences*, Vol. 18, 2013, pp. 347-352.

Pan, X., Li, M., Wang, M., Chu, J., Bo, H., "The Effects of Outward Foreign Direct Investment and Reverse Technology Spillover on China's Carbon Productivity", *Energy Policy*, Vol. 145, 2020, pp. 1-9.

Qiao, J. S., Wang, X. F., Shen, X. S., Shi, L., "Optimization of Coal Transportation Network Robust Control", *Advanced Materials Research*, Vol. 919, 2014, pp. 1128-1133.

Rafaj, P., Kypreos, S., "Internalisation of External Cost in the Power Generation Sector: Analysis with Global Multi-Regional MARKAL Model", *Energy Policy*, Vol. 35, No. 2, 2007, pp. 828–843.

Rao, S., Keppo, I., Riahi, K., "Importance of Technological Change and Spillovers in Long-Term Climate Policy", *Energy Journal*, Vol. 27, 2006, pp. 123–139.

Ratcliff, R., Doshi, K., "Using the Bass Model to Analyze the Diffusion of Innovations at the Base of the Pyramid", *Business & Society*, Vol. 55, No. 2, 2013, pp. 271–298.

Sarica, K., Tyner, W. E., "Analysis of US Renewable Fuels Policies Using a Modified MARKAL Model", *Renewable Energy*, Vol. 50, 2013, pp. 701–709.

Schimmelpfennig, D., "Uncertainty in Economic Models of Climate-Change Impacts", *Climatic Change*, Vol. 33, No. 2, 1996, pp. 213–234.

Seebregts, A. J., Goldstein, G. A., Smekens, K., *Energy/Environmental Modeling with the MARKAL Family of Models*, Berlin, Heidelberg: Springer Berlin Heidelberg Press, 2002.

SGCC, State Grid Corporation of China, http://www.sgcc.com.cn/ywlm/projects/list/index.shtml, 2016.

SGERI, *China Energy and Electricity Outlook* 2017, Beijing: China Electric Power Press, 2017.

Shabbir, R., Ahmad, S. S., "Monitoring Urban Transport Air Pollution and Energy Demand in Rawalpindi and Islamabad Using Leap Model", *Energy*, Vol. 35, No. 5, 2010, pp. 2323–2332.

Shang, Y., Lu, S., Li, X., Hei, P., Lei, X., Gong, J., Liu, J., Zhai, J., Wang, H., "Balancing Development of Major Coal Bases with Available Water Resources in China through 2020", *Applied Energy*, Vol. 194, 2017, pp. 735–750.

Shen, J. F., Xue, S., Zeng, M., Wang, Y., Wang, Y. J., Liu,

X. L., Wang, Z. J., "Low-Carbon Development Strategies for the Top Five Power Generation Groups during China's 12th Five-Year Plan Period", *Renewable and Sustainable Energy Reviews*, Vol. 34, 2014, pp. 350-360.

Shin, H. C., Park, J. W., Kim, H. S., Shin, E. S., "Environmental and Economic Assessment of Landfill Gas Electricity Generation in Korea Using LEAP Model", *Energy Policy*, Vol. 33, No. 10, 2005, pp. 1261-1270.

Stanton, B. F., *Diffusion of Innovations*, New York: The Free Press of Glencoe, 1963.

Starr, C., Rudman, R., "Parameters of Technological Growth", *Science*, Vol. 182, No. 4110, 1973, pp. 358-364.

Sullivan, P., Krey, V., Riahi, K., "Impacts of Considering Electric Sector Variability and Reliability in the MESSAGE Model", *Energy Strategy Reviews*, Vol. 1, No. 3, 2013, pp. 157-163.

Sulukan, E., Sağlam, M., Uyar, T. S., "Analysis of Demand-Side Management Option with Cogeneration Implementations in Turkish Energy System by MARKAL Model", in *Towards 100% Renewable Energy*, Springer, Cham, 2017.

Tan, X., Zhao, Z. J., Liu, C. Y., Zhang, S. N., Chen, X., Hou, F. X., Yang, F., Guo, F., "Energy Demand Prediction of the Building Sector Based on Induced Kernel Method and MESSAGEix Model", *Chinese Journal of Urban and Environmental Studies*, Vol. 7, No. 4, 2019, pp. 1-17.

The Action Plan for the Control of Air Pollution, The State Council, Beijing, China, 2013.

Tsai, M. S., Chang, S. L., "Taiwan's 2050 Low Carbon Development Roadmap: An Evaluation with the MARKAL Model", *Renewable and Sustainable Energy Reviews*, Vol. 49, 2015, pp. 178-191.

Tsolmonbaatar, B., Roh, M. S., "Long Term Energy Plan of Mongolian with Nuclear Power Plant Using Message Code", Transactions of the Korean Nuclear Society Autumn Meeting Pyeongchang, Korea, October 30-31, 2014.

Van, Beeck Nicole, *Classification of Energy Models*, Tilburg University, Faculty of Economics and Business Administration, 2000.

Vannoy, S. A., Palvia, P., "The Social Influence Model of Technology Adoption", *Communications of the ACM*, Vol. 53, No. 6, 2010, pp. 149-153.

Victor, N., Nichols, C., Balash, P., "The Impacts of Shale Gas Supply and Climate Policies on Energy Security: The U. S. Energy System Analysis Based on MARKAL Model", *Energy Strategy Reviews*, Vol. 5, 2014, pp. 26-41.

Wallace, L. G., Sheetz, S. D., "The Adoption of Software Measures: A Technology Acceptance Model (TAM) Perspective", *Information & Management*, Vol. 51, No. 2, 2014, pp. 249-259.

Wang, C., Ye, M. H., Cai, W. J., Chen, J. N., "The Value of a Clear, Long-Term Climate Policy Agenda: A Case Study of China's Power Sector Using a Multi-Region Optimization Model", *Applied Energy*, Vol. 125, 2014, pp. 276-288.

Wang, C. J., Ducruet, C., "Transport Corridors and Regional Balance in China: The Case of Coal Trade and Logistics", *Journal of Transport Geography*, Vol. 40, 2014, pp. 3-16.

Wang, Q. S., Mu, R. M., Yuan, X. L., Ma, C. Y., "Research on Energy Demand Forecast with LEAP Model Based on Scenario Analysis: A Case Study of Shandong Province", 2010 Asia-Pacific Power and Energy Engineering Conference, Chengdu, March 28-31, 2010.

Wang, X. P., Du, L., "Study on Carbon Capture and Storage (CCS) Investment Decision-Making Based on Real Options for China's Coal-

Fired Power Plants", *Journal of Cleaner Production*, Vol. 112, 2016, pp. 4123-4131.

Wang, Y. H., Zhang, F. Y., Bai, J. H., "Comparative Research on the Economy of Coal Transportation and Power Transmission", *Electric Power*, Vol. 40, No. 12, 2007, pp. 6-9.

Wu, Jingru, *China Electric Power Industry 2010-2050 Low Carbon Development Strategy Research*, Beijing: China Water and Hydropower Press, 2012.

Xu, J., Zhou, M., Li, H. L., "The Drag Effect of Coal Consumption on Economic Growth in China during 1953-2013", *Resources Conservation & Recycling*, Vol. 129, 2016, pp. 326-332.

Xu, S. F., Chen, W. Y., "The Reform of Electricity Power Sector in the PR of China", *Energy Policy*, Vol. 34, No. 16, 2006, pp. 2455-2465.

Xu, Z. M., Fang, C. H., Ma, T. J., "Analysis of China's Olefin Industry Using a System Optimization Model Considering Technological Learning and Energy Consumption Reduction", *Energy*, Vol. 191, 2020, pp. 1-12.

Xu, Z. M., Zhang, Y. R., Fang, C. H., Yu, Y. D., Ma, T. J., "Analysis of China's Olefin Industry with a System Optimization Model with Different Scenarios of Dynamic Oil and Coal Prices", *Energy Policy*, Vol. 135, 2019, pp. 1-11.

Yang, Y. P., Guo, X. Y., Wang, N. L., "Power Generation from Pulverized Coal in China", *Energy*, Vol. 35, No. 11, 2010, pp. 4336-4348.

Yi, B. W., Xu, J. H., Fan, Y., "Inter-Regional Power Grid Planning up to 2030 in China Considering Renewable Energy Development and Regional Pollutant Control: A Multi-Region Bottom-up Optimization Model", *Applied Energy*, Vol. 184, 2016, pp. 641-658.

Yu, S. W., Wei, Y. M., Guo, H. X., Ding, L. P., "Carbon Emission Coefficient Measurement of the Coal-to-Power Energy Chain in China", *Applied Energy*, Vol. 114, No. 2, 2014, pp. 290–300.

Yucekaya, A., Has, K., "Cost Minimizing Coal Logistics for Power Plants Considering Transportation Constraints", *Journal of Traffic and Logistics Engineering*, Vol. 1, No. 2, 2013, pp. 122–127.

Zeng, M., Peng, L. L., Fan, Q. N., Zhang, Y. J., "Trans-Regional Electricity Transmission in China: Status, Issues and Strategies", *Renewable and Sustainable Energy Reviews*, Vol. 66, 2016, pp. 572–583.

Zhang, D. J., Liu, P., Ma, L. W., Li, Z., Ni, W. D., "A Multi-Period Modelling and Optimization Approach to the Planning of China's Power Sector with Consideration of Carbon Dioxide Mitigation", *Computers & Chemical Engineering*, Vol. 37, 2012, pp. 227–247.

Zhang, G. Y., Niu, D. S., Shi, Y. M., Xu, G. L., Li, G. L., Zhang, H., Li, J., Cao, L., Guo, Z. Q., Wang, Z. C., "Nuclear Fuel Cycle Modelling Using MESSAGE", *Journal of Radioanalytical & Nuclear Chemistry*, Vol. 311, No. 2, 2017, pp. 1435–1440.

Zhang, R., Du, Y., Liu, Y., "New Challenges to Power System Planning and Operation of Smart Grid Development in China", 2010 International Conference on IEEE, Hangzhou, October 24–28, 2010.

Zhang, S., Yang, F., Liu, C., Chen, X., Jiang, W., "Study on Global Industrialization and Industry Emission to Achieve the 2°C Goal Based on MESSAGE Model and LMDI Approach", *Energies*, Vol. 13, No. 4, 2020, pp. 1–21.

Zhang, S. H., Yi, B. W., Worrell, E., Wagner, F., Crijns-Graus, W., Purohit, P., Wada, Y., Varis, O., "Integrated Assessment of Resource-Energy-Environment Nexus in China's Iron and Steel Industry", *Journal of Cleaner Production*, Vol. 232, 2019, pp. 235–249.

Zhang, Yin, "Solving Large-Scale Linear Programs by Interior-Point Methods under the MATLAB Environment", *Optimization Methods and Software*, Vol. 10, No. 1, 1998, pp. 1-31.

Zhang, Y. R., Chen, H. Y., Ma, T. J., "System Optimization Model of Adoption of a New Infrastructure with Multi-Resource and Multi-Demand Sites", *Journal of Systems Science and Systems Engineering*, Vol. 25, No. 1, 2016, pp. 62-76.

Zhang, Y. Z., Bai, J. H., Xin, S. X., "Study on the Key Issues Concerning Development and Consumption of Wind Power in China", *Energy Technology and Economics*, Vol. 26, No. 1, 2010, pp. 14-17.

Zhao, F., Fan, Y., Zhang, S. H., "Assessment of Efficiency Improvement and Emission Mitigation Potentials in China's Petroleum Refining Industry", *Journal of Cleaner Production*, Vol. 280, 2021, pp. 1-16.

Zhao, T., Liu, Z., Zhao, C. X., "Research on the Prospects of Low-Carbon Economic Development in China Based on LEAP Model", *Energy Procedia*, Vol. 5, No. 5, 2011, pp. 695-699.

Zhao, Z. Y., Zuo, J., Fan, L. L., Zillante, G., "Impacts of Renewable Energy Regulations on the Structure of Power Generation in China: A Critical Analysis", *Renewable Energy*, Vol. 36, No. 1, 2011, pp. 24-30.

Zhou, X., Yi, J., Song, R., Yang, X., Li, Y., Tang, H., "An Overview of Power Transmission Systems in China", *Energy*, Vol. 35, No. 11, 2010, pp. 4302-4312.

Zhu, Y., Lin, C. J., Zhong, Y., Zhou, Q., Lin, C. J., Chen, C., "Cost Optimization of a Real-Time GIS-Based Management System for Hazardous Waste Transportation", *Waste Management & Research*, Vol. 28, No. 8, 2010, pp. 723-730.

索 引

B

不确定技术学习 3,4,6,7,10, 37,39,60,63,70,76,81-85, 87,89,90,94,156,157

C

CPLEX 29,129
长期阶段 5,6,52,121,153
超超临界电技术 131,132,138, 139,152,153
超临界煤电技术 131,132,138, 139,152,153

D

大气污染 2,6,10,27,28,37, 61,121,137,140,143,151- 156,158,159
大数据 12,13,17,18,20,22
电力生产 25,42,43,49,52,54, 121,126,127,131,151,158

电力系统 2,4-7,9,10,27,30, 41,42,45,47,53,54,57,58, 60-62,96-99,104,105,109, 112-122,124,125,131,140, 151,153-159
电力需求 2,4-6,9,10,14,46, 47,49-51,54-58,95,96,98, 100,102,103,113,114,118- 122,126,129,130,133,134, 136,143,148,158,159
动态效率 68,74,78,85,89
动态需求 3,65,69,76,87
多区域模型 47,54,122,140

E

二次函数 68,74,76,85,87

F

非线性 1,37,40,70,71,82, 92,159
风力资源 44,142

风险因子法 38,92

G

5G 12-14,20,21
GAMs 128,129,158
工业互联网 12,19,20,23

H

核电 3,42,44,45,50,56,57,59,96,121,127,135,141,142,155,158

I

IIASA 24,29,30

J

基准情景 70-72,74,76,78,80-83,85,111-114
技术采纳模型 1,4,6,9,10,32-35,60,61,92,96,97,100
技术效率 74,75,78,85-87,89,94,101,157
技术学习率 3,38,66,80-83,90-92,94,111-113,119,120,157
技术学习效应 2,5,38,66,78,80,81,94,101,119,156,158,159
技术溢出率 7,67,70-73,83-85,94,157
决策变量 67,68,98,126

K

开采成本 66,67,71,98,102
扩散曲线 94
扩散效应 5,12,39,60,61,63,67,71,156

L

LEAP 模型 27,28
linprog 105
累计装机容量 66

M

MARKAL 模型 24-27
MESSAGEix 31,128,129,158
MESSAGE 模型 9,10,29-31,124,125,140,155,158
煤炭基地 43,122-124,126,127,133,135-139,144,154

N

内生技术学习 3-5,7,9,10,25,37,60,63,65,92,156,157,159
能源系统优化模型 5,9,10,24,25,35,37,61

P

Python 129,158

Q

清洁能源 3,4,14,46,50-52,55,58,121,137,138,140,141,143,147,151,153,155,157,158

区域电力输送 50

区域电网 2,42,47,51,54,57,122,126,127

区域对 65-67,70-72,74,76,78,80-85,87,89,90,92,94,99-102,105,106,109,110,156

区域可用水资源 136

区域煤炭运输 47,50

区域能源结构 42,61,62,140

区域能源运输 3-6,47,60-62,121,124,158

区域资源供给 139

R

燃煤发电 2,43,50,96,100,132,140

燃气发电 43,96

热电联产 26,127,131,137,151

人工智能 12,13,18,19,23

S

时间参数 129

水电 3,42,44,50,52,58,59,96,121,124,127,140,141,147,151,155,158

水资源 35,43,44,136,143,154,155,158,159

T

太阳能发电 43,50,96,131-133,138,139,143,151,158

特高压 4,6,7,9,10,12,14,15,21,52,55-62,95-99,101,102,105,107-121,123,124,127,134,147,149,150,156,157,159

特高压输电 2-7,10,14,15,21,53,55-61,63,64,95-102,104-121,123-125,134,135,146-151,153-159

贴现率 7,66,71,98,125

投资成本 3,6,37,48,66,67,70,76,78,79,89-91,94-98,100,101,114-117,119,120,124,125,127,132-134,140,142,157,158

投资者风险态度 92,93

X

线路功率负荷 116,117,120
线性函数 68,74,76,89
新基建 2,5,9,11-13,16,17,60,61,82,87,120
新基建类技术 1-7,9-13,20,60,61,63-74,76,78,80-85,87,89-92,94-97,101,156,157
新能源汽车充电桩 12,15,22
新型基础设施建设 11,12,63,78,95
新增装机容量 66,98,150,151

Y

亚临界煤电技术 131,132,138,139,152
运营和维护成本 66,70,125,127

Z

整体煤气化联合循环 114,131
中期阶段 5-7,10,95-99,102-103,105,107-109,111-114,116,118-120,157,158
自上而下 24,25,38
自下而上 24,25,36,94